Paul Brunton: Das Selbst und der Weltgeist

Paul Brunton

Das Selbst
und der Weltgeist

Aquamarin Verlag

Paul Brunton's „Notebooks"
herausgegeben und übersetzt von Johanna Goehner

© The Paul Brunton Philosophic Foundation
Übersetzung aus der amerikanischen Originalausgabe
von Larson Publications durch Johanna Goehner
(The Notebooks of Paul Brunton, Vol. 13, Part 1 und 3)
Titelphoto: Ralf Blechschmidt
1. Auflage 2001
© der deutschen Ausgabe:
Aquamarin Verlag
Voglherd 1• 85567 Grafing
Druck: Bercker • Kevelaer
ISBN 3-89427-179-5

Inhalt

Vorwort

Paul Brunton wurde im Jahre 1898 in London geboren. Nach Schulzeit und Studium arbeitete er mehrere Jahre sehr erfolgreich als Journalist, bis in den dreißiger Jahren sein Interesse für Meditation, Philosophie und östliche Weisheit seine ganze Aufmerksamkeit in Anspruch nahm. Er begab sich auf lange Auslandsreisen und widmete sich besonders dem Studium der Spiritualität Indiens und seiner Repräsentanten.

Im Jahre 1934 erschien sein Buch „A Search in Secret India" (dt. Yogis, Magier und Fakire), das erstmals den indischen Weisen Ramana Maharshi einer westlichen Öffentlichkeit vorstellte - und zu einem Klassiker der Literatur über östliche Weisheit werden sollte. Im Laufe der folgenden zwanzig Jahre verfaßte Paul Brunton elf weitere Bücher, die in alle großen Weltsprachen übersetzt wurden und ein Millionenpublikum erreichten. Er galt als *der* europäische Kenner östlicher Weisheitslehren. Allmählich wurde er aufgrund seiner großen Popularität in eine Guru-Rolle gedrängt, die er jedoch stets ablehnte. In seiner großen Bescheidenheit sprach er von sich selbst stets nur als von „einem Autor und Forscher, der einige Erfahrungen auf diesem Feld gesammelt hat... und das ist alles."

In Konsequenz dieser Haltung zog er sich Mitte der fünfziger Jahre aus der Öffentlichkeit zurück. Es gelang ihm so vollkommen, seine 'Spuren zu verwischen', dass im Laufe der Jahre zwei renommierte Zeitungen ausführliche Nachrufe auf ihn verfaßten.

Nachdem er einige Zeit in den USA und Australien verbracht hatte, kehrte er schließlich nach Europa zurück, um in der Südschweiz sein stilles, verborgenes Domizil aufzuschlagen. Hier widmete er sich der Meditation, der philosophischen Reflexion und dem Schreiben. Von einigen wenigen Interviews abgesehen, beschränkte sich sein Kontakt mit der Außenwelt auf eine umfangreiche Korrespondenz.

Die Jahre der Stille und Kontemplation sollten Jahre großer Fruchtbarkeit sein. Seine sich stets vertiefende Einsicht in die Mysterien des Seins schlug sich in der Abfassung seiner „Notebooks" nieder, die eine schier unerschöpfliche Quelle der Weisheit bilden. Es war Paul Bruntons ausdrücklicher Wunsch, die Veröffentlichung der „Notebooks" erst nach seinem Tode vorzunehmen. So geschah es auch.

Nachdem Paul Brunton am 27. Juli1981 in Vevey in eine höhere Wirklichkeit zurückgekehrt war, begann das „Wisdom's Goldenrod-Center for Philosophic Studies" unter der Leitung von Anthony Damiani mit der Herausgabe der „Notebooks". Es sollte ein monumentales Werk von sechzehn Bänden ergeben. Alle, die mit der Herausgabe von Paul Bruntons Vermächtnis verbunden waren, widmeten sich in großer Liebe und Verehrung für „PB" dieser Aufgabe und überreichten der Nachwelt eine Perlenkette der Weisheit, die noch im kommenden Jahrhundert ihren Glanz ausstrahlen wird.

All diesen Mitarbeitern um Anthony Damiani ist der Aquamarin Verlag verbunden, besonderer Dank gilt jedoch der Herausgeberin und Übersetzerin der deutschen Ausgabe, Johanna Goehner, ohne deren selbstlosen Einsatz die deutsche Ausgabe der „Notebooks" nicht möglich gewesen wäre.

Möge dieses epochale Werk wie ein Komet am Himmel des Geistes leuchten, als Symbol der Hoffnung und Inspiration für eine suchende Menschheit.

Dr. Peter Michel

Teil 1

Der Bereich der Relativität

Drei Stufen kennzeichnen den Pfad zum Verständnis der Welt. Die erste enthüllt, dass die Welt nur eine Idee ist, und zu dieser Stufe sind in der Metaphysik so große Denker wie Berkeley vorgedrungen und in den Naturwissenschaften bis zu einem gewissen Grad ein Mann wie Eddington. Die zweite Stufe beinhaltet die Untersuchung der drei Zustände des Wachens, Träumens und des Tiefschlafes, und ihre Frucht ist die Wahrheit, dass Ideen vergängliche Emanationen einer unvergänglichen Ursache, dem Bewusstsein, sind. Die dritte Stufe ist die schwierigste, da sie eine Analyse des Wesens der Zeit, des Raumes und der Kausalität und die erfolgreiche Ausübung des Yoga erfordert. Ihre Frucht ist das Empfinden, dass die WIRKLICHKEIT als ewiges SEIN in uns ist.

Die mentale Struktur der Welt und die erhabene Wirklichkeit des GEISTES illustrieren den Wirkungsbereich der Relativität. Dies bedeutet nicht, dass die Welt so gänzlich unwirklich ist, dass sie nicht-existent ist. Sie ist ein für jedes Wesen relativ Existierendes; aber die Erleuchteten wissen um die Wahrheit, dass es GEIST AN SICH gibt. Sie wissen darum auch aufgrund der wunderbaren Erfahrung des kosmischen Bewusstseins, wenn alles, auch das eigene Ego, wegfällt - und nur DAS übrig bleibt. Dies stellt nicht lediglich ihren Gesichtspunkt dar, sondern etwas weit darüber Hinausgehendes, das nur im Zustand der Kontemplation geschehen kann; daher ist es eine vorübergehende, indes eine - wie Plotin sagt - wiederkehrende oder dem Sucher zugängliche Erfahrung.

1
Der Kosmos im Wandel

1
Das Weltall tritt in Erscheinung, besteht, vergeht und tritt erneut in Erscheinung - ein Zyklus, der sich ständig wiederholt. Für den Menschen gilt dasselbe, bis er die Illusion der normalen Erfahrung durchbricht und eindringt in die hinter allem und hinter ihm liegende Wirklichkeit.

2
Die Entdeckung der Relativität führt zu dem Schluss, dass wir nur Teilerscheinungen eines unbegreifbaren schöpferischen GEHEIMNISSES kennen.

3
Alles, was existiert, trägt den Stempel dieser zwei Merkmale - des Werdens und des Vergehens. Worin liegt in oder hinter ihnen die Wirklichkeit?

4
Wenn wir erst einmal das wahre Wesen des GEISTES und das universelle Gesetz des KARMA verstehen, unter dem er wirkt, können wir erkennen, warum der Kosmos als eine Reihe von abhängigen mentalen Bildern weder ein Ende noch einen Anfang aufweist und so ewig sein muss wie der GEIST selbst.

5
Wir leben in einem Kosmos, in dem das unendliche Sein das eigene unbeschreibliche Selbst zum Ausdruck bringt. Aber weil es in die Grenzen von Zeit, Raum, Bewegung und Form eingegliedert ist, sind wir in einen niemals zu Ende kommenden, niemals erfolgreichen Prozess verstrickt.

6
Maya ist unerklärlich. Wirklichkeit ist unaussprechlich.

7

Weil der Welt-Gedanke letztendlich dem WELT-GEIST entspringt, kann er nicht gänzlich aus der WIRKLICHKEIT ausgeschlossen werden. Er darf sogar WIRKLICHKEIT genannt werden, weil er den Grund aller anderen Dinge darstellt, sich selbst aber aus NICHTS ableitet.

8

Nichts, was sich im Raum befindet und in der Zeit existiert, vermag ewig fortzufahren. Es wird, es muss verfallen und schwinden.

9

Alle Dinge sind entweder im Wandel begriffen oder werden vom Wandel betroffen sein - physische Dinge wie Erbsen und Gebirge, mentale Dinge wie Eindrücke und Vorstellungen. Gibt es in dieser sich ewig wandelnden Welt denn kein unwandelbares Element?

10

Das Gebiet wirklicher Kraft, wirklicher Erkenntnis, liegt nicht in der Dualität, nicht im Gegensatz von Gut und Böse, Licht und Dunkel, sondern in DEM, das sie transzendiert. Können wir uns Zugang zu ihm verschaffen?

11

Wir leben im WIRKLICHEN - wir alle - aber nur eine Handvoll weiß es.

12

Dies ist ein Paradoxon des Daseins, dass das Wirkliche das Unwirkliche übersteigt, das Unwirkliche aber aus dem Wirklichen herrührt.

13

Nur wenn man auf diesem mystischen Berggipfel steht, beginnt man zu begreifen, dass es in einem geschaffenen Weltall nicht nur Angenehmes, Erfreuliches und Süßes geben kann. Überall, wo es Geburt gibt, muss es auch Tod geben; überall, wo es ein mögliches Angenehmes gibt, muss es auch einen möglichen Schmerz geben. Die Anerkennung unerfreulicher Dinge mag gänzlich unmenschlich klingen, und in einem gewissen Sinne ist sie es auch; aber andererseits ist das Weltall auch nicht von einem menschlichen Wesen gestaltet worden.

Die Vorstellung stimmt, dass die Welt nicht ist, was sie zu sein scheint, dass sie eine ganz andere Erscheinung darstellt als die Wirklichkeit, die hinter ihr liegt. Indes sollte man sie nicht missbrauchen, um vor der Welt zu fliehen, in Apathie zu versinken oder dem Gefühl, dass alles vergeblich und das Leben zwecklos sei, Vorschub leisten. Man sollte sie verquicken mit der anderen Hälfte der Wahrheit, dass die WIRKLICHKEIT, aus der die Welt (zu der man gehört) herrührt, göttlich ist, mit den ganzen wunderbaren Bedeutungen des Wortes. Das sollte die richtigen Ergebnisse - Inspiration und Belebung - nach sich ziehen.

Die sich nach oben drehende Spirale der ewigen Wiederkehr offenbart uns die Relativität dieser phänomenalen Welt, sowohl in der Zeit als auch im Raum, in einer Art von Substanz, aus der sie geformt ist.

Wenn es ein Ding gibt, das für alle Zeiten ist, was es ist, selbst unwandelbar und unberührt, so ist es nicht in dieser Welt von Zeit und Raum zu finden.

Die Welt ist sichtbar und der Mensch muss in ihr leben. Indes kann er sich dabei vom Gefühl ihrer Wirklichkeit täuschen lassen oder wach sein für die hinter der Erscheinung verborgene Wirklichkeit selbst.

Die unsichtbare Energie, aus der die Atomphysik das Universum ableitet, lässt sich nicht mit wissenschaftlichen Mitteln erforschen. Wohl aber die erste Wirkung. Im Zyklotron offenbart sich das gespaltene Atom als Kernteilchen, die über eine bestimmte Gestalt verfügen. Aus ihnen baut sich das Universum auf, und auf diese Weise tritt Materie in Erscheinung. Energie, Form, Materie - dergestalt ist die Reihenfolge, aber wo in diesem Prozess befindet sich der Geist? Bewusstsein und Intelligenz existieren im Menschen. Er ist nur ein Teil des Universums. Das Ganze (der Geist) ist größer als der Teil. Also existiert der Geist im Universum (in der Natur). Eine gründliche, sich die Erkenntnisse der Atomphysik zunutze machende Analyse, zusammen mit tiefschürfender Meditation, ihrem Gegenteil, zeigt, dass dieses Universum nichts anderes ist als die unsichtbare Macht - GOTT.

Wenn die Welt unwirklich ist, wie der Advaita behauptet, so tritt sie dennoch in Erscheinung. Als BRAHMAN tritt sie nicht in Erscheinung; dies ist die Aufgabe der MAYA. BRAHMAN ist indes die Wirklichkeit, die der unwirklichen Erscheinung der MAYA zugrunde liegt.

Die Erscheinung der Welt

20

Die Welt ist nicht unwirklich: Sie ist relativ oder eine Erscheinung, eine wechselhafte Phase der Wirklichkeit. Sie ist auch nicht zwecklos. Sie existiert, um die individuellen Wesenheiten zu ihren Zielen reifen zu lassen.

21

Aus einem Blickwinkel ist die menschliche Existenz eine Art von Schlafwandel, wobei Gott sich vorstellt, Mensch zu sein, dann aber eines Tages aufwacht und sein wirkliches Wesen entdeckt. Dies ist eine Sicht, die mit tiefschürfender Sorgfalt in Betracht gezogen werden muss, bevor man sie als Ganze verwirft.

22

Sowohl die Philosophie als auch die Metaphysik und selbst einige religiöse Traditionen sind sich darin einig, dass sie das Universum eine Illusion nennen. Aber in ihrer Haltung gegenüber dem Universum sind sie sehr widersprüchlich. Nur die Philosophie weist auf die Tatsache hin, dass es trotz der Unwirklichkeit seiner Existenz vorhanden ist, denn wir sind uns seiner gewahr. Sie intellektuell zu bestreiten, führt nicht dazu, dass die fünf Sinne nicht davon berichten. Es ist besser, diese Existenz einzuräumen und sie auf ihren angestammten Platz zu verweisen, als zu sagen, sie sei nichts, es gäbe sie nicht.

23

Wir sind gefangen in der Welt der Zeit, verstrickt in unser irdisches Selbst, eingeschränkt von diesem mit fünf Sinnen ausgestatteten Körper und so gänzlich geblendet von der scheinbaren Wirklichkeit der Dinge, dass wir glauben, sie sei die endgültige.

24

Es gibt kein Ding, sei es so groß wie eine Sonne oder so klein wie eine Zelle, das nicht dem Gesetz der gegensätzlichen Polaritäten unterworfen ist und sich infolgedessen nicht auf zwei vollkommen gegensätzliche Weisen manifestiert. Aber weil seine Sinne so begrenzt sind, sieht der Mensch es nur auf diese eine Weise. Diese Unvollständigkeit führt zu der Illusion, dass das Ding wirklich in der Zeit existiert, im Raum gemessen und formal gestaltet ist.

25

Es ist diese Welt nicht nur nicht die wirkliche Welt, sie ist nicht einmal ihr Schatten, sondern nur der Schatten ihres Schattens.

26

Die Welt existiert, wir sind von ihr umgeben, und meistens verwenden wir diesen Begriff für etwas, das nicht existiert. Es ist richtiger, den Begriff MAYA nicht mit „unwirklich" zu übersetzen, sondern mit „nicht das, was es unserer Auffassung nach ist". Wir dürfen die Existenz der Welt nicht bestreiten, das wäre Wahnsinn, aber wir müssen versuchen, zu einem richtigen Verständnis ihrer verborgenen Natur zu gelangen.

27

Es ist ein Fehler, den Sanskrit-Begriff "Lila" als Spiel im Sinne müßigen Zeitvertreibs zu übersetzen. Die richtige Bedeutung ist Spiel im Sinne einer Theateraufführung.

28

„Die ganze Welt ist nur ein Traum", sang der Mahratta Mystiker Tulsidas, womit er das Missverständnis nachbetete, von dem das mystische Denken in ganz Indien geprägt ist.

29

Eine „Wahnvorstellung" ist gänzlich falsch und unwahr, während eine „Illusion" auf einer Art Grundlage fußt.

30

Es besteht keine Notwendigkeit, die Intelligenz mit der Verneinung der Existenz - ob die der Welt oder des Körpers - zu beleidigen, indes können wir zu verstehen versuchen, dass es zwar verschiedene Formen, aber nur eine formlose Substanz der Existenz gibt.

31

Die Welt-Illusion: Sie projiziert das Unwirkliche, aber verbirgt das Wirkliche.

32

Hierin liegt das Wesentliche sowohl der Relativitätstheorie als auch ihrer Ausarbeitung in der Philosophie. Zwei Menschen, die auf zwei verschiedenen Planeten stehen, die sich zum selben Zeitpunkt mit unterschiedlicher Geschwindigkeit und in wesentlich unterschiedlicher Entfernung vom selben Objekt drehen, werden dieses Objekt unterschiedlich wahrnehmen und sowohl dessen Charakter unterschiedlich beurteilen als auch die auf ihn einwirkenden Kräfte unterschiedlich bemessen. Wie kann behauptet werden, eines dieser Ergebnisse sei falsch und das andere richtig? Beide sind richtig, denn von ihren jeweiligen Standpunkten aus müssen beide das sein, was sie sind. Aber das gleiche Objekt und die gleichen Kräfte können nicht gleichzeitig gegensätzliche Maße und Eigenschaften besitzen. Daher haben es diese zwei Menschen nicht wirklich mit dem Objekt, sondern mit ihren eigenen Beobachtungen am Objekt zu tun. Andererseits mögen zwei völlig verschiedene Objekte zwei völlig ähnliche Gruppen von Sinneseindrücken hervorrufen, wie z.B. im Falle eines Meteors, einer so genannten Sternschnuppe, und einem echten Stern. Daher sind die Dinge und Kräfte in der Welt nicht wirklich die Welt an sich, sondern das, was wir individuell als die Welt sehen und erleben. Alles, was wir am Ende wirklich von ihnen wissen, ist das Bild, das sich aus unseren Sinneseindrücken gestaltet, und dieses Bild allein hat wahrhafte Existenz. Alles, was darüber hinausgeht, hat nur eine vermeintliche Existenz. Bei einer gründlichen Untersuchung erweist sich indes, dass diese Eindrücke lediglich Formen sind, die der Geist unbewussterweise für sich selbst geschaffen hat, genauso wie ein Träumer seine Traumwelt unbewussterweise für sich selbst herstellt. Die Welt der Erfahrung des Menschen ist stets gänzlich bedingt durch den Menschen selbst. Alles, was er sieht und riecht, liegt ganz und gar innerhalb und nicht außerhalb seines Bewusstseins.

33

Dass ein mathematisch ungeschultes Gehirn Prozesse verstehen kann, die im Wesentlichen mathematisch sind, ist natürlich fast unmöglich. Dennoch sehe ich mich außerstande, der Kritik beizupflichten, die alte philosophische Prägung dieser Lehre sei nicht mehr als eine Mutmaßung gewesen. Eine Handvoll der alten Philosophen hatte durch Konzentration und Meditation gewisse Geisteskräfte zur Einsicht in das Wesen der Dinge entwickelt. Indem sie diese Kräfte nutzbar machten, erzielten sie ein Ergebnis, das sich nur der Form, nicht aber dem Wesen nach von der modernen Relativitätstheorie unterscheidet.

34

Was immer das Universum in der menschlichen Erfahrung sein mag, in wichtiger Hinsicht ist es wie ein Traum. Das heißt, wir müssen einer Traumwelt als einer unzweifelhaften Tatsache Existenz zugestehen, weil sie eine wahrgenommene und erfahrene Welt ist; aber gleichzeitig müssen wir bestreiten, dass ihre Form ein letztes Existierendes und deswegen ein dauerhaft Wirkliches sei, weil sie, nachdem wir aus dem Schlaf erwachen, weder wahrgenommen noch erfahren wird. Dieser Doppelcharakter der Traumwelt haftet auch dem bekannten und so genannten wirklichen Weltall an. Das liegt auf der Hand, stellt gleichzeitig aber auch ein Paradoxon dar. Aus diesem Grunde erklärten die alten tibetischen Philosophen die Welt als ein Existierendes und Nicht-Existierendes zugleich. Für den die Welt nicht Hinterfragenden ist sie klarerweise das, was sie zu sein scheint, aber für die erweckte Einsicht des Weisen stellt sich ihre Form wie eine dauerhaftere Version der vergänglichen Form einer Traumwelt dar. Beide Formen sind Gedankenkonstrukte. Beiden liegt GEIST als ihre „Substanz" zugrunde. Daher stellt GEIST ihre Wirklichkeit dar. Als ein vom GEIST Getrenntes könnte die Welt nicht einmal existieren, genauso wie ein Traum nicht als ein vom Träumer Getrenntes existieren könnte.

35

Bei einer Analyse des eigenen Lebens sieht man, dass sich dessen Summe (1) auf eine Serie von wechselhaften Erlebnissen beläuft, die man physisch erfährt, und (2) auf eine Serie, die man mental durchlebt. Beide tragen den Stempel der Unbeständigkeit. So willkommen sie anfangs waren, am Ende sind sie ernüchternd.

36

In Sachen des Wirklichen und Nicht-Wirklichen genügt es nicht, vom Wirklichen zu hören oder zu lesen; es muss auch aus Erfahrung, die der Intuition folgt, erkannt werden, was selbst kurze Erkenntnisblitze gewährt.

37

Die Welt ist nicht so wirklich, wie wir normalerweise meinen; aber sie ist auch nicht so unwirklich, wie einige Metaphysiker meinen. Denn insofern sie eine Illusion ist, muss hinter ihr etwas liegen, das die Illusion hervorbringt.

38

Die Welt-Illusion verbirgt nicht nur die hinter ihr liegende WIRKLICHKEIT, sondern verleitet uns auch zu der Annahme, dass die VIELEN das WIRKLICHE sind - statt das EINE.

39

Wo Shankaras alte, abgedroschene Redewendungen über Brahman und Maya nachgeplappert werden, ist es besser, einfach mit einem „Na und!" zu antworten. Denn die Dinge bleiben die gleichen wie zuvor; die ganze Verurteilung der Welt ist auch nur Maya gewesen und ändert nichts an ihrer für uns so wirklichen Gegenwart und Wahrhaftigkeit. Das Gleiche trifft auf andere Personen und Individuen zu. Ist es dann nicht besser zu sagen, dass das Ego mit seinem Körper, seinen Emotionen und seinem Intellekt Teil der Erfahrung der Person ist, als es vollkommen in Abrede zu stellen?

40

Das Weltall *an sich* ist nicht ewig, wohl aber seine in der Zeit immer wieder auftretenden Erscheinungen. Wäre es ewig, dann gäbe es ein Paar höchster Wirklichkeiten - das GÖTTLICHE und das MATERIELLE, GOTT und MATERIE - jede ein getrennt Existierendes.

41

Wenn sie auftauchen aus ihren Träumen und Studien, erwartet diese Pedanten, die sich so einfach über das Universum ihres eigenen Selbst hinwegsetzen, doch nur wieder die Welt und der Körper, die sie mit all ihren Problemen und Sorgen konfrontieren.

42

Zu sagen, die Welt ist Maya, bedeutet, dass sie wandelhaft, abhängig, relativ, geheimnisvoll und unwirklich ist.

43

Ein Ding wird nur dann eine Illusion, wenn sich seine Wirklichkeit einer höheren Wirklichkeit untergeordnet sieht, die bereits entdeckt worden ist. Bis dahin ist es nach wie vor eine Wirklichkeit. Nur der Weise hat streng genommen das Recht, diese Welt eine Illusion zu nennen. Aus dem Munde eines anderen ist diese Feststellung lediglich dummes Geschwätz.

44

Sind der See und die massive Alpenkette, auf denen mein Blick ruht, nichts als eine Illusion? Verleiten uns jene schrecklichen Kriege und tragischen Ereignisse, die die Menschheit kürzlich durchgemacht hat, dazu, ihre Wirklichkeit falsch einzuschätzen?

45

Wir meinen, wir erfahren eine wirkliche Welt, aber nur deswegen, weil wir so wenig wissen und uns so leicht hinters Licht führen lassen. Denn wir kennen nur die Erscheinungen der Dinge, sehen nur die Illusionen der Sinne.

46

Ohne eine mit unermesslich schneller Geschwindigkeit ablaufende, aus Energieblitzen bestehende Vibrationsbewegung könnte die Illusion einer Welt um uns nicht existieren.

47

Bei den Handlungen und Bewegungen der Gestalten auf einer Filmleinwand handelt es sich um optische Täuschungen. In Wirklichkeit zeigt die Leinwand Tausende von einzelnen Standphotos. Die Illusion von Bewegung entsteht, weil die Augen nicht fähig sind, jedes Photo getrennt zu erfassen, da die Anzahl der pro Sekunde ablaufenden Photos zu groß ist. Das Sinnesorgan verleitet uns also zu der Annahme, die Schauspieler bewegten sich, obgleich sie auf jedem einzelnen Photo stillstehen. Würde man die Filmrolle so langsam drehen, dass jedes Photo getrennt dargestellt würde, so würde die Illusion lebendiger Bewegung vollkommen verschwinden.

48

Die Sinne berichten uns, dass ein Stern bloß ein Punkt ist. Die Vernunft widerlegt ihr Urteil und berichtet uns, dass es sich dabei um ein ungeheuer großes Objekt handelt.

49

Die Wirklichkeit der Welt ist nur Schein, ihre Ewigkeit lediglich relativ. Ihre wahre Natur lässt sich nicht mit den Sinnen, ihr zeitloses, absolutes Sein nicht mit dem Verstand erfassen.

50

Was die Hindus Maya nennen, bezeichen die Abendländer oft als „Illusion"; Gandhi nannte es auch „Erscheinung", Fichte „Idee" und Schopenhauer „Vorstellung".

51

Die Welt, die vor unseren Augen erscheint, ist nicht dieselbe Welt, die vor den Augen eines zweidimensionalen Wesens erscheinen würde.

52

Wir leben in verschiedenen, einander durchdringenden Welten, einfach weil es verschiedene Bewusstseinsebenen gibt. Das trifft auf die so genannten Toten genauso zu wie auf uns und erklärt die Koexistenz von Himmel und Hölle.

53

Es ist genauer zuzugeben, dass unsere Erfahrung der Welt beides ist, wirklich und unwirklich, als mit dogmatischer Bestimmtheit zu behaupten, sie sei nur unwirklich.

54

Alle Dinge hängen von anderen Dingen ab und sind dem Wandel unterworfen. Jedes Objekt, das als vollkommen wirklich erscheint, ist nur eine begrenzte Zeit lang und nur in einer gewissen Gestalt wirklich.

55

Mit der Behauptung, dass die Welt eher eine Erscheinung als eine Illusion, eher eine Erfahrung als eine Unwirklichkeit ist, kommen wir der Wahrheit näher.

56

Die Philosophie glaubt weder an die orthodoxe christliche Theorie, dass das Weltall aus Nichts erschaffen wurde, noch an die verwandte, gleichermaßen unhaltbare Vorstellung von einer plötzlichen ersten Entstehung. Es gibt keinen Augenblick, zu dem das

Weltall nicht - latent oder aktiv - existiert hat, und deswegen wird es auch keinen Augenblick geben, zu dem es nicht - latent oder aktiv - zu existieren fortfährt. Das ist so, weil die Welt nicht kraft eines plötzlichen Schöpfungsakts entsteht, sondern aufgrund eines stufenartigen Manifestationsprozesses. Da man nicht sagen kann, dass es in der langen Geschichte des Weltalls einen bestimmten Augenblick gab, zu dem es zuerst geschaffen worden ist, hat es niemals einen Anfang gehabt und wird infolgedessen auch niemals ein Ende haben. Es ist niemals begonnen worden, kann also auch niemals fertig sein. Es ist ewig und selbsterhaltend. Nirgendwo und nirgendwann beginnt und endet die Schöpfung. Die Vorstellung vom Weltall, die die Kühnheit besitzt, die Schöpfung auf ein Datum festzulegen, bewegt sich im Nebulösen und hängt ganz von der Lust und Laune des „Datierenden" ab. Dieser wird eine Schöpfungstheorie ersinnen, die ihm passt und deswegen von menschlicher Veranlagung und menschlichem Geschmack abhängt. Die Philosophie weist die übliche Interpretation der mentalistischen Theorie von sich, denn die äußere Natur wird nicht als unwirklich erachtet. Es ist eine Tatsache, dass unsere Erfahrung der Erscheinung der Welt vorübergehend ist, aber unsere Erfahrung der Existenz der Welt ist im Wesentlichen wirklich. Infolgedessen sind diejenigen, die die Welt zu einer Illusion machen, der man keinerlei Wert beimessen sollte, gezwungen, die Gegenwart der Welt anzuerkennen und eine Theorie zu entwickeln, die sie erklärt. Die Wahrheit ist, dass der Kosmos wahrlich eine Selbst-Offenbarung des Welt-Geistes ist. Er ist aus GOTTES eigentlichem Selbst gewoben. Infolgedessen haben wir es nicht mit einem abwesenden, sondern mit einem allgegenwärtigen GOTT zu tun, der schlechthin das Wesen der Welt darstellt.

57

Die *Ashtavakra Samhita* darf nicht falsch verstanden werden. Sie lehrt nicht mystischen Müßiggang und mystische Gleichgültigkeit. Die Welt ist für beide da, den Weisen und den Schüler, und beide müssen arbeiten und dienen; der Unterschied ist lediglich mental. Illusionismus ist nicht das, was er lehrt, außer als eine Zwischenstufe auf dem Weg zur höheren Wahrheit. Unsere Pflicht ist es, an GOTTES Werk teilzunehmen, indem wir die Evolution unterstützen und die Welt erlösen, und nicht nur faul und friedfertig herumsitzen.

58

Wiewohl wir in einer Welt leben, die im Grunde unwirklich ist - wenn wir Wirklichkeit als das sich niemals Wandelnde, das war, ist und sein wird, begreifen - so müssen wir doch so in ihr leben, als ob sie wirklich, substantiell wirklich sei. Dazu sind wir gezwungen, weil wir uns hier vorfinden und hier aktiv sein müssen. Es läuft darauf hinaus, dass die Maya der Inder so behandelt werden muss, als ob sie Brahman wäre, was wir indes nur dann gefahrlos tun können, wenn wir die WAHRHEIT kennen.

59

Die hinduistischen Metaphysiker schreiben das Weltall als unseren eigenen Fehler ab, weil wir uns von der Macht der Illusion hinters Licht führen lassen, und hängen dem persönlichen Ego dasselbe Schildchen um. Es ist eine Fiktion. Gleichzeitig vertreten sie die Lehre von einer konstanten Reihe von Wiedergeburten in anderen Formen, der wir uns unterwerfen müssen. Ihre Idee von der Unsterblichkeit nimmt also eine andere Gestalt an als die christliche. Wir vergessen, was uns schmerzte und Freude bereitete, nur um uns zu neuen Erinnerungen und neuen Auferstehungen verleiten zu lassen. Sie bestreiten also, dass wir überhaupt ein persönliches Ego besitzen, verhalten sich aber doch so, als ob es wirklich eines gäbe. Dem Ernsthaften mag seine Verwirrung verziehen werden. Ihm wird Befreiung versprochen (von der Existenz, die gleichzeitig geleugnet wird), vorausgesetzt, er schwingt sich zu einer Höhe empor, die nicht nur von unglaublicher moralischer Kraft, sondern auch von unglaublichem psychologischen Feingefühl und semantischer Tiefschürfigkeit geprägt ist, während wir uns auch weiterhin um irdische Angelegenheiten zu kümmern haben, die gänzlich unwirklich sind.

60

Es gibt unendlich viele verschiedene Arten des Lächelns. Es kann von Charakterzügen ausgelöst werden, die so weit voneinander entfernt sind wie Falschheit von Aufrichtigkeit, Egoismus von Mitgefühl, verräterische Verschlagenheit von Erkenntnis der Wahrheit. Es mag jedes Mal gleich aussehen; dies ist eine indirekte, nicht naheliegende, indes damit in Zusammenhang stehende Illustration der Lehre, dass das Weltall in Wirklichkeit nicht das ist, was es zu sein scheint.

61

Was nützt oder hilft es dem wissbegierigen Abendländer, wenn man ihm sagt: „Der hinduistische Weise sieht die Welt nicht; er sieht nur Brahman." Wenn er die Welt nicht sieht, so sieht er auch nicht die Speise, die vor ihm steht, ja nicht einmal den eigenen Körper - denn beide sind Teile der physischen Welt. Solche Darlegungen lösen bei anderen lediglich Verwirrung aus. Der griechische Philosoph sah die Welt, verstand sie aber als das, was sie wirklich war. Er sah sich nicht gezwungen, ihre Existenz zu leugnen.

62

Der Status der Welt ist widersprüchlich. Sie ist ein Ding, weil sie existiert, aber ein Nicht-Ding, weil sie nur eine Erscheinung ist. Sie ist wie das nebelhafte Zwielicht, das weder Tag noch Nacht, aber in einem Sinne dennoch Tag und in einem anderen dennoch Nacht ist. Sie ist wie ein Traum, der wirklich genug ist, während wir in ihm stecken, aber unwirklich, wenn nicht.

63

Alice im Wunderland. „Du bist nur eines der Dinge in seinem Traum. Du weißt genau, dass du nicht wirklich bist", meinte Tweedledum. „Wenn ich nicht wirklich wäre", erwiderte Alice, „wäre ich nicht imstande zu weinen." Tweedledum fiel ihr ins Wort: „Du nimmst doch hoffentlich nicht an, dass das wirkliche Tränen sind?"

64

Die hinduistische Lehre von der Welt-Illusion ist selbst eine Illusion, weil sie ihre eigene Erfahrung leugnet, anstatt sie zuzugeben, aber neu zu interpretieren (das heißt, zu verstehen).

65

Die erste umwälzende, in ihren metaphysischen Implikationen erstrangige und von den Naturwissenschaften mit großer Mühsal erarbeitete Entdeckung war, dass Materie am Ende nur eine unwirkliche Erscheinung ist. Die zweite, ihrem Charakter nach ähnlich bedeutsame Entdeckung hat bereits begonnen und wird in der selbstverständlichen Folgerung gipfeln, dass auch Zeit und Raum am Ende nur unwirkliche Erscheinungen sind. Da die Welt, in der wir leben und die die einzige ist, die wir normalerweise kennen, aber eine materielle, zeitliche und räumliche ist, folgt, dass die Menschheit den tiefgreifendsten Illusionen ausgesetzt ist. Indes führt ein gründliches Verständnis des tieferen Sinns der Illusionen zu der Erkenntnis, dass es am Ende allein die Wirkweise des GEISTES ist, die dem Menschen diese Streiche spielt und die Welt für ihn in Materie, Zeit und Raum kleidet. Falls er also den Wunsch hat, sich von diesen drei universellen Illusionen zu befreien, ist er gezwungen, bewusst Macht über die Tätigkeit des Geistes zu gewinnen. Das vermag ihm durch Yoga zu gelingen. Durch Konzentration auf einen einzigen Gedanken, ein einziges Thema oder Objekt gebietet man, wenn man sie bis zum bitteren Ende durchsteht, dieser Geistestätigkeit und somit auch den damit einhergehenden Illusionen Einhalt.

66
Die Relativität der Dinge, Ideen und Erfahrungen sollte uns nicht zu der Behauptung veranlassen, ein Ding sei so gut wie ein anderes, eine Wahrheit so gültig wie eine andere. Das wäre geradezu vollkommene Dummheit. Zwar ist alles Illusion, indes ist nicht alles in gleichem Maße illusorisch.

67
Wo die Bedeutung der Relativität nur halb und ihr Stellenwert im Schema der Dinge gar vollkommen falsch verstanden wird, sind alle Darlegungen gleich wahr oder gleich unwahr.

68
Die Relativitätslehre beinhaltet eine überaus große Gefahr. Angesichts der Vorstellung, dass eine Vielzahl von Standpunkten zu Recht existieren kann, mögen wir verzweifelt behaupten: „Schönheit, Wahrheit und Rechtschaffenheit existieren nicht wirklich, sondern nur in der Vorstellung."

69
Die Skeptiker, die der Meinung sind, diese Welt-Erscheinung sei unergründlich, die sagen würden, die einzige Wahrheit bestehe darin, dass es keine Wahrheit, sondern nur Meinungen gibt, sind ehrlich, indes nicht vollständig informiert.

70
Alles Wissen setzt ein Subjekt und ein Objekt voraus, die zwei Gedanken „ich" und „ein anderes".

71
Unter einem Gesichtspunkt zeigt der Relativismus, dass alle Erkenntnis nur ein Bündel Illusionen ist.

So groß ist diese Abhängigkeit aller Dinge von dem, der sie kennt, dass wir die Welt niemals so sehen, wie sie in Wirklichkeit ist, noch wie ein Wesen, das sie von außerhalb beobachten würde, weil die Welt, die wir erfahren, unsere mentale Welt ist. Das hat zur Folge, dass wir die Welt niemals sehen, ohne sie unbewusst mit dem Selbst vermischt zu sehen. Das „Ich" und etwas anderes als das „Ich" stellen unser Bewusstseinsfeld dar. Wir kennen niemals die Welt an sich, sondern nur die "Welt-in-einem-Zustand-der-Wechselwirkung-mit-dem-Selbst". Noch kennen wir jemals das Selbst an sich, sondern nur das "Selbst-in-einem-Zustand-der-Wechselwirkung-mit-der-Welt". Dergestalt sind die tatsächlichen und zwingenden Bedingungen der so genannten Erfahrung der Welt und unserer so genannten Erfahrung des Selbst.

73

Was bedeutet Erfahrung im Lichte dieser Analyse? Sie bedeutet nicht nur, dass wir die Welt an sich niemals getrennt kennen, sondern dass auch das „Ich" niemals getrennt ist.

74

Kann der Beobachter, der sieht, der Erkennende, der erkennt, selbst zu einem Objekt der Wahrnehmung gemacht werden? Nein - sagt der Intellektuelle. Ja - sagt der mystische Philosoph.

75

Im Gewahrsein einer Sache, einer Szene oder eines Ereignisses liegt Gewahrsein innerhalb von Zeit und Raum und daher innerhalb deren Grenzen. Das Subjekt ist stets an ein Objekt gebunden; der Beobachter ist immer mit dem Beobachteten verwickelt.

76

Jeder, der den Anspruch erhebt, absolute Erkenntnis von der WAHRHEIT zu besitzen, ist verdächtig. Ohne ins gegensätzliche Extrem zu verfallen und mit dem französischen Schriftsteller Anatole France übereinzustimmen, dass „alles Ansichtssache ist", und ohne zu dessen trockener Schlussfolgerung („Meine Ansicht besteht darin, keine Ansicht zu haben.") zu kommen, mögen wir einräumen, dass der persönliche Entwicklungsgrad eines Menschen und sein spezieller Standpunkt zu der Art von „Wahrheit" führen, die er erlangt.

77

Die Schau dieser Welt ist dem Wandel unterworfen, aber der Zuschauende selbst wandelt sich niemals. Diese beständigen Verwandlungen sind klar zu sehen, indes liegt der sie Sehende tief verborgen.

78

Wenn die Relativität menschlicher Erkenntnis eine so auffallende Tatsache ist, dann wird man fragen, wie die Philosophie der Suche nach Wahrheit nützen kann? Sie kann nur die intellektuellen Standpunkte anderer zerstören, ist aber nicht imstande, ihren eigenen und endgültigen Standpunkt zu beweisen.

79

Die Welt so zu nehmen, wie sie wirklich ist, erfordert eine tiefschürfende Einsicht, eine Einsicht, die durch die Auflösung sämtlicher althergebrachter Dualismen zustandekommt.

80

Sollte einer es als WAHRHEIT erklären, so muss es als lebendige Wahrheit dargestellt werden, als etwas, wohinter ein lebendiger GOTT steht.

81

Je bewusster ein Mensch sich der Wahrheit der Philosophie wird, umso bewusster wird er sich der Vergänglichkeit der Dinge.

82

Beide, sowohl Subjekt als auch Objekt des Bewusstseins, sind nur eins.

83

Der Mensch sieht zwar die Welt, aber selten sieht er sich die Welt sehen.

84

Welche unter der ganzen Vielfalt von Lehren ist wohl die wahre? Beim nachdenklichen Sucher lösen sie Verwirrung aus. Wer nun aber die Relativität der Ideen versteht, vermag sich mit unerschütterlicher Losgelöstheit einen Weg durch sie zu bahnen.

Der Mensch selbst ist eine evolvierende und deswegen wandelbare Wesenheit. Der Umfang seiner Beobachtungen und seines Verständnisses wird immer größer. Wie wagt er es dann zu sagen, dass auch nur eine seiner Erkenntnisse endgültig, eine seiner Wahrheiten absolut sei?

2

Der doppelte Standpunkt

1

Alle Erfahrung kann entweder unter dem praktischen oder unter dem philosophischen Gesichtspunkt betrachtet werden, am Besten indes unter beiden.

2

Auf dieser Suche machen wir uns einen doppelten Gesichtspunkt zunutze, und zwar deswegen, weil er das mindest Mögliche ist. Doch scheint sich selbst dieser zu widersprechen und aufzuheben. Indes dienen beide einem jeweils speziellen Zweck.

Zusätzlich ist es, da das ganze Weltall dem Relativitätsgesetz unterliegt, möglich, sogar einem siebenfachen Standpunkt nachzugehen, bei dem sämtliche Ebenen nebeneinander existieren.

3

Auf unsere Erfahrungen können wir uns, so besagt der Mentalismus, erst einen Reim machen, wenn wir sie im Lichte dieses doppelten Standpunkts betrachten und verstehen - des Unmittelbaren und Höchsten, der Erscheinung und Wirklichkeit oder des Relativen und Absoluten. Der übliche, normale Gesichtspunkt nimmt die Welt über die fünf Sinne wahr - das heißt so, wie sie zu sein scheint. Dies kann jedermann leicht verstehen und akzeptieren. Aber die tiefst möglichen Untersuchungen philosophischer Intelligenz, wie auch die tiefst möglichen Einsichten der mystischen Erfahrung, legen ein radikal anderes Ergebnis nahe: DAS EINE, DAS, WAS IST, hat sich nicht im Geringsten gewandelt.

4

Können wir jemals der Relativität entrinnen, die sich auf alles auswirkt, von einer Ameise bis zum Universum? Können wir in einer Welt, in der alles ewig im Wandel begriffen ist und ewig etwas anderes wird, wo nichts wirklich von Dauer und selbst-existent ist und jeder vorübergehende Wandel die einzige augenblickliche Wirklichkeit zu sein scheint, können wir darin etwas zu finden hoffen, das unabhängig existiert und sich niemals wandelt? Eine Wirklichkeit, die IST? Die Antwort auf diese Frage liefert die Philosophie. Unser Intellekt und unsere Sinne mögen sie zwar falsch verstehen und nur Form und nicht den in ihr steckenden Wesenskern wahrnehmen; aber die Wirklichkeit durchdringt und erstreckt sich dennoch auf alle Dinge. Hier, in dieser Raum/Zeit-Welt, gibt es nichts, das nicht Anteil an der Wirklichkeit hätte. Daher lädt uns die Philosophie ein, durch die unendliche Vielfalt der Formen der Welt in die Einheit zu blicken, auf der sie gründen, ohne unser Bewusstsein die Formen selbst verlieren zu lassen, wie dies beim Mystiker der Fall sein kann. Diese Einheitssubstanz ist nichts anderes als der GEIST-Kern selbst.

5

Wenn wir sagen: „Ich trachte danach, mich mit GOTT zu vereinen" oder „Ich bin eins mit GOTT", haben wir die Aussage unbeabsichtigt negiert, weil wir unbewusst *zwei* Dinge aufgestellt und beibehalten haben, nämlich das „Ich" und „GOTT". Wenn „Ich" und „Gott" letzten Endes als getrennte Dinge existieren, existieren sie auf alle Zeit als solche. Wenn sie sich jedoch wirklich vereinen, müssen sie schon immer vereint und niemals getrennt gewesen sein. In diesem Falle erübrigt sich die Suche des Unterselbst nach dem Überselbst. Wie lassen sich diese beiden widersprüchlichen Situationen erklären? Antwort: Die Relativität hat uns die Notwendigkeit eines doppelten Standpunktes gelehrt, der eine relativ und ständig im Wandel begriffen, der andere absolut und philosophisch, stets unwandelbar. Vom ersten Standpunkt aus sehen wir die Notwendigkeit ein, uns dieser Suche in all ihren praktischen Einzelheiten und aufeinander folgenden Entwicklungsstufen zu widmen und müssen diesem inneren Drang gehorchen. Aber vom zweiten aus sehen wir ein, dass alle Existenz, einschließlich der eigenen, und ob wir uns dessen bewusst oder nicht bewusst sind, in einem zeit- und bewegungslosen JETZT existiert, einem unwandelbaren, tatenlosen HIER, einer dinglosen, egolosen LEERE. Der erste verlangt harte Arbeit an der eigenen Entwicklung in Meditation, Metaphysik und altruistischer Dienstleistung, aber der zweite informiert uns, dass nichts, was wir tun oder zu tun unterlassen, uns in einen Bereich emporzuheben vermag, in dem wir uns ohnehin bereits befinden und uns ewig befinden werden. Weil wir sind, was wir sind, weil wir Sphinxe mit Engelshäuptern und Tierkörpern sind, sind wir gezwungen, diese beiden Standpunkte nebeneinander zu vertreten. Wollen wir wahrheitsgemäß und nicht lediglich halb wahrheitsgemäß denken, müssen wir diese beiden Extreme in ein Gleichgewicht bringen. Das heißt, es darf weder nur das eine noch nur das andere durchgesetzt oder in Abrede gestellt werden. Es ist freilich leichter, diese Eigenschaft zu erfahren, als sie zu verstehen.

Dies ist natürlich verwirrend und kann niemals leicht sein, aber wenn das Leben weniger einfach und weniger paradox wäre, als es ist, hätten die klügsten Denker sich wohl nicht schon seit ewigen Zeiten mit seinen großen Probleme auseinander gesetzt. Darin liegt das Paradox des Lebens, und wir täten besser daran, es zu akzeptieren. Das heißt, wir dürfen den einen Standpunkt nicht auf Kosten des anderen vertreten. Diese beiden Sichten müssen nicht gegeneinander arbeiten, sondern können, wenn wir ihre gegenseitige Notwendigkeit verstehen, harmonisch nebeneinander existieren. Wir sollten an beides denken, an das stets im Werden und an das stets im Sein Begriffene. Wir sind bereits so ewig, so unsterblich und so göttlich, wie wir es je sein werden. Aber wenn wir uns dessen bewusst werden wollen, müssen wir nun einmal zum niedrigeren Standpunkt hinunterklettern und die Mühsal einer Suche innerhalb enger Grenzen auf uns nehmen.

6

Es wäre ein Fehler zu glauben, die zwei Standpunkte widersprächen sich; das ist nicht der Fall, weil es nicht der Fall sein kann. Sie können niemals zu einer logischen Antinomie führen; sie stellen unterschiedliche Lesarten derselben Sache dar, einen Unterschied, der unvermeidlich ist, weil er sich auf unterschiedliche Erkenntnis-, Erfahrungs- und Standpunktsebenen bezieht.

7

Die zweifache Sicht ist eine der hilfreichen Ideen, die die Philosophie jenen zu bieten hat, die nicht nur mit dem Intellekt nach der WAHRHEIT suchen, sondern auch verstehen wollen, wie sie in der aktiven Welt selbst damit leben sollen. Sie unterscheidet zwischen der unmittelbaren Sicht und dem höchsten Standpunkt. Die unmittelbare dient der praktischen Erwägung unserer Tätigkeiten in der Welt und unserer konkreten Auseinandersetzung damit, hält aber unverrückbar an der Wahrheit fest. Sie sagt uns, wir sollen handeln, als ob die Welt absolut wirklich sei. Aber der höchste und letzte Standpunkt besagt, dass es nur eine wahre Betrachtungsweise aller Dinge geben kann, weil es nur eine WIRKLICHKEIT gibt. Da er vom ABSOLUTEN handelt, wo Zeit und Raum sich auflösen und es kein Subjekt gibt, das sieht, und kein Objekt, das gesehen wird, gibt es weder Gedanken noch Gedankenkomplexe, die das ABSOLUTE fassen könnten. Es übersteigt den Intellekt. Aus diesem Grunde könnte man sagen, dass sich die Philosophie in ihren praktischen Erwägungen auf die Dualität stützt, in ihren grundlegenden aber die Nicht-Zweiheit beibehält und so beide in Einklang miteinander bringt.

8

Worin liegt der praktische Wert der Lehre von der Zeit? Die vollständige Antwort auf diese Frage würde viele Gebiete umfassen, indes zeigen wir hier eines der wichtigsten auf. Die Philosophie impft ihrem Schüler ein, die Regel des doppelten Standpunkts sowohl auf die äußeren Ereignisse seines Lebens als auch auf die inneren Inhalte seiner Sinneserfahrung anzuwenden. Vom normalen Standpunkt aus bestimmt die Art eines Ereignisses, ob es ein gutes oder schlechtes ist; aber vom philosophischen aus bestimmt die Meinung, die sich der Schüler über den Vorgang bildet, ob es gut oder schlecht für ihn ist. Er sollte die zwei Standpunkte stets zusammenbringen, sie niemals trennen und den kurzfristigen stets durch den langfristigen ausgleichen.

Der höhere Standpunkt ermöglicht es ihm, einigen Schmerzen zu entrinnen, die ihm der niedrigere aufzwingen würde. Ein Ereignis, das in den Augen eines weltlich gesinnten Menschen von niederschmetternder Bedeutung und aus dessen derzeitiger Sicht schlecht ist, wird mit jedem Jahr kleiner, seine Nachteile immer geringer. Nach zwanzig Jahren wird es ihn nicht mehr sonderlich erschüttern, nach fünfzig noch weniger und eine Inkarnation später wird es ihn überhaupt nicht mehr quälen. Wenn der Schüler den langfristigen Gesichtspunkt bezieht, der die Zeit vorwegnimmt, erzielt er das gleiche Ergebnis im Voraus. Es heißt, dass die Zeit alle Wunden heilt und zwar deswegen, weil sie dem Unglücklichen, wie sich herausstellt, wenn wir nach dem Grund fragen, unmerklich eine philosophischere Sicht einimpft. Mit einer Tasse Zucker wird der Geschmack des Wassers in einem Krug stark versüßt, das Wasser in einem Eimer mäßig, das in einer Badewanne nur ein bisschen und das Wasser in einem See allem Anschein nach überhaupt nicht. Auf genau dieselbe Weise verdünnt der Strom der Ereignisse, aus denen sich für das menschliche Bewusstsein die Zeit zusammensetzt, allmählich die Schmerzen, die jeder einzelne Vorfall mit sich bringen mag.

Der Schüler ist jedoch nicht gewillt, einen so langsamen Heilungsprozess abzuwarten. Indem er bereits während jedes Ereignisses im Sinne der philosophischen Sichtweise denkt und handelt, verringert er seine Schmerzen unverzüglich und stärkt seinen inneren Frieden. Von dieser Warte aus betrachtet, wird jedes Unglück eine Stufe werden, die zu einer höheren Verständnisebene, einer ungetrübteren Seinsform führen kann, vorausgesetzt, der Schüler will es. Denn sein wirkliches Vermächtnis wird die Meinung sein, die er sich davon bildet, und das, was er daraus lernt. In seiner anfänglichen, ihn mit ganzer Wucht treffenden Qual mag ein Mensch das nicht wahr haben wollen; denn er ist geistig so gefangen, dass er der Gegenwart Wirklichkeit zugesteht und sie der Vergangenheit abspricht. Er vermag in dem Unglück vielleicht keine Bedeutung und keinen Nutzen zu sehen. Indes wird ihn entweder die Zeit oder die Philosophie eines Tages zu dem Gesichtspunkt bringen, unter dem der tiefere Sinn des Leidens offenbar wird und wodurch er dessen Notwendigkeit versteht. Dies stellt in der Tat eines der großen Paradoxe der menschlichen Entwicklung dar - dass das Leiden den Menschen Schritt um Schritt vom falschen Selbst zur Annahme des wahren Selbst führt und ihn das wahre Selbst Schritt um Schritt zurück zur Annahme des Leidens führt.

Wenn nun der weltlich Gesinnte den Vorfall bestürzt gegen den Hintergrund eines Augenblickes und der philosophische Schüler ihn gefasst gegen den Hintergrund eines ganzen Lebens sieht, so wiegt der Weise diese beiden Gesichtspunkte vollkommen auf, obschon er sich ihrer durchaus gewahr ist, indem er einen Dritten hinzufügt, der gänzlich unabhängig ist von jedweder Zeitdimension. Von diesem dritten Standpunkt aus betrachtet er sowohl das Ereignis als auch das Ego, dem das Ereignis widerfährt, als illusorisch. Für ihn sind Zeit- und Persönlichkeitssinn unwirklich. In den Tiefen seines Geistes hält er unverrückbar an der Zeitlosigkeit des wahren Seins fest, am ewigen Leben im Reich Gottes. In dieser geheimnisvollen Verfassung kann die Zeit nicht heilen, denn da gibt es keine Wunden, die geheilt werden müssten. Sobald wir der Zeit die Wirklichkeit nehmen, können wir den Schmerzen den Stachel ziehen. Das alte Selbst lebt wie ein an jede vorübergehende Sinneswahrnehmung geketteter Sklave, während das wahre Selbst im zeitlosen Reich Gottes weilt. Sobald wir mit dem wahren Selbst harmonieren, harmonieren wir mit dem ganzen Weltall, und kein Unglück kann uns erreichen. Es mag zwar geschehen, aber es stößt nicht unserem wirklichen Selbst zu, noch wird unser wirkliches Selbst es zu spüren bekommen. Es herrscht ein Gefühl absoluter Geborgenheit, ein Gefühl, dass uns kein Leid geschehen kann. Der philosophische Schüler entdeckt die Mission der Zeit; sie lindert Schmerzen und heilt alles Übel. Der Weise löst das Geheimnis der Zeitlosigkeit, wodurch der Mensch erlöst wird.

9

Die Philosophie würde sich nicht lohnen, wäre sie nicht der Ansicht, dass sie, um den praktischen Zwecken des Lebens zu genügen, umkehren und sich eines nicht-metaphysischen Ansatzes befleißigen müsse. Infolgedessen ist eine ambivalente Einstellung die einzig vollständige und deshalb richtige, der sie beipflichten kann. Wir haben das Recht, ja wir sind geradezu verpflichtet, uns zu fragen, wie eine Lehre den Bezug zum alltäglichen Leben herstellt und inwiefern sie mit der Welt verbunden ist, die wir kennen. Falls sowohl der Bezug als auch die Verbindung fehlen, kann man mit gutem Recht sagen, dass die Lehre unzureichend ist und ihr das notwendige Gleichgewicht aller Interessen fehlt.

10

Metaphysisch birgt jedes Ding und jeder Gedanke die Form seines Gegensatzes in sich. Wir müssen versuchen, nicht persönlich an dem einen Gegensatz zu hängen und uns vom anderen nicht persönlich abstoßen zu lassen. Das besagt nicht, dass wir sie außer Acht lassen dürfen; denn dazu sind wir in der Tat nicht imstande. Das praktische Leben zwingt uns, zumindest den Versuch zu unternehmen, mit ihnen fertig zu werden. Wir müssen sie gleich und unpersönlich behandeln. Auf diese Weise halten wir uns das Joch der Besitzgier vom Leibe. Der Versuch, sich nur auf den einen Gegensatz festzulegen und den anderen zu verwerfen, kann nur in Enttäuschungen enden. Das den Dingen naturgemäß Innewohnende zu akzeptieren, ist also nur klug. Wenn wir das nicht wollen, weil es uns persönlich verletzt, wenn wir uns gar dagegen auflehnen, wird es nur dazu führen, uns selbst einen umso größeren Schaden zuzufügen. Es ist töricht, vor dem einen Gegensatz davonzulaufen und dem anderen nachzujagen. Wir müssen zu einem Gleichgewicht zwischen ihnen finden, müssen uns zwischen den beiden Extremen bewegen und die Stufe erklimmen, die höher gelegen ist als der Standpunkt, der bejaht, und der Standpunkt, der verneint; denn keiner von beiden erhascht jemals die ganze Wahrheit. In den meisten Fällen verpassen sie sie beide. Unser Bewusstsein funktioniert so, dass es uns sozusagen in ein Gefängnis relativistischer Erfahrungen sperrt, die das scheinbar Wirkliche, aber niemals das tatsächlich Wirkliche sind. Beide zu akzeptieren und doch auch beide zu transzendieren bedeutet, ein Philosoph zu werden. Um die Gegensätze nun zu übersteigen, müssen wir aufhören, über die Wirkung nachzudenken, die sie auf uns persönlich ausüben. Wir müssen die endlose Bezugnahme auf das „Ich" fahren lassen, die uns blind macht für die Wahrheit jenseits der Gegensätze. Wir müssen uns weigern, unsere persönlichen Entscheidungen als absolute oder unsere relativen Standpunkte als ewige Richtlinien aufzustellen. Dies beinhaltet einerseits, dass wir uns nicht mehr ständig über Ereignisse aufregen und andererseits, dass wir nicht mehr ständig nach Dingen greifen. Es bedeutet in der Tat, einen unpersönlichen Stand-

33

punkt zu beziehen und ein harmonisches Verhältnis zu dem zu finden, was die Natur in uns und in unserer Umwelt bewirken will. Wir müssen neue und höhere Werte finden. Solange wir auf einer persönlichen Sicht bestehen, sind wir Sklaven der Zeit und unserer Emotionen, aber sobald wir sie einer philosophischen Einstellung zuliebe fallen lassen, sind wir befreit, sehen wir uns in ein heiteres, zeitloses Leben versetzt.

11

Alle Begriffe sind dualistisch; jeder bedingt seinen Gegenbegriff. Wir können sie nicht denken, ohne im Stillen auch ihr Gegenteil zu denken: LEERE und ALL, das „Ich" und das Nicht-Selbst. Aus diesem Grunde müssen wir, wenn wir die Wahrheit wollen, den Dualismus am Ende über Bord werfen und an seine Stelle die Nicht-Zweiheit setzen. Wir können nicht mit einem Fuß zugleich in beiden Lagern stehen.

12

Habt ihr den zweifachen Gesichtspunkt erst einmal verstanden und als den notwendigen Ausgangspunkt festgelegt, so passt der zeitlich festgelegte Anteil und die zeitlose Ordnung in euer Schema der Dinge. Die praktische Erfahrung trägt euch durch das alltägliche Dasein, und die göttliche Erfahrung - das ewige JETZT - wird dadurch nicht verdrängt. Dies wird möglich, wenn es euch gelingt, das philosophische Leben zu leben und die Denkart zu entwickeln, die es bedingt.

13

Erst durch die gleichzeitige Annahme des zweifachen Gesichtspunkts, weder das WIRKLICHE noch das UNWIRKLICHE in Abrede stellend, sind wir imstande, die Ganzheit der WAHRHEIT zu erzielen.

14

Solange wir das Leben nicht unter diesem doppelten Gesichtspunkt betrachten, kann unser Blick für die Dinge nur unzureichend, einseitig und unvollständig sein. Die praktische Routine des Alltags erfordert, dass wir nur an dem Punkt darüber nachdenken, an dem es uns persönlich tangiert. Hier sieht man seine augenblickliche, vergängliche und endliche Form. Aber die Befriedigung der höheren Interessen des Denkens und Fühlens erfordert, dass wir über das lebende Universum als ein Ganzes nachdenken. Hier sieht man eine ewige und unendliche Bewegung, an deren Mittelpunkt ein undurchdringliches Geheimnis liegt.

15

Das, was IST, wird nicht durch Vorfälle oder Dinge, kosmische Verheerungen oder menschliche Gedanken bewegt, beeinflusst oder gewandelt. Denn alle diese liegen in der Zeit, DAS indes nicht. Es ist schon immer außerhalb der Zeit gelegen und muss deswegen immer außerhalb ihrer liegen. Für uns geschieht alles in aufeinander folgenden Augenblicken, aber das ist die zeitlich festgelegte Sicht.

16

Sowohl Hegel, der in Deutschland wirkte, als auch die Jainas, die in Indien blühten, lehrten die Relativität der Wahrheit. Sie legten dar, dass durch Beziehen verschiedener Standpunkte verschiedene Aspekte der Wahrheit offenbar würden. Während die Jainas indes sieben Standpunkte aufstellten, die das ganze Spektrum abdecken, stellte Hegel drei auf. Jede relative Wahrheit ist begrenzt, einseitig, unvollständig und steht vielleicht sogar in Widerspruch zu den anderen. Die Philosophie pflichtet der Wahrheit der von beiden Standpunkten vertretenen Relativität zwar bei, aber deren Exklusivität gutzuheißen, sieht sie sich nicht imstande. Sie bezieht paradoxerweise einen standpunktlosen Standpunkt, der frei ist von deren Starrheit und Grenzen. Sie gerät nicht in Konflikt mit irgendwelchen Sekten, Systemen oder Religionen, starrem Dogmatismus oder frei-denkender Skepsis. Sie ist keines Nebenbuhler, tritt mit keinem in Wettstreit. Sie bringt die vielgestaltigen Ausdrücke menschlichen Denkens und Glaubens in Einklang, hat Platz für sie alle, indem sie deren Einseitigkeit und Vorurteile von sich weist und deren Irrtümer und Unvollständigkeit vermeidet. Sie weiß um das, was sie lehrt, um die höchste und letzte unwiderrufliche Wahrheit, dass es nichts über den GEIST Hinausgehendes gibt. Sie erfährt die endgültige, unwidersprüchliche Wirklichkeit, in der kein verzerrendes Ego zugegen ist.

17

Die Naturwissenschaft hat ihre Forschung und Untersuchungsmethoden bis in die ungeheuren Weiten des Kosmos vorangetrieben, ohne dessen Ende denken zu können, so wie sie auch in die unglaublich kleine Welt des Atoms eingedrungen ist, mit einem ähnlichen Ergebnis. Dies stellt das mathematisch Unendliche dar. Indes gibt es ein anderes. Keine Instrumente und kein Apparat können auf Gedankengegenstände angewendet werden, die auf dessen Existenz schließen lassen, denn Maß und Quantität sind hier nicht von Belang. Dies ist das metaphysisch Unendliche.

18

(a) „Das Eine ohne ein Zweites" taucht im Weltall als „keine zwei Dinge sind gleich" wieder auf. (b) Nichtzweiheit, nicht zwei, bedeutet Mentalismus; die Welt ist meine Idee, in meinem Bewusstsein, also ein von mir Nicht-Getrenntes. Es gibt nicht zwei - ich *und* die Welt.

19

Der Welt-Geist selbst weilt im Zeitlos-Gegenwärtigen, dem Ewigen Jetzt. Aber für menschliche Wesen geschehen alle Dinge in Reihenfolge, werden sie alle in Reihenfolge erfahren und beobachtet.

20

Warum machte Emerson, als er eine von ihm bestellte Holzlieferung inspizieren musste, wohl die Bemerkung: „Wir müssen uns um diese Dinge kümmern, als ob sie wirklich seien."

21

Wenn diese beiden Standpunkte nicht als etwas Notwendiges erkannt werden, führt das nur zu Verwirrung, falschem Denken und falschen Schlussfolgerungen. Das Unmittelbare muss unterschieden werden vom Höchsten und Letzten, das Augenscheinliche vom Tiefgründigen.

22

So wie "Die Philosophie der Wahrheit - tiefster Grund des Yoga" die Realität als ein stets Wirkliches und sich niemals Wandelndes definiert, so ist die Wahrheit ein stets und überall und nicht notwendigerweise unter bestimmten Bedingungen Wahres.

23

Bewusstsein kann verschiedene Formen annehmen, kann auf verschiedenen Raum- und Zeitebenen wirken, so dass es relativ ist. Es kann aber auch bei sich selbst bleiben und keine Form annehmen; dann ist es das, was man absolut nennt, nicht relativ. Aber die mögliche Existenz aller dieser anderen Formen abzustreiten, mögen sie noch so vergänglich sein, - wie es jene Inder tun, die sich, von der Wirklichkeit des WIRKLICHEN und der Unwirklichkeit des UNWIRKLICHEN so fasziniert, dass sie nicht mehr wissen, ob sie wirklich oder unwirklich sind, ganz und gar auf die Lehre von der

Nicht-Zweiheit versteifen -, bedeutet zu vergessen, dass der Vertreter dieser Lehre selbst ein menschliches Wesen ist. Wer zurückkehrt aus der mystischen Erfahrung der Universalität, kehrt zu einer menschlichen Form zurück, ist selbst ein Mensch, gleich wie göttlich er in seinem innersten Wesen ist. Das ABSOLUTE ist nicht ein menschliches Wesen und kann nicht einen möglichen Standpunkt vertreten, aber das menschliche Wesen *muss* eine vermenschlichte Philosophie und *kann* einen Standpunkt haben. Was soll man nun tun, nachdem man den Gegensatz zwischen dem absoluten und dem relativen Bewusstsein, zwischen dem Wirklichen und dem Unwirklichen, erkannt hat? Die Antwort ist und muss der doppelte Gesichtspunkt sein. Nicht aber etwa das doppelte Wesen der WAHRHEIT, sondern der doppelte Geischtspunkt für uns menschliche Wesen - der eine empirisch, praktisch, erdgebunden und vernünftig, der andere der höchste, göttliche und intuitive.

24

Das Rätsel des Daseins kann nicht allein auf der einen Grundlage der LEERE gelöst werden, noch allein auf der der Manifestation. Es gilt, beide zusammen und gleichzeitig in Betracht zu ziehen, um das Dasein menschlicher Wesenheiten als inkarnierte Individuen auszumachen.

25

Diese Erkenntnis des doppelten, alles manifeste Dasein regierenden Prinzips hebt die Erkenntnis des NICHT-MANIFESTEN als des ENDGÜLTIGEN, des EINZIGARTIGEN, des WIRKLICHEN nicht auf. Denn die zwei leiten sich aus ihm ab; in ihm verschwindet am Ende deren Erscheinen und Wirken, sie selbst aber, als Teil der Welt-Idee, niemals. Jedes Universum folgt der Göttlichen Ordnung des Yin-Yang.

26

Für Meditierende und Träumer ist der Versuch genug, die Wahrheit zu einem einzigen, auf der höchstmöglichen Ebene angesetzten Konzentrationspunkt zu machen. Aber für das Leben selbst ist er es nicht, weil er zu beschränkt ist. Denken und Handeln, Einsicht und Praxis erfordern zwei verschiedene Standpunkte - den unmittelbaren und den höchsten.

27

Der Ausweg aus dem Auf und Ab eurer umherirrenden Gefühlslagen, die zum Spirituellen und dann davon weg führen, besteht in der Bejahung der doppelten Natur eures
Wesens und der doppelten Polarität der Natur, des doppelten Gesichtspunkts der Wahrheit und dem doppelten Aspekt GOTTES. Dann hören die Kämpfe auf, herrscht Harmonie. Dann kommt es nicht zu feindseligen Konfrontationen mit euch selbst, sondern zu friedlicher Versöhnung.

28

Die Zeit, so haben wir gelernt, ist lediglich die Aufeinanderfolge unserer Gedanken.
Wir haben auch gelernt, dass es in unserer ganzen Erfahrung der Zeit und ungeachtet
der speziellen Reihe, zu der sie gehört, ob sie nun mit der dem Traum eigenen Schnelligkeit oder mit der dem Wachsein eigenen Langsamkeit abläuft, auch einen Hintergrund der Ruhe, der Stille geben muss, gegen den wir unseren Zeit-Sinn unbewusst
messen. Das Problem besteht darin, diesen Hintergrund in unser Bewusstseinsfeld zu
bringen. Seine Lösung wird uns zum Teil durch folgende kurze Analyse geliefert. Wenn
man die Gedanken-Reihe zum Stillstand bringen, d.h. wenn wir das Bewusstsein entschlossen auf einen einzigen unbeweglichen Punkt heften würden, würden wir uns im
Reich unendlicher Dauer ansiedeln. Dies könnte, so wunderbar es wäre, indes nur ein
vorübergehender Vorgang sein, weil das Leben selbst darauf besteht, dass wir zum Welt-
Bewusstsein zurückkehren, zur Erkenntnis der Erfahrung in Raum und Zeit. Es ist in
der Tat der Zustand, den der erfolgreiche Mystiker augenscheinlich erlangt, ein Zustand sublimer Trance, die er als die Vervollkommnung seiner Suche erachtet.

29

Die höchste Wahrheit nimmt Bezug auf den Wesenskern eines Dinges, auf seine wirkliche Natur. Die unmittelbare Wahrheit nimmt Bezug auf dessen sich wandelnde Be-
findlichkeit oder vorübergehenden Zustände, das Ding, das im Augenblick der Wahrnehmung in Erscheinung tritt.

30

Das Paradox stellt die einzige Sichtweise dar, durch die beide Aspekte, der unmittelbare
und der höchste, gleichzeitig gesehen werden können.

31

Ihre erhabenste Lehre ist, so sagt die Philosophie, notwendigerweise paradox, denn das Eine ist in den Vielen und die Vielen sind eins, weil die Nichtzweiheit verbunden ist mit der Zweiheit, weil das Weltliche und Begrenzte hinweist auf das Absolute und Unbegrenzte: daher die Lehre von den zwei Wahrheiten.

32

Das Paradox stellt die einzige angemessene Betrachtungsweise der Dinge und Situationen, des Lebens und des Kosmos, des Menschen und GOTTES dar. Dies muss so sein, wenn Denken und Fühlen die umfassendste und vollständigste Wahrheit erreichen sollen, die zu erreichen sie imstande sind. Es gibt zwei Arten, diese Wahrheit zum Ausdruck zu bringen, weil sie selbst doppelt ist. Sie handelt vom Schein des Dinges und davon, was es wirklich ist. Oft ist der Unterschied so groß wie der zwischen dem Anblick einer durch ein Mikroskop mit fünftausendfacher Vergrößerung und einer mit dem nackten Auge betrachteten Ameise.

33

Wenn wir Zeit und Materie in Frage stellen - jene Grundlagen unserer ganzen weltlichen Erfahrung - und ihre wirkliche Natur zu ergründen suchen, stoßen wir auf scheinbar Widersinniges und Widersprüchliches, auf Irrationales und logisch Absurdes. Die einzige Behauptung, die richtigerweise von ihnen bejaht werden kann, besteht darin, dass sie existieren und gleichzeitig auch nicht existieren.

34

Man kann ES nicht in ein Symbol kleiden, ohne zu verfälschen, was ES wirklich ist. Aber man kann auch niemals auf irgendeine Weise DAVON sprechen, ohne ES in ein Symbol zu kleiden. Was soll man nun tun? Wenn die Mystiker, wie so oft, erklären, man solle schweigen, so fragt sie doch, warum sich so viele von ihnen selbst nicht an diese Regel gehalten haben. In ihrer Antwort werdet ihr auf deren eigene Unzulänglichkeit und Unvollständigkeit stoßen. Denn wiewohl auch sie, wie wir alle, auf zwei getrennten und unterschiedlichen Ebenen funktionieren müssen, müssen die Wahrheiten, die auf der einen Ebene gelten, am Ende mit jenen in Verbindung gebracht werden, die auf der anderen Gültigkeit besitzen.

35

Das Paradox stellt das Zusammenbringen zweier Elemente dar, die zwar im Gegensatz zueinander stehen, sich aber doch ergänzen.

36

Für diejenigen, denen es ein Bedürfnis ist, und für die Masse, die geistig keinen Zugang zu der erhabensten, nicht-dualen Gottesvorstellung hat, ist die Anbetung GOTTES im gewöhnlichen und personalen Sinne durchaus vertretbar. Wenn sie diese phänomenale Welt beinhaltet und den Anbetenden in der Dualität und Relativität gefangen hält, so verschwendet er nicht seine Zeit. Sobald der menschliche Geist darauf pocht, seine Imagination oder Denkfähigkeit zu befriedigen und zu verstehen sucht, wo er innehalten und seine egoistischen Anstrengungen einstellen sollte, muss er eine so paradoxe Situation wie den doppelten Gesichtspunkt akzeptieren. Chi Tsang, ein im sechzehnten Jahrhundert lebender Philosoph, spürte diese Schwierigkeit, konnte aber nichts anderes tun, als sie zu akzeptieren, wie seiner „Abhandlung über die doppelte Wahrheit" zu entnehmen ist, die sowohl den unmittelbaren oder relativen als auch den höchsten oder absoluten Gesichtspunkt gelten lässt.

Ausformung und Anwendung

37

Die Notwendigkeit, einen ambivalenten Gesichtspunkt einzunehmen, führt zu dem Eingeständnis, dass das Wesen der Wahrheit paradox ist. Der praktizierende Philosoph macht die Entdeckung, dass er in der Zeit und in der Gleichzeitigkeit, in der Ausdehnung und in der Unendlichkeit, im Geist und im GEIST leben muss. Wenn er den Sachverhalt zu stark vereinfachte, würde er nur Verwirrung stiften.

38

Man muss sich darin üben, gleichzeitig auf zwei Seinsebenen zu leben, der unmittelbaren und höchsten, der kurzfristigen und langfristigen, der relativen und ABSOLUTEN, aber nicht als ob sie in ewigem Widerspruch zueinander stünden, sondern als ob sie eins und unteilbar wären.

Wir müssen mit der Welt und den Problemen, die sie uns mit dem Körper und seinen Bedürfnissen bringt, fertig werden. Darum kommen wir nicht herum. Andererseits müssen wir aber auch erkennen, dass es in der Absoluten Wahrheit keine Welt, keinen Körper, keine Probleme gibt - sondern nur das eine, unendliche, zeitlose SEIN. Wie können wir diesem rätselhaften Dilemma Rechnung tragen? Die "Christliche Wissenschaft" leugnet dieses Dilemma theoretisch ab, aber in der Praxis bleibt sie ihrer Leugnung nicht treu. Aus eben diesem Grunde sind ihr so viele beigetreten, nur um in späteren Jahren wieder aus ihr auszutreten. Die Philosophie rät uns, diese unstrittige Tatsache zuzugeben, eine „Doppelperspektive" zu kultivieren und die relative Wahrheit dort und dann zu sehen, wo wir sie wollen, indes stets eingebettet in die größere absolute.

Es gibt zwei Gesichtspunkte: eine qualifizierte Wahrheit für die niedrige Anwärterstufe, die die Zweiheit gelten lässt, und den vollständigen Gesichtspunkt der Nicht-Zweiheit für die fortgeschrittensten Schüler. Daher müssen die auf der Anwärterstufe in ihrem Umgang mit anderen Menschen oder wenn sie tätig sind die fürs praktische Leben unerlässliche Vorstellung akzeptieren, dass die Welt, weil zweckdienlich, auch wirklich ist. Dennoch sollten sie, sobald sie alleine oder still sind und nichts tun, wieder auf die Sicht zurückgreifen, dass die Welt, zu der der eigene Körper als ein Teil von ihr zählt, Idee ist. Nur für den Weisen ist die Wahrheit stets zugegen, ob er nun in Gesellschaft ist, arbeitet oder sich im Zustand der Versenkung befindet, und diese Wahrheit ist ununterbrochenes Gewahrsein von nur einer WIRKLICHKEIT und von nur einem SELBST.

Es sind in ihm zwei gleichzeitige Gewahrseins-Zustände zugegen.

Uns obliegt es, in der Vielfalt Einheit und in der Einheit Vielfalt zu erkennen.

Es gibt keinen erhabeneren metaphysischen Gesichtspunkt als die Nicht-Zweiheit, aber der Mensch ist nicht imstande, nur von der Metaphysik zu leben. Er haust in einem

Körper, und der wiederum ist in der Welt. Er braucht einen zweiten Standpunkt, um mit dem Körper und der Welt zurechtzukommen. Das heißt, er braucht den relativen, endlichen und unmittelbaren Standpunkt der Erfahrung der Person. Die Metaphysik mag ihm zwar sagen, dass die Welt - wenn untersucht und analysiert - nur eine Erscheinung ist, und wenn man sie in die tiefste Meditation trägt, ist sie nicht einmal das; aber die fünf Sinne sagen ihm, dass er sich mit ihr einigen muss.

44
Für den Dummkopf und den Weisen existiert die Welt auf genau dieselbe Weise, während sie für den einen aber nur so existiert, wie sie erscheint, existiert sie für den anderen sowohl in der Erscheinung als auch in der Wirklichkeit.

45
Um daran zu denken, dass wir im Wesentlichen wie GOTT sind, brauchen wir nicht zu vergessen, dass wir existentiell Menschen sind.

46
Als Wesen existieren wir in Zeit und Raum, aber als SEIN in der ZEIT- und RAUMLOSIGKEIT. Der Anhänger des Advaita leugnet die erste Aussage gleichermaßen vergeblich, wie es der Materialist mit der zweiten tut.

47
Bedeutet dieser doppelte Standpunkt ein unentwegtes Schwanken zwischen den beiden Aspekten, ein Denken und Fühlen, das ständig von dem einen zum anderen flattert? Freilich nicht! Genauso wie der kleine Kreis in einem größeren enthalten sein kann, kann der Geist gleichzeitig im praktischen und metaphysischen sein und sich dennoch auf den jeweils augenblicklich erforderlichen konzentrieren.

48
Sein Dasein ist ein doppeltes: Der vordergründige Teil seines Bewusstseins ist in und der wirkliche außerhalb der Zeit. Das ganze Elend und Unglück, das in den einen Teil eindringen mag, wird sich nicht auf die glückselige Ruhe auswirken, die im anderen auf Dauer währt.

49

Im Drama der Welt soll man nicht nur ein Schauspieler sein, der an den Ereignissen teilnimmt, sondern auch zu den Zuschauern gehören, die sie sich ansehen, nicht nur inmitten der Geschehnisse stehen, sondern auch deren losgelöster Beobachter sein. Dies klingt allzu widersprüchlich. Sind die beiden Rollen unversöhnlich?

50

Sein Wissen um die Relativität der Dinge enthebt den Philosophen jeglichen Zwangs, sich mit irgendeinem speziellen Gesichtspunkt zu identifizieren. Seine Befreiung vom Dogma macht es ihm möglich, den Standpunkt zu beziehen, der den Umständen am besten gerecht wird. Dies bedeutet keinesfalls, dass sich in seine Angelegenheiten Chaos, in seine Haltungen Unernsthaftigkeit und in seine Moral Anarchie einschleicht. Vor solchen Gefahren schützt ihn das Bindeglied, das er mit der unendlichen Weisheit und der unermesslichen Güte des Überselbst hergestellt hat.

51

Kenntnis vom Wesenskern der Welt treibt einen Keil zwischen dich und die Welt, so dass du die physische Sinnes-Hülle als das erkennst, was sie ist.

52

Nur dadurch kann man inneren Frieden finden und aufrechterhalten, dass man alles, was einem widerfährt, aus einem philosophischen Blickwinkel sieht, dass man die Ereignisse des Tages der Zeitlosigkeit der WIRKLICHKEIT gegenüberstellt.

53

Tief in seinem Herzen lebt er in dieser Unverrückbarkeit des Bewusstseins, einer Unverrückbarkeit, die den Lauf der Zeit unwirklich und die Geschehnisse der Zeit wie Erscheinungen wirken lässt.

54

Lebt unter den Menschen so, als ob die Welt-Erscheinung das ist, wofür die Menschen sie gefühlsmäßig halten - die Wirklichkeit - haltet selbst aber fest an der inneren Wahrheit über sie und über euch!

55

Hinabzusteigen in einen Körper aus Fleisch und Blut ist unsere Verwirrung. Die Schmerzen und Nöte zu erleben, denen wir ausgesetzt sind, unser Schicksal. Freilich gibt es auch Befriedigungen, und sie verführen uns dazu, uns am menschlichen Tun und Treiben festzuklammern und nach jeder Wiedergeburt erneut zurückzukehren. Wir müssen uns stets vor Augen halten, dass diese ganze Erfahrung, durch die ein Mensch geht, von Zeit und Ort abhängig ist und vergehen, abfallen muss. Wohin? Zu jener höheren Ordnung des Universums, wo wir als höhere Lebewesen bei GOTT weilen.

56

Mit dieser weitgefassteren Sicht entfalten wir eine weitgefasstere Annahme der Vergangenheit, vergangener Handlungen und Denkweisen, mögen uns das Getane oder unsere Gefühlsregungen noch so Leid tun oder beschämen. Denn wenn es ein Verzeihen des anderen geben soll, so muss es auch ein Sich-selbst-Verzeihen geben; und wenn man über sein vergangenes Selbst hinausgewachsen ist, sollte es so sein, als ob man ein anderes, ein fremderes Wesen in Augenschein nimmt.

57

Diese Dualität seines Lebens wird weitergehen, bis er bereit ist für die Erhabene Wahrheit, die an die Stelle aller geringeren rückt, aber die er nicht erfassen kann, solange er sich an ihnen festklammert. Wenn er darauf besteht, wird es ihm niemals gelingen, den Übergang zu dem Verständnis zu schaffen, dass es nur die EINE UNENDLICHE LEBENS-KRAFT gibt, nur den EINEN EWIG-EXISTIERENDEN GEIST, und dass alles andere lediglich Illusion, Idee oder Traum ist.

58

Der Osten sagt uns, die Welt ist unwirklich und das Ego ist unwirklich, oder er sagt, die Welt existiert nicht und das Ego existiert nicht. Hier mag uns vielleicht die von westlichen Denkern entwickelte Semantik zu Hilfe kommen und verworrenes Denken klarstellen, das zu konfusen Aussagen führt.

Der Körper ist ein Teil der Welt. Weilen wir oder weilen wir nicht in einem Körper? Wenn nicht, dann sollten wir aufhören, ihm Nahrung zu geben und ihn nicht zum Arzt bringen, wenn er erkrankt. Dennoch fahren diejenigen, die so außergewöhnliche Erklärungen abgeben, fort zu essen, krank zu werden und Ärzte aufzusuchen. Damit wird die Frage, ob der Körper existiert oder nicht existiert, eindeutig hinfällig. Ähnlich können wir, demselben Überlegungsmuster folgend, die Entdeckung machen, dass auch die Welt existiert. Was hat jene indischen Lehrmeister nun dazu veranlasst, das Gegenteil zu verkünden? Hier beginnen wir ins Gebiet des Mentalismus einzudringen; und als ein notwendiger Teil zum Schlüssel des Mentalismus müssen wir uns zunächst mit dem Traumzustand befassen. Wenn wir von einer Welt um uns träumen und von einem Körper, in dem wir in dieser Traum-Welt leben, und von anderen Körpern anderer Personen, die sich darin tummeln, so sagen die Inder, dass wir beim Erwachen die Nicht-Existenz dieser Traumpersonen und Traumwelt einsehen, und deswegen verneinen sie deren Wirklichkeit. Aber die Erfahrung hat nun einmal stattgefunden, untersuchen wir sie also näher. Es stimmt, so etwas wie diese Welt war nicht vorhanden, dennoch gab es etwas - aber was? Gedanken. Diese ganze Traumwelt und alle diese Traumpersonen ziehen als Gedanken durch das Bewusstsein, also waren die Gedanken vorhanden. Ob wir nun den Traum oder die Halluzination in Betracht ziehen, die Bilder sind im Geist der Person vorhanden. Sie existieren dort, wenn auch nur als mentale Schöpfungen. Aber mit der Feststellung, dass sie nur mentale Schöpfungen sind, bringen wir den Versuch, sie zu beurteilen, ins Spiel, den Versuch, ihr Wesen, das, was sie wirklich sind, zu bewerten. Die Behauptung, dass sie unwirklich sind, stellt also eine Bewertung dar, und als solche lässt sie sich nur auf der Grundlage eines speziellen Gesichtspunktes vertreten, nämlich der des Beobachters, der sich außerhalb des Traumes, außerhalb der Halluzination befindet. Auf der Grundlage der Person, die gerade die Erfahrung macht, lässt sie sich aber nicht vertreten. Wir sehen also, dass die Existenz von Ego, Körper und Welt keinesfalls in Abrede gestellt werden muss; sie ist vorhanden, ist Teil unserer Erfahrung, nur müssen wir sie genauer analysieren und versuchen, uns ein Urteil über ihr Wesen zu machen, und dieses Urteil ändert nichts an der Tatsache, dass wir Ego, Körper und Welt erfahren. Dies ist eine Tatsache über unsere eigene und jedermanns Erfahrung, auch über die des höchsten Weisen, nur bilden der Weise und der Durchschnittsmensch sich ihr jeweils eigenes Urteil, das auf ihrer jeweils eigenen Sichtweise, ihrer jeweils eigenen Erkenntnis beruht.

Aus dem oben Gesagten wird ersichtlich, wie viel einfacher es ist, sich einen Weg zu suchen, wenn wir die in "Die Philosophie der Wahrheit - tiefster Grund des Yoga" dargelegte Einstellung beziehen, dass es in dieser Lehre einen doppelten Gesichtspunkt und doppelten Standard gibt, damit wir uns über unsere Erlebnisse und über unsere Ideen im Klaren sein mögen und sie nicht durcheinander bringen. Diese beiden Gesichtspunkte, der unmittelbare und der höchste und letzte, der allgemeine und der philosophische, sind bei allen Diskussionen und Untersuchungen solcher metaphysischer Themen unbedingt erforderlich. Andernfalls verirren wir uns in bloßem Geschwätz, in Wörtern, Wörtern, Wörtern.

59

Der Erleuchtete muss sich dem doppelten Wirken der Natur in sich anpassen, gewissermaßen dem Aus- und Einatmen. Seine Erleuchtung muss also dort im Geist und hier im Körper sein. Beide zusammen bilden das Gleichgewicht des zweifachen Lebens, das zu leben wir uns aufgefordert sehen - dass wir in der Welt und doch nicht von ihr sind. Beim Verlängern der ausgeatmeten Luft werden wir nicht nur negative Gedanken los, sondern auch die Weltlichkeit, den Materialismus unseres ausschließlichen Beschäftigtseins mit physischen Dingen. Beim Einatmen saugen wir die positive, inspirierende Erinnerung an das in der Leere verborgene Göttliche ein. Daher sind wir dort im Geist und hier im Körper. Wir erkennen die Wahrheit der Ewigkeit, handeln aber trotzdem in der Zeit. Wir sehen die Wirklichkeit der LEERE, wissen aber auch darum, dass ihr das ganze Weltall entspringt.

60

Da die äußere Wirklichkeit Maya ist, wird unser Weltall zum Rätsel wie auch zum Paradox, bis die Nicht-Zweiheit als die endgültige und einzige Lösung akzeptiert wird.

61

Die Schwierigkeit, sowohl für die praktische als auch für die philosophische Sicht des Daseins Platz zu schaffen, ist verständlich. Dennoch sollte man in diesen doppelten Sichtweisen nicht fälschlicherweise Widersprüche oder Gegensätze sehen. Die letzte und höchste Einsicht verschmilzt sie, wenn sie auch das Fortbestehen ihrer scheinbaren Abweichungen nicht zu verhindern vermag. Es ist so, als ob der Vordergrund des Geistes die praktische Sicht, der Hintergrund dagegen gleichzeitig eine philosophische fassen muss. Dies trifft für den Fortgeschrittenen zu, aber beim Adepten stellt sich nach langwieriger Praxis und tiefschürfender Erfahrung ein Erleuchtungszustand ein, der alle Erfahrung als die Idee behandelt, die sie ist, und gleichzeitig das Licht der ewig brennenden Lampe der Wirklichkeit - des REINEN GEISTES - hell scheinen lässt.

62

Für den Anfänger ist die Idee von der Illusion eine notwendige Einsicht, aber mit tieferen Erkenntnissen entdeckt er, dass die Illusion auch das Wirkliche ist, weil sie nicht davon getrennt ist. Die Wahrheit ist, dass die Wirklichkeit erreichbar ist.

63

Die philosophische Sicht entthront die empirische Alltagssicht der Welt keinesfalls. Aus praktischen Gründen werden die Regeln letzterer stets vorherrschend bleiben.

64

Im Ego zu leben bedeutet, in der Zeit zu leben; im Überselbst zu leben bedeutet, in der Zeitlosigkeit zu leben. Weil der Mensch aber in beiden leben muss, um überhaupt auf der Erde zu leben, so lasst ihn die Kunst erlernen, im ewigen JETZT zu ruhen, im endlosen Augenblick, der zur Ewigkeit führt.

65

Der praktische Nutzen der Lehre vom zweifachen Gesichtspunkt ist nicht zu überschätzen, denn sie macht es dem Philosophen möglich, unter den Unwissenden, die der Überzeugung sind, eine vollkommen wirkliche Welt zu bewohnen, so zu leben, als ob auch er ihre Überzeugung teile. Andernfalls würden sie ihn womöglich als verrückt erklären, von seinen Mitmenschen absondern und in die für solche Fälle gebauten speziellen Institutionen stecken.

66

Wir leben in den Grenzen der Relativität, trachten aber nach den Freiheiten der Göttlichkeit. Erst später machen wir die Entdeckung, dass die eine Idee das Gegenstück zur anderen ist - und beide überwunden werden sollen.

67

Die Aussage „zu sein" bedeutet, „in der Zeit" oder „in der Zeitlosigkeit" zu sein. Die meisten beschränken ihre Bedeutung ausschließlich auf den ersten Satzteil. Aber die etwas Erleuchteteren wissen, dass einige die höhere Möglichkeit verwirklicht haben.

68

Wo die Zeit als unwirklich abgetan wird, wird historischen Umwälzungen notwendigerweise weniger Beachtung geschenkt, und wo Form als trügerisch erachtet wird, bedarf es keiner Kosmogonie. Die Richtigkeit dieses Standpunktes lässt sich nicht wegdiskutieren, wohl aber seine Einseitigkeit. Denn wir müssen nach wie vor in Zeit und Form leben, zumindest mit unseren Körpern.

69

Solange ihr der Meinung seid, es gäbe Verschiedenheit, wie ihr im Traum das Gefühl habt, dass die Unterschiede wirklich seien, befindet ihr euch auf der unwirklichen Ebene. Auf der unkritischen Stufe, wo ihr die Wirklichkeit eurer Erfahrung nicht hinterfragt (wie im Traum), sind eure Ansichten Täuschung.

70

Ohne den praktischen Standpunkt vermag man nicht auszukommen, denn menschlich ist es nicht möglich, die Zeit zu finden, alle denkbaren Erkenntnisse zusammenzutragen, und so sind wir gezwungen, viele Dinge auf Treu und Glauben oder unter Berufung auf den Spezialisten anzunehmen. Wir vertrauen auf diesen Standpunkt, weil er auf einer ziemlich einheitlichen Erfahrung fußt. Das ändert aber nichts an der Tatsache, dass die Erkenntnis, die er vermittelt, nicht wahre, sondern nur wahrscheinliche Erkenntnis ist.

71

Der Welt-Geist hat im Menschen, der sich im Tiefschlaf in seinem Zustand des reinen GEISTES und im Wachsein in seinem Zustand der Tätigkeit befindet, wahrlich ein Bild von sich selbst gemacht. Daher treten Raum/Zeit-Beziehungen nur im Augenblick der Manifestation und nicht im GEIST auf. Die ewige Stille des GEISTES wird durch die Geburt eines Kosmos unterbrochen, indes nur vom begrenzten Standpunkt menschlicher Unwissenheit aus.

3

Die Bewusstseinszustände

1

Bewusstsein ist eine auf verschiedenen Ebenen - auf einer untergeordneten, übergeordneten und gewöhnlichen - wirkende Eigenschaft des GEISTES. Es geht nicht zunichte, wenn es die gewöhnliche Ebene verlässt.

2

Es gibt unterschiedliche Bewusstseinsebenen, die ein Mensch durchschreiten mag, indes gibt es nur eine Ebene WIRKLICHEN BEWUSSTSEINS.

3

Wenn es in der Bibel heißt: „Kein Mensch hat GOTT je von Angesicht zu Angesicht gesehen", bedeutet das, dass die Sinnes- und gedanklichen Wahrnehmungen des Menschen, da endlich und begrenzt, nicht imstande sind, das zu begreifen, was unendlich und unbegrenzt ist. Dass Jesus um eine WIRKLICHKEIT wusste, die über den Denkakt hinausgeht, lässt sich seiner Äußerung entnehmen: „Wer ist unter euch, der, wie sehr er sich auch darum sorgt, seines Lebens Länge eine Spanne zusetzen könnte?" Dies erinnert interessanterweise an einen indischen Spruch von Ashtavakra: „Auch eine Million Gedanken ergeben nur einen weiteren Gedanken." Wir sind nicht imstande, uns einen Begriff vom GEIST als Wirklichkeit zu machen, einfach weil er sich bewusst nicht begreifen lässt. Denn sich eines speziellen Dinges bewusst zu sein, ist ein Zeichen, dass es intellektuell erfassbar, das heißt endlich und begrenzt ist. Aber von dem, dessen heilige Gegenwart Denken und Gedanke überhaupt möglich macht, kann nicht erwartet werden, dass es sich auf eine Ebene hinablasse, auf der es die eigene so großartig unermessliche und zeitlose Unendlichkeit verleugnet. In dem Augenblick, in dem getrenntes Bewusstsein in Erscheinung tritt, taucht auch Relativität auf, und in dem Augenblick, in dem Relativität auftaucht, muss es auch Dualität geben, mit all ihrer Vergänglichkeit und Zerstörungskraft. Infolgedessen können wir nicht beides haben, unser Überselbst mit seiner ganzen Nicht-Zweiheit und Nicht-Beschränktheit und auch diese Art von Bewusstsein.

4

BEWUSSTSEIN ist die Mutter des Bewusstseins, so wie der größere Kreis den kleineren beinhaltet.

5

Bewusstsein beinhaltet normalerweise irgendein Objekt, das ihm gegenübersteht, oder irgendeine Idee, die es beschäftigt, oder irgendein Bild, das darin auftaucht. Daher ist irgendeine Dualität, irgendeine Relativität vorhanden.

6

Die Grenzen eures derzeitigen Bewusstseins sind durch physische Sinneswahrnehmungen und logische Gedankengänge aufgestellt worden.

7

Das Bewusstsein, das dem personalen Selbst innewohnt, ist die schwächste mögliche Spiegelung des ungeheuer wirklichen Bewusstseins, das dem Überselbst innewohnt.

8

Bewusstsein ist die erste Art von Existenz, so begrenzt es auch sein mag. In seiner besten Form ist es indes göttlich.

9

Der nur allzu oft gemachte Fehler besteht in der Annahme, die normale Bewusstseinsebene sei die einzig mögliche. Erfolgreiche Meditation ist eine Art, sich davon zu befreien.

10

Bei einer sorgfältigen Untersuchung der von Descartes verwendeten Begriffe wird klar, dass „Ich denke, also bin ich" nicht Bezug nimmt auf die Fähigkeit, sich seiner selbst gewahr zu sein, sondern auf die Fähigkeit, irgendwie bewusst zu sein.

11

Das Bewusstseinsprinzip in jedem menschlichen Wesen ist in der Tat das Gleiche wie das spirituelle Bewusstsein und nicht ein zweites Ding, indes legt man ihm so viele Gedanken, Sinneswahrnehmungen, Emotionen und Leidenschaften verdunkelnd in den Weg, dass man diesen Sachverhalt nur selten erkennt. Selten isoliert man dieses Bewusstseinsprinzip.

12
Unter den Lebewesen gibt es unterschiedliche Seins-, und unter den menschlichen Wesen gibt es hin und wieder verschiedene Bewusstseinsweisen.

13
Bewusstsein ist ein Kontinuum, aber auf den tiefer liegenden Ebenen verändert es seine Form, bis seine Projektion, das kleine Ego, ausgeschlossen ist wie im Tiefschlaf.

14
Es lässt sich die Lehre von den Gegensätzen und Ergänzungen, von Yin und Yang, nicht nur auf die Relativität des Weltalls selbst, sondern auch auf das menschliche Wesen, seinen physischen Körper und seine Geisteszustände anwenden.

15
Wenn sich der Geist mit der Außenwelt vereint, nennen wir es Wachsein; wenn sich seine Aufmerksamkeit von ihr abwendet und er sich mit seinen Gedanken oder Phantasien vereinigt, nennen wir es Träumen; und wenn er still bei sich ruht, an nichts anderem Interesse hat, nennen wir es Tiefschlaf.

16
Wenn einer den erstaunlichen tieferen Sinn der Traum- und Schlafstufen in seiner ganzen Reichweite erfassen könnte, könnte er nicht Materialist werden oder bleiben. Denn er würde erkennen, dass es in ihm etwas gibt, das imstande ist, eine Tatsache seiner Erfahrung zu verkünden, die dennoch außerhalb seiner bewussten Erfahrung liegt. Bei dieser Tatsache handelt es sich um den Tiefschlaf; bei diesem „Etwas" um das beobachtende Element, die Seele.

17
Der Geist ist das geheimnisvollste und dennoch bedeutungsvollste aller zum menschlichen Leben gehörenden Dinge. Nehmt seine drei Zustände des Wachseins, Träumens und Tiefschlafs und ihr werdet die Entdeckung machen, dass sie für durchschnittliche Beobachter nicht nur Wunder, sondern für nachdenkliche Frager auch großartige An-

weisungen enthalten, denn so tief ist der Zauber, den der GEIST auf uns ausübt, dass wir - seine Projektionen - vergessen haben, was wir waren und warum wir hier sind.

18

Weil der Abendländer das Wach-Bewusstsein unbewussterweise als den einzigen Richter über seine gesamten Erkenntnisse aufstellt, grenzt er letztere unnötig ein. Und weil er andere Bewusstseinsformen als bloße Kopien oder Entartungen des Wachbewusstseins erachtet, versperrt er sich das Tor zur erhabensten Einsicht und höchsten Glückseligkeit, die ihm offen steht. Wenn er bei seiner Abrechnung nicht auch die Stufen des Traums und Tiefschlafs berücksichtigt, wird ihn das UNWIRKLICHE auch weiterhin täuschen und er den Schatten für die Substanz halten.

19

Oberflächliche Menschen halten oft nichts von solchen Untersuchungen des relativen Wertes des Wachzustandes, denn für sie steht dessen höhere Wirklichkeit im Vergleich zum Traum völlig außer Zweifel. Sie brandmarken die Erforschung des Schlafes als eine durchwegs zu fadenscheinige Prämisse, als dass man große Schlussfolgerungen darauf aufbauen könnte. Wie können wir aber, wenn wir bedenken, dass alle Lebewesen, von der Ameise bis zum Menschen, einen Großteil ihres ganzen Lebens in regelmäßigen Abständen schlafend verbringen, hoffen, die Bedeutung ihrer Existenz und die Bedeutung des Weltalls, von dem sie ein Teil sind, zu erfassen, ohne die volle Bedeutung und den rechten Wert der Schlafstufen zu untersuchen? Alles, was wir aus einem einzigen Zustand lernen, mag sich durch die Tatsachen eines anderen nur allzu leicht widerlegt sehen. Infolgedessen können wir, wenn wir die Wahrheit des Wach-Zustands nicht kritisch in Einklang bringen mit der Wahrheit des Schlaf-Zustands, nicht die Hoffnung hegen, zur höchsten Wahrheit in ihrer ganzen Fülle zu gelangen. Wagen wir es aber, einen solchen Einklang herzustellen, so entdecken wir, dass der Hauptschlüssel zu Leben und Tod im Tief-Schlaf liegt!

20

Dieser Vergleich der drei Stufen bietet erstens einen Hinweis auf das wahre Wesen des Selbst; zweitens auf die Welt; drittens auf das Bewusstsein; und schließlich auf den GEIST - das tiefste Mysterium von allen.

Einem, der viel darüber nachgedacht hat, fiele es nicht schwer zu fragen: Träume ich denn nicht nur, dass ich wach bin? Werden beide Zustände etwa verschwinden, wenn ich das transzendentale Bewusstsein erlange, und ich mit ihnen? Ein Triumph mit leeren Händen!

Die Formen, die das Bewusstsein annimmt, wenn es in der Zeit erscheint, können gänzlich veränderlich sein. Jede Veränderung scheint eine wirkliche Erfahrung zu sein, während die anderen wie ein Traum oder gar unwirklich scheinen.

Das Wachsein ist nur eine Einheit in der Triade der Tatsachen über die Existenz der Welt. Sämtliche Wach-Untersuchungen des Weltalls können dessen Bedeutung nicht erschöpfen; es wird stets ein Rest übrig bleiben, der zu wichtig ist, als dass man ihn übergehen könnte. Die Welt, die der Träumer kennt, ist nicht die ganze Welt. Aber es stimmt auch, dass die Welt, die der Wachende kennt, genauso eingegrenzt ist. Die Tatsachen über den Traum-Zustand sind verschieden von denen über den Schlafzustand und beide wiederum verschieden von den Tatsachen über den Wachzustand. Jeder Gesichtspunkt gelangt notwendigerweise zu einer anderen Vorstellung von der Welt als die anderen.

24

Nun wäre es freilich zu viel zu erwarten, irgendein menschliches Wesen könnte sämtliche Tatsachen über die menschliche Erfahrung zusammentragen. Indes ist es möglich, die wichtigsten Tatsachen über die drei verschiedenen Kategorien der menschlichen Erfahrung - Wachen, Träumen und Tiefschlaf - zusammenzutragen, und das genau unternimmt die Metaphysik.

Es ist eine ironische Tatsache, dass selbst die begeistertsten Befürworter des Materialismus das materielle Dasein nicht lange auszuhalten imstande sind, sondern ihm immer wieder im Schlaf oder Traum entfliehen müssen. Leider können sie die metaphysische Bedeutung dieser Notwendigkeit nicht sehen.

26

Sogar die Tiere sind gezwungen, durch die Erfahrung dieser drei Stufen zu gehen.

27

Von den westlichen Denkern muss die geheimnisvolle Bedeutung des Schlafes, um die ihre östlichen Kollegen wissen, erst noch erkannt werden. Er stellt einen unabhängigen und ausgeprägten Aspekt des Lebens dar, dessen spezielle Merkmale zu wichtig sind, als dass man sie unterbewerten, und zu entscheidend, als dass man sie übergehen könnte. Unser großer Irrtum liegt darin, ihn nicht zu untersuchen und als eine der Kuriositäten der Natur abzutun, wenn wir seiner höchste Bedeutung doch nachdrücklich auf den Grund gehen sollten. Das Geheimnis des Lebens lässt sich nicht entdecken, wenn man nur eine Seite des Lebens - den Wachzustand - studiert. Die Untersuchungen des Menschen müssen sich auch auf die Kehrseite - den Schlafzustand - erstrecken.

28

Dass mentale Bilder und mentale Sachverhalte, emotionale Richtungen und intellektuelle Neigungen auf einer tieferen Geistesebene existieren, wenn sie nicht in unserem Bewusstsein sind; dass selbst das Ego darauf existiert, wenn unsere bewusste Existenz im Tiefschlaf völlig leer geworden ist - diese Tatsachen zeigen, was für eine wunderbare Sache der Geist ist.

29

Hier, in diesem Wachzustand, auf dieser körperlichen Ebene, mögen wir der Erfüllung des höheren Zwecks des Lebens entgegenstreben. Aber im sich stets wandelnden Traum oder stets stillen Schlaf bietet sich nicht die Gelegenheit dazu. Daher rät uns das Neue Testament zu arbeiten „während es Tag ist, denn die Nacht wird kommen, da kein Mensch zu arbeiten vermag". - Johannes 9:4

30

Die Wach-Welt ist das Entscheidende. Verwirklichung muss hier und jetzt erzielt werden.

31

Der Begriff „Zustand des Aufwachens" legt die tatsächlichen Augenblicke, den Übergang selbst, da man von einem Zustand in den anderen übergeht, nahe, und kann aus diesem Grunde richtigerweise nicht als eine statische Bedingung beschrieben werden. Daher versuche ich, stattdessen den Begriff „Wachsein" oder „Wach-Zustand" zu verwenden.

32

Die erste Frage ist auch die letzte; sie ist sehr kurz, sehr einfach, und doch ist sie die wichtigste Frage, die einer jemals stellen könnte, egal ob sich selbst oder anderen. Sie lautet: „Was ist Bewusstsein?" Wer der Antwort durch sämtliche Bewusstseinsschichten nachspürt, befindet sich zum Schluss wahrhaftig in der Gegenwart des universellen Bewusstseins, auch GOTT genannt.

33

Ein evolutionärer Prozess in der Natur hat den Wach-Zustand mit einem qualitativ höherstehenden Bewusstsein ausgerüstet als den Traum-Zustand, gerade weil der Wach-Zustand der nützlichere ist zur Ausführung der wesentlichen, der höchsten und letzten Aufgabe des LEBENS AN SICH.

34

Im Traumzustand liegt der Schlüssel zum Geheimnis, wer man ist, während der fortgeschrittenere Zustand des Tiefschlafs andeutet, was man ist; aber er deutet nur an, gibt nur einen Fingerzeig und offenbart es nicht. Dennoch stellt das Problem des Schlafes das vordringlichste Studium der Menschheit dar, weil es so viele andere löst.

35

Der Schlaf ist ein so grundverschiedenes Fragment des menschlichen Lebens, dass es einen Akt emotionaler Voreingenommenheit darstellt, der der intellektuellen Ehrlichkeit Abbruch tut, wenn man die Tatsachen, die er stillschweigend anbietet, als unwichtig abtut. Eine solche Teilansicht des Lebens genügt einfach nicht. Ein Mensch, der sich in seinen Ansichten über das Dasein ausschließlich auf das Feld des Wachbewusstseins beschränkt, ist in Wirklichkeit ein engstirniger Spezialist, dessen Schlüssen man jenseits ihrer empirischen Grenzen nicht Glauben schenken kann. Nein, seine Schlussfolgerungen sind ausgesprochen gefährlich, weil sie im Rahmen solcher Grenzen zweifellos richtig sein mögen. Er hat ein Fragment des universellen Daseins - ein fraglos überaus wichtiges, aber eben doch ein Fragment - abgespalten, erwartet aber dennoch, aus so unvollständigen Untersuchungsergebnissen die ganze Wahrheit über dieses Dasein zu entdecken. Er ist zu der Überzeugung gekommen, seine Kenntnisse von der Wach-Welt könnten auch den zwei anderen Welten durchaus Genüge leisten. Damit fällt er aber in die Falle zu glauben, er verstünde die zwei anderen, wenn in Wahrheit das Gegenteil der Fall ist. Dieser Wahn ist auch deswegen gefährlich, weil er weitere Untersuchungen verhindert, seinen Fortschritt vereitelt und ihn geistig letztendlich unfähig macht, die Wahrheit zu erfassen.

36

Indes darf man nicht der Meinung sein, der träumende Geist oder die im Tief-Schlaf herrschende Unbewusstheit seien höchste Wirklichkeit. Sie sind es nicht. Sie sind lediglich Beispiele, die unserem beschränkten endlichen Verstand helfen sollen, sich ein richtigeres Bild von jener Wirklichkeit zu machen.

Die geheimnisvolle Bedeutung der Träume

37

Ist denn während der Traumerfahrung nichts Wirkliches zugegen? Ist sie gänzlich Einbildung? Die scharfsinnigste Analyse macht es uns möglich, einen Rest Wirklichkeit zu entdecken. Das Bewusstsein selbst - zurückbehalten aus dem Wachsein - war wirklich!

38

Meistens ist jeder Traum nicht ein vollständiger Zyklus, sondern ein Wirrwarr aus einzelnen Traum-Augenblicken. Diese Diskontinuität des Traum-Zustandes kann jedoch nicht als ein Beweis für seine Unwirklichkeit angeführt werden. Denn die Natur ist in einen evolutionären Prozess verstrickt, der dem Wirken des Bewusstseins im Wach-Zustand eine andere Eigenschaft verleiht als im Traum-Zustand, gerade weil der Nutzen des Wach-Zustands zur Ausarbeitung ihrer Zwecke so viel größer ist.

39

So stark ist die Auswirkung der Traum-Ideen auf den Geist des Träumenden, dass das Wirklichkeitsgefühl der Erfahrung so intensiv ist wie im Wach-Zustand - das in Abrede zu stellen, traut sich wohl niemand. Menschen werden klar gesehen; Dinge konkret gespürt - im einen Fall ebenso viel wie im anderen. Gelegentlich wird man noch nach Tagen an die starken Wirkungen eines äußerst lebendigen Traumes denken; und vermag der, der jene schreckliche Traum-Form erlebt hat, die man Alptraum nennt, eine Wach-Erfahrung zu finden, die diese an Intensität, Unmittelbarkeit und Aktualität übertreffen kann? Trotzdem verwirft man die während des Traumes als etwas so Wirkliches akzeptierten Erlebnisse nach dem Erwachen als etwas gänzlich Unwirkliches! Eingedenk der Tatsache, dass dieses Paradox auf Abermillionen von Träumern auf der ganzen Welt zutrifft, müssen wir also einräumen, dass es etwas überaus Geheimnisvolles enthält und von ungeheurer Tragweite ist.

40

Bei einem Vergleich von Wach- und Traumzustand fallen zwei große Ähnlichkeiten auf. Erstens formen wir in keinem von beiden unsere planetarische Umwelt oder die anderen Personen, die darin vorkommen, noch verursachen wir alle ihre Geschehnisse. Wir werden in unsere Wach-Welt hineingeboren, sie ist etwas Fertig-Vorhandenes. Wir finden uns auch abrupt in unserer Traum-Welt vor. In beiden Welten sind die anderen Personen rein zufällig bei uns. Wir stellen weder die meisten Alltagsereignisse in der Wach-Welt noch die Traumereignisse vorsätzlich im Voraus her. Zweitens können wir weder in der einen noch in der anderen Welt mit Genauigkeit voraussagen, wie wir uns in allen ihren Situationen verhalten, wie wir in ihnen reagieren oder uns fühlen werden. All dies will besagen, dass unsere Wach-Welt in Wirklichkeit eine Art von Schlaf ist, aus dem wir aufwachen müssen, will besagen, dass auch wir, genauso wie der Träumer nur aufwacht, wenn sich seine Müdigkeit erschöpft oder ein anderer ihn weckt, nur dann aus den Illusionen des Lebens erwachen, wenn wir erschöpft sind von den vielen verschiedenen Arten von Erfahrungen, die wir in den vielen verschiedenen Inkarnationen gesammelt haben oder wenn ein Lehrer auf der Bildfläche erscheint, der uns die Wahrheit enthüllt. Dazu kommt, dass das, was wir in früheren Inkarnationen getan oder begehrt haben, einen Großteil unseres derzeitigen Lebensbildes bestimmt. Aber die Verbindung zwischen dieser Ursache und Wirkung bleibt uns so lange verborgen, bis ein anderer, ein Meister der Einsicht, sie uns zeigt. Bis dahin gleichen wir schlafenden Träumern.

41

Während ihr im Traum steckt, befindet ihr euch außerhalb seines wirklichen Wesens, unfähig, seine wahre Dimension zu ermessen.

42

Es liegt zwischen der Unbewusstheit des reinen Geistes und der Wachheit des vollen Bewusstseins eine geistige Zwischenstufe. Sie entspricht dem Traum, der Träumerei meditativer Konzentration und der Versenkung. Dabei handelt es sich um das Unterbewusstsein.

43

Der Adept weiß nicht nur im Schlaf, dass seine Traum-Welt lediglich mental ist, er weiß auch im Wachsein, dass diese Wach-Welt nur mental ist.

44

Erst nach dem Erwachen kommt ihr zu dem Schluss, dass euer Traum nur eine zufällige Imitation des wirklichen Lebens ist und nur zum Schein existiert. Diese unterschiedliche Sichtweise, die ganz im Gegensatz zu eurer während des tatsächlichen Traums herrschenden steht, darf auf keinen Fall übersehen werden. Für wie trivial ihr ihn jetzt auch haltet, als ihr den Traum erlebtet, schien er so wichtig wie eure gegenwärtige Wach-Phase.

45

Die Inhalte der Traum-Erfahrung stehen so äußerlich im Raum wie die Inhalte der Wach-Erfahrung. Indes unterliegen ihre gegenseitigen Beziehungen nicht denselben inneren Bedingungen.

46

Wir wissen, dass der Geist des Träumenden eine Welt hervorbringt, die nicht nur gänzlich aus sich selbst hervorgeht und substantiell auf sich selbst beruht, sondern während des Träumens auch gänzlich auf sich selbst beschränkt ist. Aber die während des Wachseins erfahrene Welt ist im Gegenteil eine allen Menschen gemeinsame. Dies ist wohl ein wichtiger Unterschied.

47

Ein träumender Körper, der glaubt, er liefe vor einem Tiger davon, liegt in Wirklichkeit flach und reglos im Bett. Hinter der vom träumenden Geist projizierten Traum-Gestalt eines Gefolterten steht der Träumer selbst. In Wirklichkeit wird er überhaupt nicht gefoltert. Ähnlich würde ein in der Wach-Welt Gefolterter, falls es ihm gelänge, tief genug in das eigene geistige Wesen einzudringen, auf den tieferen Teil seines Geistes stoßen, der sein eigenes Wach-Selbst projiziert und, wie der im Traum Gefolterte, überhaupt nicht gefoltert wird. Um das zu erreichen, müsste er aber imstande sein, den Wach-Standpunkt aufzugeben, wie er bereits imstande ist, den Traum-Standpunkt nach dem Erwachen aufzugeben. Indes sollte man sich stets vor Augen führen, dass Wach-, Traum- und höheres Selbst drei Standpunkte ein und desselben Geistes darstellen, die alle Teile des komplexen Charakters unseres Selbst sind. Der Geist weist sozusagen drei Gesichter auf, zwei davon sind sichtbar, das dritte nicht.

48

Ein Alptraum liefert das beste Beispiel für die geradezu lebendige Wirklichkeit, von der das Traum-Leben anscheinend geprägt sein kann. Nehmen wir eine Minute lang an, der eigene Körper sei der vorgestellte Körper geworden, den einer in einem lebhaften Traum besitzt. Während der Traumzeit mögen Männer mit Messern und Dolchen auf ihn einstechen. Es werden ihm Haut- und tiefe Fleischwunden zugefügt und Nerven durchtrennt; er wird Schmerzen verspüren, und aus diesem Körper wird Blut fließen. Während eines so schrecklichen Alptraums mag sich alles auf genau dieselbe Weise und mit derselben dramatischen Eindringlichkeit ereignen wie im Wachzustand. Nun waren Haut, Nerven, Fleisch und Blut während des ganzen schrecklichen Erlebnisses aber etwas rein Vorgestelltes, nur Ideen! Der ganze Sinnen-Apparat, ob Auge, Ohr oder Haut, und der ganze Nerven-Mechanismus sind Erlebnisse, die selbst nicht weniger geistig sind als jene Traum-Ideen und jene Traum-Wahrnehmungen, deren Geisthaftigkeit wir ohne zu zögern akzeptieren.

49

In Wahrheit verhält es sich so, dass das so genannte Unbewusste über ein unermesslich größeres Wirkungsgebiet verfügt als der bewusste Geist. Auch vermag es in kürzerer Zeit mehr zu erreichen.

50

Das Unbewusste ist außerordentlich bewusst.

51

Die mit dem Traum-Zustand einhergehenden Reize sind nicht identisch mit den Reizen des Wach-Zustandes. Im Traum-Zustand handelt es sich um gänzlich selbst eingeflüsterte, aber im Wach-Zustand haben die Ergebnisse der Tätigkeiten des Welt-Geistes den Vorrang vor Selbsteinflüsterungen.

52

Jede dem physischen Körper mögliche Erfahrung - selbst das Aufwachen aus einem Traum - kann ihre genaue Parallele in einer dem Traum-Körper möglichen Erfahrung finden. Es ist gänzlich unmöglich, in dieser Hinsicht irgendeinen Unterschied zwischen den beiden Körpern fest zu halten.

53

Descartes: Als ich in Erwägung zog, dass uns im Schlaf dieselben Gedanken widerfahren mögen wie im Wachzustand und im Schlaf nicht einer von ihnen wahr ist, folgerte ich, dass allen Objekten, die mir im Wachzustand in den Sinn gekommen sind, nicht mehr Wahrheit innewohnt als den Illusionen meiner Träume.

54

Es ist die Intelligenz, die während des Traumes manchmal unsere Probleme für uns löst, von höherer Qualität als die Intelligenz, die sie normalerweise während der Wachstunden löst. Sie ist in der Tat von der gleichen Art wie die, die wir Intuition nennen.

55

Im Traum ist der Raum/Zeit-Sinn so gewandelt, dass ihr in einem Augenblick hier und im nächsten am anderen Ende der Welt sein mögt.

56

Der Traumzustand ist bloß eine Zwischenstufe zwischen dem Schein-Leben des Wachseins und dem Schein-Tod des Schlafs.

57

Die Sinnes-Erfahrungen der Traum-Welt finden ohne den Gebrauch irgendeines der körperlichen Sinnesorgane statt. Sie geben uns die Erfahrung von Farbe, aber ohne Augen und ohne Licht. Sie geben uns die Erfahrung von Form, aber ohne tastende Hände und ohne äußere Objekte. Weisen sie nicht auf die Unabhängigkeit des Geistes hin, auf seine selbständige Wirklichkeit, darauf, dass seine Sinneswahrnehmungen nicht physische Ursachen haben müssen, sondern etwas davon Getrenntes sind?

58

Es stimmt, in Träumen diktiert der Geist seine eigenen Ideen, indes ist dies nur einer von vielen Faktoren, die es zu berücksichtigen gilt. Es ist notwendig, zwischen den verschiedenen Klassen von Träumen zu unterscheiden. Einige sind Dramatisierungen physischer Störungen, andere indes symbolische Botschaften aus dem höheren Selbst. Infolgedessen sind die meisten unserer Träume unwichtig, andere dagegen überaus bedeutsam.

59

Ein Traum mag trivial oder wichtig sein, inspiriert oder alltäglich, prophetisch oder symbolisch, irrational oder bedeutsam, eine Imagination oder Offenbarung, Schrecken erregend oder befriedigend, erhebend oder erniedrigend, ein Echo des Tages oder eine Erfindung der Nacht, jenseitig oder diesseitig, rasch wieder vergessen sein oder lange im Gedächtnis haften - er kann ein jedes davon sein, weil die möglichen Wirkweisen des Geistes so mannigfaltig sind.

60

Träume finden aus vielen verschiedenen Gründen statt, und zwei Abschnitte ein und desselben Traumes aus zwei verschiedenen Gründen. Es ist unwissenschaftlich zu sagen, ein einziger spezieller Grund determiniere unsere Träume - eine Meinung, auf der viele materialistische Mediziner, viele Psychoanalytiker und Wahrsager beharren. Es ist auch unwissenschaftlich zu sagen, Träume hätten nur eine Funktion. Deswegen muss der Schüler Vorsicht walten lassen, wenn er Traumvorgänge zu verstehen oder einzelne Traum-Geschehnisse auszulegen versucht. Es stimmt durchaus, dass einige Träume oder Teile eines Traumes unbewusste Begierden oder verdrängte Emotionen verkörpern, aber es stimmt auch, dass die meisten nichts dergleichen tun. Es ist ein Irrtum, im Traum eine Metapher zu sehen, die auf zukünftige Ereignisse hinweist. Viel öfter ist er ein aus alten Zutaten gekochter Eintopf, denn die meisten Träume zeigen lediglich, was passiert, wenn sich die Bilder schaffende Fähigkeit vom allgemeinen mentalen Werkzeug abspaltet und eine Reihe sich selbst hinters Licht führender Illusionen ausarbeitet, die auf wirklichem, während der Erlebnisse des vorhergehenden Tages aufgelesenem Material beruhen.

Genauso wie sich die spirituelle Unwissenheit des Menschen dadurch verrät, dass er während des Traumes nicht weiß, dass die Traum-Erfahrung nur aus einer Reihe von Ideen besteht, so verraten die Richtlinien, die er seinen Träumen im Schlaf auferlegt - unverdrängte rechtliche Zwangsmaßnahmen oder gesellschaftliche Verhaltensregeln - seinen schlechten Charakter. Dies stellt eines der Elemente der Wahrheit in Freuds ansonsten übermäßig materialistischer Lehre dar. Der Traum ist zum Teil Selbstenthüllung. Daher lehrt der mystische Orden der türkischen Sufis, dass der Fortschritt eines Schülers sich zum Teil an der zunehmenden Läuterung ermessen lässt, die der Charakter seines Traum-Lebens widerspiegelt.

Die Bedeutung eines Ereignisses, die einem auf der normalen Welt-Ebene verborgen bleibt, mag sich auf der Traum-, Meditations- oder übersinnlichen Ebene enthüllen.

Ihr mögt einen Traum haben, der sich in eine rein symbolische Form kleidet. Wörtlich genommen mag diese lächerlich scheinen, aber interpretiert wird sie bedeutungsvoll.

Der Schlaf ist eine seltsame Angelegenheit; Träume sind noch seltsamer. Wenige wissen, dass man zusammenhängende rationale Erlebnisse aus ihnen machen, sie bewusst gestalten kann.

Wenn die Ereignisse im Wachbewusstsein zum Traumleben beitragen, so tragen umgekehrt die Träume zum Wachbewusstsein bei.

In diesem geheimnisvollen Augenblick, da der Geist leer wird und man plötzlich einschläft, ist der Übergang zu bewusstem Schlaf möglich.

67

Die Tatsache, dass die meisten Träume lediglich mechanisch geformt sind und nichts Wichtiges bedeuten, sollte uns eine Warnung sein, nicht abgöttisch an sie zu glauben oder uns übermäßig von ihnen lenken zu lassen.

68

Träume sind häufig gemischt, weil der Geist ein stärkerer negativer Pol für andere Geister ist, was einen telepathischen Empfang begünstigt, der allerdings so unzusammenhängend ist, dass eine kaleidoskopische Darstellung daraus resultiert.

69

Ein und derselbe Schläfer spielt in einem einzigen Traum mehrere Rollen - und obendrein spielt er sie alle auf einmal. Mehr noch, er ist sogar der Schöpfer der mannigfaltigen Umgebungen, in denen diese Personen auftreten.

70

Unserem Traum-Selbst widerfahren Raum- und Zeiterlebnisse, die ihm von fünf Sinnen vermittelt werden, womit sich seine Behauptung, die Traumwelt sei eine materielle, durchwegs bestätigt sehen würde. Indes beweist die Einsicht, zu der man nach dem Erwachen kommt, dass die Traumwelt nur eine mentale Welt ist.

71

So außergewöhnlich ist die Wirkweise des Traum-Geistes, dass die Erinnerung an eine einzige Person, an eine einzige Idee, an einen einzigen Vorfall oder eine Gefühlsregung vollkommen genügt, sofort eine ganze Assoziationsreihe auszulösen, ob nahe liegend oder weit hergeholt, rational oder absurd, deren Bilder er mühelos gestaltet und in seine eigene äußere Welt projiziert.

72

Mit ihrer Annahme, alle Träume des Menschen seien entweder eine Projektion seiner verdrängten sexuellen Wünsche oder ein atavistisches Zurückgreifen auf seine primitive Vergangenheit, haben die Psychoanalytiker (der älteren Schulen) wohl manchmal Recht, aber in den meisten Fällen eben nicht.

73

Beides ist ein Beweis für die schöpferische Kraft des Geistes - der Traum und die Täuschung.

74

Man löst ein Fragment von sich selbst los, wenn auch ohne etwas zu verlieren, und verleiht ihm eine neue Gestalt und ein neues Leben. Indes ist all dies ein unbewusster Vorgang.

75

Träume zeigen uns die Formen der Wirklichkeit, aber zeigen sie uns auch den Inhalt der Wirklichkeit? Nehmen wir die allgemeine Erfahrung nahezu aller Träume, muss die Antwort negativ ausfallen. Nehmen wir jedoch die spezielle Erfahrung einiger weniger Träume, die, was ihre Erinnerungen, Gestalten oder Weissagungen betrifft, vollkommen mit dem Wachzustand synchronisieren, so fällt die Antwort positiv aus.

76

Nur selten weiß man in einem Traum, dass man gerade träumt.

77

Ein Traum vermag die Ereignisse eines ganzen Tages in einige wenige Minuten zu pakken. Wo hat der Wandel stattgefunden? Antwort: Der Geist, der sowohl die wachen als auch die geträumten Ereignisse erlebt, hat seine Bedingungen und damit auch seinen Zeitsinn gewandelt.

78

Fortan wird eine einzige Idee alle seine Träume beherrschen - die Idee, dass er träumt.

79

Im Traum finden wir einen Schlüssel zum Verständnis einiger Okkultphänomene, die andernfalls ganz und gar unverständlich wären. Nehmt zum Beispiel das Erscheinen eines Adepten vor seinem Schüler, der hunderte von Meilen von dessen Körper entfernt ist.

80

Wenn wir uns aus dem Traumzustand erheben, verschärft sich der Brennpunkt unseres Gewahrseins, und unser Betätigungsfeld wird ein gemeinsames.

81

Dass physische Bedingungen viele Träume hervorrufen, ist unstrittig. Aber sie rufen keinesfalls alle Träume hervor. Dass viele Träume lediglich ein Echo der Ereignisse der letzten ein oder zwei Tage sind, ist ebenfalls unstrittig. Sie sind indes in der Sphäre der Erinnerungen verschwunden - das heißt, der mentalen Vorkommnisse, Ideen, die nicht-physische Dinge sind. Der Geist kann das Gehirn, das Gehirn kann den Geist beeinflussen - hier handelt es sich um zwei gesonderte Dinge.

82

Die meisten Träume sind ein Produkt der bildlichen Vorstellungskraft, aber die meisten werden nicht von Kräften gelenkt, die ungewöhnlichen Quellen entspringen.

83

Es ist durchaus möglich, sich im Traum an einen Ort zu begeben, an dem man in seinem derzeitigen und wachen Leben noch nie gewesen ist. Hier gaukelt uns der Geist nichts vor. Dabei handelt es sich vielmehr um eine der Fähigkeiten des Geistes, aus einer Entfernung vom Körper sehen oder sein zu können.

84

Meistens ist jeder Traum nicht ein vollständiger Zyklus, sondern ein Durcheinander von einzelnen Traumfetzen; daher sind die meisten Träume wertlos und beweisen nichts.

85

Mitten im Traum weiß er [der Adept], was im Traum wahr und was darin nur vorgestellt ist.

86

Während er noch schlafend im Bett liegt, vereinen sich sein bewusster und träumender Geist, und er erwacht in einer neuen Welt.

Zu viele Träume sind bruchstückhafte Fragmente oder zufällige, verworrene Episoden oder chaotische, nutzlose Geschichten.

88

Die meisten Träume sind zu verschwommen und zu unzusammenhängend, als dass es sich lohnte, sie speziell zu untersuchen. Aber einige Träume sind so lebendig und so einleuchtend, dass sie aus dem Wach-Leben stammen könnten.

89

Allnächtlich tauchen Millionen von Träumenden in ihre private Traum-Welt ein. Eben dann entfaltet die sich in Bildern ausdrückende schöpferische Fähigkeit des Geistes ganz außerordentliche Kräfte. Während ihrer Traumphase erschafft sie scheinbar unabhängige Wesen und lebende Persönlichkeiten.

90

Normalerweise fehlt Träumen eine kontinuierliche Rationalität. Die mächtige Hand der Vernunft und Klarheit scheint seltsam abwesend zu sein, ganz nach Lust und Laune, wobei uns die aus dem Wach-Leben genommenen Materialien eigenartig und sinnlos vermischt dünken.

91

Wir sollten das neben dem Bett bereit liegende Notizbuch besser zur Aufzeichnung der Intuitionen verwenden, mit denen wir aus dem Tiefschlaf erwachen, als die Bilder darin fest zu halten, die uns unsere Träume hinterlassen.

92

Der Irrtum von J.W. Dunnes Traumtheorie liegt in der Annahme, dass das, was in Bezug auf seine eigenen Träume durchaus zutraf, auch in Bezug auf die Träume aller anderen Personen zutraf.

93

Wie überraschend der Augenblick ist, da man sich der Tatsache, gerade geträumt zu haben, bewusst wird, ohne sich der physischen Welt überhaupt bewusst zu werden. Denn dann kann man wissen, - und weiß es als eine wissenschaflich beobachtbare

Tatsache - dass der messbare Raum um einen herum, die Sinneswahrnehmungen des Widerstands, die Festigkeit in den Füßen und die Härte oder Glätte von Objekten in den Händen nichts anderes als mentale Schöpfungen sind.

Die tiefe Stille des Schlafes

94

Es gibt ein sonderbares Ereignis, in das wir alle oft verwickelt sind: Erst übermannt uns der Schlaf und dann übermannt uns im Schlaf die Imagination in Form eines Traumes. All dies geschieht außerhalb unseres gewöhnlichen Gewahrseins und hängt auch nicht von unserer persönlichen Macht ab. Was geschieht nun, wenn uns ein traumloser tiefer Schlaf übermannt? Antwort: Wir sind zur Quelle unseres Wesens geführt worden, damit wir physisch, emotional, mental und spirituell wieder zu Kräften kommen können. Was uns dort hingeführt hat, ist die GNADE.

95

Wenn wir eintauchen in die Tiefen des Schlafzustands, geschehen geheimnisvolle, indes folgenschwere Dinge. Die ärgsten Schmerzen eines von Krankheit geplagten Körpers verschwinden, als ob es sie niemals gegeben hätte, auch die schrecklichsten Ängste eines von großen Sorgen gequälten Geistes sind wie ausgelöscht. Wir finden Heilung, Frieden und Kraft. Wir drehen uns in einem Zyklus von Wachen, Träumen und Schlafen. Es ist und kann also nicht genug sein, nur unseren Wach-Zustand zu untersuchen.

96

Im Schlaf, der uns plötzlich übermannt, wenn der Intellekt ermüdet, zieht sich letzterer in den höheren Geist zurück, wenn keinerlei Gedanken auftauchen.

97

Aus der Anwesenheit des persönlichen Egos im Traumzustand erklären sich auch die damit einhergehenden Freuden und Sorgen. Aus seiner Abwesenheit im Tiefschlaf erklärt sich dessen befriedigende Ruhe.

Tiefer, traumloser Schlaf beseitigt alle geistigen und seelischen Sorgen, weil er das Ego beseitigt, das darunter leidet. Er beseitigt auch jedwede körperliche Erschöpfung, weil die vollkommene, aus der Abwesenheit des Egos rührende Entspannung die universelle Lebens-Kraft in jede Zelle eindringen lässt.

Wenn der Tiefschlaf seine tiefste Stufe erreicht, hinterlässt diese Heimkehr zum Ursprung einen Nachglanz. Der gerade Erwachte verspürt nicht nur aus offensichtlich physiologischen, sondern auch aus diesem einen Grunde keinerlei Lust, sich zu erheben. Aber dieses köstliche Gefühl ist rasch dahin, weil das Ego, mit seinen Tendenzen und Erinnerungen und vor allem mit seiner nach außen gekehrten, nach weltlichen Dingen trachtenden Natur, die Sache in die Hand nimmt. Aber einer, der die Situation versteht, wird die Chance, sich diesem Glanz hinzugeben und dessen heitere Stille zu genießen, nicht verpassen und lässt das Ego ruhig warten. „Ich nickte ein, das Buch glitt mir aus der müden Hand. Als ich erwachte, erfüllte mich eine große Freude, und ich lächelte still vor mich hin", schrieb Ts'ai Ch'o, ein chinesischer Dichter des Ts'ai, der mystisch-philosophischen Schule des Taoismus.

Wenn man die unter dem Einfluss der Sonne stehenden magnetischen Strömungen ausnützen will, sollte man sein Bett so aufstellen, dass Kopf- und Fußende auf der Nord/Süd-Linie liegen.

Der Schlaf bildet ein überaus wertvolles Gegengewicht zur Wirkung des Egos, verneint die Wirklichkeit seiner Existenz und lehrt die wahre Bedeutung des Geistes.

Wer der Meinung ist, Schlaf sei alles, was wir zur Überwindung unserer körperlichen Müdigkeit nach Tätigkeit und Arbeit brauchen, mag zu seiner Überraschung hören, dass dies nur bei tiefem, traumlosem Schlaf stimmt. Falls wir während des Schlafes träumen, stimmt es nur teilweise.

103

Es gibt eine qualitativ besondere Art von Schlaf, der besonders tief, außerordentlich erfrischend und beglückend ist. Körperlich Kranke fühlen sich danach viel besser, ja sehen sich gelegentlich sogar vollkommen geheilt. Für jene, die kurz davor meditieren, sind die spirituellen Vorteile so groß, als hätten sie so aufmerksam und konzentriert weiter meditiert wie im Wachzustand. Die alten Priester-Ärzte nannten ihn „Tempel-Schlaf", und die modernen orientalischen Mystiker (die indischen und mohammedanischen, nicht aber die japanischen) nennen ihn „Yoga-Schlaf".

104

Er mag tot oder am Leben sein, aber der Schlafende weiß nicht, was sein Zustand ist.

105

Wenn der endliche menschliche Geist sich auch keinen richtigen Begriff vom Unbekannten, Unendlichen und Ewigen Geist machen kann, so kann er sich zumindest die Tatsache zunutze machen, dass er selbst im Tiefschlaf existiert, unbekannt und unerlebt.

106

Beim Anblick, der sich mir in der Dschungelklause von ANDAVAR bot, fiel mir ein alter Versuch syrischer Heiliger ein, die sich, um den Schlaf zu bannen, auf der Spitze eines hundert Meter hohen Obelisken niederließen, der vor dem berühmten Tempel zu Emesa stand. Dort, auf diesem hoch gelegenen Plätzchen, klingelte der Fakir zweiundzwanzig Tage und Nächte lang so oft mit einer Handglocke, dass er dem Schlaf zu entrinnen hoffte. Auch musste ich daran denken, was Ramana Maharshi mir einmal von den Yogis berichtet hatte, die sich, dasselbe Ziel verfolgend, an eine senkrecht stehende Leiter binden ließen, was es ihnen unmöglich machte, eine waagrechte, leicht zum Schlafen verleitende Körperhaltung einzunehmen. Maharshi sah in diesen Formen der Askese extreme und gewalttätige Versuche, eine noch nicht verwirklichte Stufe zu forcieren.

107

Wenn das Ego seine Tätigkeit einstellt und ohne ein Objekt für sein Bewusstsein oder einen Körper für seine Wirkweisen in einen tiefen Schlaf versinkt, ist es zu seinem Ursprung zurückgekehrt. Dann waltet das wirkliche „ICH".

108

Es ist eine uralte Meinung, dass die zwei Stunden vor Mitternacht besonders nützlich sind zur Erholung. Manu, der große Gesetzgeber, vertrat sie, so auch die Rishis im altertümlichen Indien, in deren Ashrams und Schulen man sich abends um zehn zu Bett begab und morgens um vier oder fünf wieder erhob.

109

Wenn es im Tiefschlaf keine Schmerzen gibt, so gibt es auch keine Freuden. Das Ego ist dann nicht ausgelöscht, sondern nur isoliert.

110

Während dieser stillen, heiteren Augenblicke, die unmittelbar auf das Erwachen aus einem traumlosen und ungestörten Schlaf folgen, fühlt sich der vormalige Schläfer unaussprechlich gestärkt, himmlisch sorgenfrei. Indes sind und können diese Augenblicke nicht von Dauer sein, und da ihn die Angelegenheiten und Sorgen des neuen Tages rasch wieder ganz in Anspruch nehmen, verflüchtigt sich auch deren köstliches und ungewöhnliches Aroma in Kürze.

111

Selbst Alexander dem Großen flößte die Notwendigkeit des Schlafes Demut ein, denn sie ließ ihn nicht vergessen, dass er sterblich war.

112

„In Kuba lernte Churchill, als junger Stabsoffizier, nachmittags Siesta zu halten. Später, als Marineminister, stellte er fest, dass er, wenn er nach dem Mittagessen eine Stunde lang schlief, seinen langen Arbeitstag um zwei Stunden ausdehnen konnte.

113

„Schlaf ist die Idee, die auf der Vorstellung von Mangel gründet." - Patanjali, Yoga-Sutras I, 10.

114

Die Notwendigkeit eines Unbewussten erklärt sich aus Notwendigkeit des Tiefschlafs und stellt die Notwendigkeit der biologischen Selbsterhaltung dar. Denn ein Überschuss an Gedächtnis würde es schlechterdings unmöglich machen, dass wir ein tätiges Leben führen. Wir wären nicht imstande, den unmittelbaren Alltagspflichten die erforderliche Aufmerksamkeit entgegenzubringen. Die Unmenge von Erinnerungen würde jedwede Möglichkeit zunichte machen, dass wir uns auf praktische Bedürfnisse konzentrieren. Ähnlich würde die Unfähigkeit, den Denkvorgang regelmäßig zur Ruhe zu bringen, dazu führen, dass wir von einer Myriade ungewollter Gedanken überwältigt würden und selbst die einfachste Konzentration wieder schwierig oder unmöglich wäre. Die Sinne stellen nicht nur die Bedingungen dar, unter denen wir uns der äußeren Welt bewusst werden, sondern auch die Hemmungsmechanismen, die verhindern, dass wir uns zu vieler Dinge bewusst werden. Der Bereich der visuellen Vibrationen ist zum Beispiel nur ein Bruchteil der in Wirklichkeit vorhandenen. Ähnlich hat die Natur es so gefügt, dass der individuelle Geist mehr aus dem Bewusstsein ausschließt, als er zu bewältigen vermag, dass er ein darstellender Mechanismus ist, der es möglich macht, dass wir uns ohne die Ablenkungen, die das Leben unerträglich machen würden, auf die in unserem persönlichen Leben relevanten Dinge konzentrieren.

115

Im Tiefschlaf liegen die Dinge der Welt weit von uns entfernt, und wir tauchen gestärkt, ruhig und glücklich daraus auf. Sobald wir aber Träume mit ihren verworrenen Erinnerungen an die zurückgelassene Welt in diesen Schlaf einbrechen lassen, verliert er sofort ein bisschen von seinem Frieden. Macht sich denn jemals einer die Mühe, die zwei in Zusammenhang zu bringen, die Abwesenheit des weltlichen Lebens und die Gegenwart eines glücklichen Geistes?

116

Blavatskys Definition des traumlosen Schlafs ist insofern richtig, als auf dem materiellen Gehirn kein Eindruck zurückbleibt. Mit ihrer Behauptung, das höhere Selbst kehre dann zu seinem ursprünglichen Zustand zurück, drückt sie sich allerdings sehr ungenau aus. Was zurückkehrt, ist das niedrige Ego!

117

Die Leistungen des Hl. Franz Xaver waren beeindruckend, sogar erstaunlich, und doch schlief er nachts nur drei Stunden.

Mit Anbrechen des Tiefschlafs ziehen wir uns in eine zeitlose Welt zurück, die unsere ganze vergangene und gegenwärtige Existenz verschlingt und in der Schwebe hält.

Zu den Tieren, die Winterschlaf halten, zählt der Bär, der leicht schläft; die Fledermaus, deren Schlaf tief ist; das Murmeltier, das die Augen vollkommen schließt, und der Waschbär, der sich wie ein Ball zusammenrollt. Bemerkenswert ist, dass sie während dieser viele Wochen oder einige Monate anhaltenden Periode allmählich nur noch mit einem Bruchteil der Geschwindigkeit atmen, mit der sie während der Periode normaler Tätigkeit atmen. Beim kolumbianischen Eichhörnchen hört das Herz während seines ein halbes Jahr dauernden Winterschlafes fast ganz zu schlagen auf.

Warum wissen so wenige, wann genau sie eingeschlafen sind? Was geschieht dann mit ihrem Bewusstsein?

Im Tiefschlaf erleben wir die Aufhebung der ganzen mannigfaltigen Welt. Was ist dann aus ihr geworden? Hat sie ihre Wirklichkeit eingebüßt? Das können wir nicht behaupten. Hat sie ihre Wirklichkeit behalten? Auch das wagen wir nicht zu behaupten. Daraus ist ersichtlich, dass das Wesen des Weltalls nicht bestimmbar ist!

Hat man erst einmal die philosophische Verwirklichung des Überselbst entwickelt, schläft man nachts darin ein, wenn der Schlaf traumlos und tief ist, oder man fügt sie, wenn er es nicht ist, in seine Träume ein. Aber in keinem von beiden Fällen zieht man sich daraus zurück.

Wovon man während des Tiefschlafs Kenntnis hat, ist der Schleier der Unwissenheit, der das WIRKLICHE verhüllt. Das heißt, die Fähigkeit der Erkenntnis, das Gewahrsein, ist nach wie vor vorhanden, aber sie ist in der Unwissenheit, der Verschleierung, verstrickt und kennt nichts anderes. Der Weise trägt das Gewahrsein, das er im Wach-zustand besaß, jedoch mit in den Schlaf. Er mag es zwar verblassen lassen, bis es nur noch ein Schimmer ist, indes ist es stets zugegen.

124

Im Westen erzogenen und ausgebildeten Denkern fällt es schwer, diese vedantische Sicht zu akzeptieren, dass das Bewusstsein im Tiefschlaf fortfährt. In einem Vortrag stellte Sir William Hamilton, einer der hervorragendsten, zu Beginn des letzten Jahrhunderts wirkenden englischen Metaphysiker die Frage: „Kann ich wissen, ohne zu wissen, dass ich weiß? Unmöglich!"

125

Wäre die allnächtliche Rückkehr des Menschen zu seinem Überselbst wirklich vollständig, so würde er am nächsten Tag nicht spirituell unwissend erwachen. Im Gegenteil, er würde den Frieden und die Gegenwart des Überselbst bewusst genießen.

126

Das, was zwischen zwei Gedanken zugegen ist, ist auch im Tiefschlaf zugegen.

127

Ist es nicht seltsam, dass dieselben Menschen, die so sehr an ihrer Persönlichkeit hängen, wenn sie wach und tätig sind, sich nicht mehr dafür interessieren, wenn sie schlafen und nichts tun? Kann es sein, dass es etwas gibt, das die Persönlichkeit übersteigt und normalerweise verborgen ist, verschüttet von den Gedanken im Wach-Zustand? Dass sich das Überselbst in der Stille offenbaren kann, in der solche Gedanken verschmilzen? Dass der Tiefschlaf die Offenbarung nicht erreicht, weil er zwar die Auflösung der Gedanken bewirkt, aber das Bewusstsein vernichtet?

128

Chandogya Upanishad VIII.32,3: „Genauso wie Menschen, die nicht wissen, wo Schätze vergraben liegen, den Boden überqueren, ohne sie sich zu sichern, so wissen die Menschen nichts von der Göttlichkeit in ihrem Herzen, weil ihre Unwissenheit sie verschleiert, obwohl sie im Tiefschlaf mit IHR in Berührung kommen........ Das wahre SELBST liegt im Herzen. Daher wird das Herz [Sanskrit: hridayam] "ER ist im Herzen" genannt. Wer darum weiß, dass das Selbst im Herzen ist, wird sich der Göttlichkeit während des Tiefschlafs bewusst."

Obschon sich der Weise aus dem wachen Gewahrsein zurückzieht, sobald er zu schlafen beginnt, zieht er sich nicht aus allem Gewahrsein zurück. Es bleibt ein erfreuliches und friedliches Gefühl nicht-persönlichen Seins übrig. Darin ruht er die ganze Nacht über.

130

Mohammed: „Ich bin nicht wie einer von euch. Wahrlich, ich verbringe die Nacht bei meinem HERRN, und er gibt mir Speise und Trank."

131

Ernest Wood schreibt in seinem Buch „Yoga Praxis": „In dieser Philosophie versteht man unter Schlaf nicht ein völliges Einstellen geistiger Tätigkeit. Hier gibt es nach wie vor eine Idee, nämlich die von der Abwesenheit aller Dinge, bei der der Geist verweilt, und infolgedessen bedarf diese Idee einer eigenen Klasse. Der Schlaf wird nicht als ein unbewusster Zustand betrachtet. Deswegen können wir, so wird behauptet, nach dem allmorgentlichen Erwachen sagen: „Ich habe gut geschlafen." Aber diese Aussage bedeutet nicht, jetzt fühlen wir uns gestärkt und schließen daraus, gut geschlafen zu haben. Sie bedeutet vielmehr, dass wir uns daran erinnern, gut geschlafen, die erfreuliche Idee der Abwesenheit aller Dinge genossen zu haben. An dieser Stelle ist der Hinweis angebracht, dass die reine Unterdrückung von Ideen - nicht das in den Aphorismen vertretene System der Beherrschung - nur eine Konzentration auf den leeren Geist darstellen und nicht zum Yoga führen würde."

132

Koran: „Und eines SEINER Zeichen ist euer Schlaf."

133

Falls der Schlaf des Weisen wirklich ganz ohne jene mannigfaltigen mentalen Erlebnisse von Personen und Orten verläuft, die sich als Träume manifestieren, ist er so rasch vorbei, dass der Schlaf einer ganzen Nacht nicht mehr als ein paar Sekunden Wach-Zeit in Anspruch nimmt.

134

Im Schlaf verschwindet zwar die Tätigkeit, nicht aber die Möglichkeit des Bewusstseins - letztere bleibt bestehen.

135

Was geschieht mit dem physischen Körpergefühl, mit all den Gedanken, die das Gewahrsein des persönlichen Selbst ausmachen, mit den Sinneswahrnehmungen der ganzen äußeren Dinge, - was geschieht damit, wenn man in einen tiefen, traumlosen Schlaf versinkt? Alles verschwindet und doch kehrt am nächsten Morgen alles wieder zurück. Also war kein Ding verloren. Wo waren sie alle? Die Antwort steckt im Schlaf selbst. Seine eigene tiefere Ebene enthält und verwahrt das Selbst und die Gegenstände seiner Aufmerksamkeit und projiziert sie dann aufs Neue. Diese Ebene ist der GEIST, das WIRKLICHE BEWUSSTSEIN an sich.

136

Keiner erwacht aus dem Tiefschlaf, ja nicht einmal aus seinen Träumen, in denen er vielleicht eine andere Identität angenommen hatte, mit dem Gefühl, während dieses Zeitabschnittes nicht existiert zu haben. Beide Zustände werden zwar als verschiedene, aber nicht als vernichtende erachtet; der Tiefschlaf beweist also, dass Bewusstsein auch dann existieren kann, wenn die Person nicht weiß, dass es eine Wesenheit für sich, ein von ihr und ihrem Körper, ihren Gedanken und Emotionen Getrenntes ist.

137

Der Durchschnittsmensch denkt im traumlosen Schlaf nicht an sich selbst. Warum ist die Idee des „Ichs" dann verloren? Der Geist selbst ist offensichtlich nicht verloren, nur seine Produkte. Ist das Bewusstsein aber nicht mit dem Geist verbunden? Auch es hätte nicht verloren sein können. Warum scheint es dann abwesend zu sein? Eine Antwort auf diese letzte Frage zu finden, ist unmöglich. Warum? Weil es überhaupt nicht abwesend ist. Daher fährt das Bewusstsein während völligem Vertieftseins, wie etwa beim Musikhören, fort, wiewohl ich mich vergessen habe. Je vollkommener das Vertieftsein, desto vollkommener das Vergessen.

138

Für einige, die diese SUCHE verfolgen, liegt hinter den Träumen oder der Bewusstlosigkeit des normalen Schlafs noch eine andere Lebensform, wo mit Quellen Kontakt aufgenommen wird, die wenig mit der physischen Umwelt gemein haben und aus denen Unterweisungen ergehen. Schließlich sickern die Ergebnisse durch die unterbewussten Geistesschichten und kommen durch geistige Richtlinien und gefühlsbedingte Vorbilder auf eine allgemeine Weise zum Ausdruck.

139

Beim Schlaf handelt es sich um eine Bedingung, die dem Menschen von der Natur auferlegt wird. Niemand, nicht einmal der Weise, vermag den allgemeinen Schlafablauf zu ändern, und deshalb ist selbst der Weise gezwungen, diese Bedingung als einen unvermeidlichen Teil seines menschlichen Loses hinzunehmen. Soll der Mensch aber vollständige Selbst-Verwirklichung erlangen, muss sich letztere schließlich auf den Schlaf-Zustand wie auf den Wach-Zustand erstrecken, andernfalls ist sie nicht das, was ihr Name besagt.

140

Wenn wir die Behauptung aufstellen, der Tiefschlaf zeichne sich durch Leere aus, übersehen wir die Tatsache, dass irgendein Geist zugegen gewesen sein muss, der die Leere zur Kenntnis genommen und es uns ermöglicht hat, diese Behauptung später aufzustellen.

141

Der Einwand, Selbst-Bewusstsein verschwinde im Tiefschlaf und sei deswegen nicht wirklich und nicht von Dauer, ist falsch, denn im Nachhinein wissen wir, es existierte und verschwand. Wenn wir aufwachen, wissen wir und sind wir uns bewusst, dass wir tief geschlafen haben, wiewohl wir während des Schlafens nichts davon wissen. Also weiß man nach dem Schlaf, dass das Bewusstsein im Schlaf weiterbestanden hat.

142

Dieser Zustand bewussten transzendentalen Schlafs ist bei einigen mystischen Figuren aus dem Altertum symbolisch dargestellt worden, indem man sie ohne Augenlider gestaltete oder malte.

143

Schlaf übermannt uns, wenn die Aufmerksamkeit ins Hals-Zentrum hinabsinkt.

144

Wenn ein Mensch fest eingeschlafen ist, wenn keine Gedanken oder Träume wirken, hat er sich oder, genauer gesagt, hat ihn etwas in den Mittelpunkt seines Wesens zurückgezogen. Er kann nicht weiter nach innen vordringen. Er ist tatsächlich allein mit dem Überselbst, aber weil er nicht imstande ist, mit ihm zu harmonieren, tritt das Prinzip des Bewusstseins nicht in Kraft.

145

Bhagavad-Gita, 2. Kapitel, Vers 69: „Das, was für alle Lebewesen Nacht ist, ist das, worin der Mensch, der sich selbst in der Gewalt hat, erwacht. Das, worin alle Lebewesen erwachen, ist Nacht für den das SELBST sehenden Weisen."

146

Im Schlaf, der bewusstes Denken auslöscht und in dem das Ego in Vergessenheit gerät, entspannen sich die Nerven und finden unsere in Aufruhr geratenen Herzen Ruhe. Während seiner Herrschaft verschmilzt der Geist wieder in seiner Quelle. Dem Mystiker ist es um dasselbe Ergebnis zu tun, mit dem Unterschied, dass er nach vollem und dauerhaftem Gewahrsein trachtet.

147

Im Schlaf weiß man nicht um die Nicht-Existenz der Dinge; daher ist der Schlaf ein Zustand der Unwissenheit und nicht des JNANA, denn der Jnani weiß darum, dass alles Brahman ist. Die Nicht-Zweiheit des Schlafes ist nicht die Nicht-Zweiheit des JNANA. Brahman ist nicht ein im Schlaf, sondern ein in JNANA Erkanntes.

148

Im normalen Wach-Zustand sind die Menschen sich durchaus bewusst, dass sie gerade nicht schlafen; aber im Traum-Zustand bilden sie sich fälschlicherweise ein, dass sie sich im anderen befinden. Indes haben einige wenige einen Entwicklungsgrad erreicht, wo sie wissen, dass sie gerade träumen, während noch wenigere wissen, dass sie sich in einem tiefen, gedankenfreien Schlaf befinden. Bei letzteren handelt es sich um die Weisen.

149

Die Augenblicke zwischen Schlafen und Wachen oder zwischen Wachen und Schlafen sind überaus fruchtbar und wichtig. Man sollte sie dazu nutzen, das Denken auf das höchste Ideal zu lenken, das man kennt.

150

Es ist, wie "Die Weisheit des Überselbst" lehrt, ratsam, die wenigen letzten Minuten des vor dem abendlichen Einschlafen herrschenden Dämmerzustands des Bewusstseins zur konstruktiven Selbst-Verbesserung zu nützen. Während der gegenwärtigen Entwicklungsphase kann man dies am besten dadurch üben, dass man sich im Bett entspannt und die ganzen Sorgen des Tages fahren lässt. Gleichzeitig sollte man eindeutige, konkrete Vorschläge zu den erwünschten guten Eigenschaften machen und sich innerlich ausmalen, sie auch an den Tag zu legen. Außerdem sollte man sich visuell vorstellen, dass man das Höhere Bewusstsein besitzt, mit dem Höheren Willen harmoniert und Höhere Ausgeglichenheit zum Ausdruck bringt. All dies wird im inneren Wesen gepflanzten und während des Schlafes zu sprießen beginnenden Keimen gleichen.

151

Besondere, regelmäßige und konstruktive Meditationsübungen können, ob wir sie nun kurz vor dem Einschlafen oder sonst irgendwann während des Tages ausführen, eine charakterliche Verbesserung bewirken und die Überwindung von Schwächen fördern. Was immer unsere Fehler, Schwächen oder schlechten Eigenschaften sein mögen, wir sollten sie in der konstruktiven Meditation stets mit Bildern ihrer gefährlichen Folgen in Verbindung bringen und dann zu ihren schrecklichen Gefahren geistig Stellung nehmen. Eine solche Assoziation von Ideen wird jedes Mal, wenn sich der Fehler zeigt, automatisch ausgelöst.

152

Übung vor dem Schlaf: Falls man sich zum Beispiel eine schlechte Angewohnheit abzugewöhnen versucht, sollte man an eine Situation, die diese Angewohnheit heraufbeschwört, und an die durch sie verursachten körperlichen und seelischen Schmerzen denken. Als Nächstes sollte man sich sowohl das Entstehen einer solchen Situation als auch die eigene, indes positive und geläuterte Reaktion darauf bildhaft vorstellen. Wiederholt man diese Übung jede Nacht, so wird man eines Tages, wenn die Situation im

wirklichen Leben auftaucht, richtig darauf reagieren, das heißt, der schlechten Angewohnheit entschlossen den Rücken kehren. Auch wird man sich dazu nicht überwinden müssen; der Wandel wird natürlich, leicht, reibungs- und mühelos sein. Es wird so
sein, als hätte sich eine äußere Kraft eingemischt, die sich der schlechten Angewohnheit um seinetwillen und mit sofortigem Erfolg widersetzt.

153

Diese dem Schlaf vorangehende Übung, sich die Ereignisse des Tages noch einmal ins
Gedächtnis zu rufen, wäre äußerst lohnenswert, schon allein wegen ihres allgemeinen
Nutzens zur Schulung des Gedächtnisses und der Beobachtungsgabe. Dem Schüler hat
sie indes erheblich mehr zu geben, aber nur, wenn seine Selbst-Untersuchung rigoros
unpersönlich ist; wenn er sich dabei nicht durch das persönliche Selbst oder die tieri-
sche Natur stören lässt.

154

Auch Präsident Kennedy zählte zu den Menschen, denen viele ihrer besten Ideen intuitiv, in den Augenblicken kurz nach dem morgendlichen Erwachen einfielen. Er war
auch einer von denen, die, wie Napoleon und Churchill, einschliefen, sobald sie die
Augen schlossen.

155

In jenen köstlichen Augenblicken, da der Schlaf flackernd ins Wachen übergeht, beginnt eine Art von AUFLEUCHTEN, aber, sobald die Welt der Objekte vollständiger
in den Kreis der Aufmerksamkeit rückt, geht es vorüber, ohne sein Versprechen zu
halten. Gerade dort liegt der Nutzen eines solchen Zustandes, sowohl für den normalen Menschen als auch für den, der bestrebt ist, Yogi zu werden. Denn es gibt keine
Objekte in ihm. Er ist „ich" ohne eine Welt. Er ist Gewahrsein an sich. Er ist zwar
vergänglich und von kurzer Dauer, indes kann ein Mensch durch Übung lernen, in
ihm zu verharren.

156

Zwei der geheimnisvollen psychologischen Augenblicke, da ein guter Gedanke auf frucht-
baren Boden fallen kann, ist der kurz vor dem Einschlafen und der kurz vor dem Erwachen.

157

Das wiederkehrende, aus dem Schlaf oder der Träumerei erwachende Bewusstsein befindet sich in einer besseren Lage, intuitive Wahrheiten zu erhaschen, als das voll aktive und gänzlich wache.

158

Stellt euch vor dem Einschlafen doch die Fragen, die euch so viel Kopfzerbrechen bereiten, und die Antworten mögen beim morgendlichen Erwachen für euch bereit liegen!

159

In jenen ersten Augenblicken, da wir aus dem nächtlichen Schlaf erwachen, mögen wir Zugang zu einem himmlischen gedankenfreien Zustand finden. Oder wir mögen, falls wir nicht so hoch greifen können, Gedanken anlocken, die uns Ratschläge erteilen, uns sagen, was wir tun sollen, uns vor einer Fehlentscheidung warnen oder die Zukunft voraussagen.

160

Sobald ihr morgens aufwacht, solltet ihr euch einige Minuten lang mit dem Gedanken an den PFAD befassen. Wenn ihr dies jeden Tag gewissenhaft tut, wird eine nützliche Übung daraus, die einige Stunden später hervorragende Ergebnisse zeitigt.

161

Greift unmittelbar nachdem ihr aus dem Nachtschlaf erwacht zu jenem inspirierenden Buch, das für diese Übung griffbereit neben eurem Bett liegen sollte, und öffnet es aufs Geratewohl. Das höhere Selbst mag euch dazu veranlassen, es auf einer bestimmten Seite aufzuschlagen. Lest den Abschnitt oder die Seite, auf welcher euer Blick zuerst ruhen bleibt, und schließt das Buch dann wieder. Meditiert mit gespannter Aufmerksamkeit über die Worte, in denen ihr eine besondere, an euch gerichtete Botschaft für diesen speziellen Tag sehen solltet. Später mögt ihr im Laufe eurer Tätigkeiten sehen, dass es sich tatsächlich so verhält und die Botschaft selbst einen hilfreich logischen Zusammenhang aufweist.

Falls ihr das höhere Selbst durch euer Bestreben anlockt, wenn ihr im Einschlafen begriffen seid, mögt ihr eines Tages die Entdeckung machen, dass im Laufe des Aufwachens eine innere Stimme über bedeutende und heilige Dinge zu euch zu sprechen beginnt. Mit der Stimme kommt die Inspiration, die Kraft und der innige Wunsch, nach diesen Dingen zu leben.

163

Platons Richtlinien an Aristoteles: „Schlaf nicht ein, bevor du dir nicht drei Fragen gestellt hast: (a) Habe ich mich irgendeiner Sünde schuldig gemacht? (b) Habe ich versehentlich irgendeine Pflicht versäumt? (c) Habe ich absichtlich etwas unterlassen?"

164

Es ist natürlich äußerst schwierig, den Punkt zu finden, an dem man vom Wachsein zum reinen Bewusstsein überzugehen vermag. Jeder verpasst ihn, weil ihn Gewohnheitsmuster dazu zwingen. Diese Übungen erfordern ein großes Maß an Geduld. Sie stellen in der Tat eine Lebensaufgabe dar. Indes gibt es Ziele, die einfacher und leichter zu erreichen sind und sich hervorragend für die meisten heutigen Menschen eignen.

165

Übung zum Übergang in den vierten Bewusstseinszustand (vor dem Einschlafen auszuführen): Das Geheimnis eines erfolgreichen Übergangs zum transzendentalen Zustand liegt darin, dass man darauf besteht, zwar bewusst, aber nicht selbst-bewusst zu bleiben. Denn wenn man sich in dem Augenblick, in dem man dabei ist, in den vierten Zustand zu gleiten, plötzlich bewusst wird, was geschieht, wird man schlagartig wieder in den Normalzustand zurückgeworfen. Aus diesem Grunde muss der Ego-Sinn erst gänzlich vergehen, bevor sich der Übergang bewerkstelligen lässt. Solange das Ego weiß, was mit ihm geschieht, bleibt der Übergang unmöglich. Man darf ihm nicht gestatten, sich in diesem schicksalhaften Augenblick einzumischen, und doch muss man alles daransetzen, bewusst zu bleiben.

166

Was ist dieser Zauber, der im Schlaf verborgen liegt? Der Begründer der „Anonymen Alkoholiker", (eine Organisation geheilter Alkoholiker, die Menschen bei der Überwindung ihrer Sucht hilft), wusste, wie er meinte, wegen seiner Trinkerei nicht mehr weiter. Er besaß nicht die Kraft, dieser Gewohnheit Herr zu werden, deren Ergebnisse sich als zu gefährlich und Ekel erregend für ihn erwiesen, als dass er sie hätte länger ertragen können. Selbstmord schien der einzige Ausweg zu sein. Mit einem letzten Gebet flehte er um Gottes Hilfe und versank dann in einen langen, tiefen Schlaf. Als er erwachte, war er geheilt!

167

Methode des Einschlafens, von Su Tung-po, einem Dichter und Mystiker. „Ich liege vollkommen still da. Ich lausche auf meinen Atem und vergewissere mich, dass er langsam und gleichmäßig fließt. Nach einer kurzen Weile bin ich wohlig entspannt. Ich nicke ein und sinke in einen tiefen Schlaf."

168

Die vorherrschende Idee, mit der man einschläft, wird eine Verbindung zum Wach-Leben darstellen und einen tiefgreifenden Einfluss darauf ausüben.

169

Nicht, dass die Übung unbedingt genau vor oder sofort nach dem Schlaf ausgeführt werden müsste. Für Novizen sind diese Zeiten freilich am wirksamsten. Aber wer Fortschritte in der Meditation gemacht hat, kann sie zu jeder Tageszeit während einer Meditationspause nutzbar machen.

170

Das berühmte „Kampflied der Republik", zu dem im Amerikanischen Bürgerkrieg große Armeen von Soldaten marschierten, war die Frucht einer geheimnisvollen, im Schlaf entstandenen Komposition. Viele Male hatte Julia Ward Howe vergeblich versucht, sich die Worte für ein neues Marschlied auszudenken. Aber eines Morgens fielen ihr, als sie bei Tagesanbruch erwachte, spontan die Verse des neuen Liedes ein. Sie schrieb sie in großer Eile nieder, noch vor dem Ankleiden und bevor sie ihr wieder entfallen konnten.

171

Einige, die die Kunst des Meditierens hinreichend beherrschen, haben ihre Schlaflosigkeit selbst geheilt, indem sie abends, wenn sie im Bett die Augen schließen, die göttliche GEGENWART affirmieren und in der Affirmation verharren.

Es gibt zwischen zwei Gedanken gewisse Bewusstseins-Pausen - wie z.B. diejenigen zwischen Wachen und Schlafen und diejenigen zwischen Schlafen und Wachen - die aufgrund der mit ihnen verbundenen Schnelligkeit und Kürze normalerweise unbemerkt vorübergehen. Zwischen zwei aufeinander folgenden Augenblicken liegt das zeitlose Bewusstsein; zwischen zwei aufeinander folgenden Gedanken liegt ein Bewusstsein, das frei von Gedanken ist. Auf eben dieser Tatsache gründet eine bestimmte, in "Die Weisheit des Überselbst" beschriebene Übung, die bis dahin in keinem westlichen Buch veröffentlicht worden war. Indes stellt sie keine moderne Entdeckung dar. Sie war schon bei den alten Ägypter bekannt, auch bei den tibetischen Lamas und in der Moderne wusste Krishnamurti wahrscheinlich darum. Auf sie gründeten die Ägypter, die sich vornehmlich mit dem Thema des Todes und des Lebens nach dem Tode befassten, ihr berühmtes „Totenbuch". Dasselbe Thema wird auch im „Tibetischen Totenbuch" abgehandelt. Zwischen dem Austritt des unsichtbaren, aus den Lebens-Kräften bestehenden Körpers am Ende jeder Inkarnation und dessen Eintritt in jenen Bewusstseinszustand, der der Tod ist, taucht dieselbe Pause wieder auf. Wenn der Sterbende imstande ist, sich auf ihre Ebene emporzuheben, dort zu verharren und sie sich nicht wieder entgehen zu lassen, tritt er in den Himmel, in den wahren Himmel ein. Um ihn an eben diese Tatsache zu erinnern und um ihn bei dieser schwierigen Tat zu unterstützen, waren in den letzten Augenblicken seines Lebens die alten Priester zugegen, die die entscheidenden Passagen aus diesen Büchern sangen. Diese geheimnisvolle Pause taucht während des ganzen Lebens und sogar beim Sterben auf, indes nehmen die Menschen sie nicht zur Kenntnis, und so lassen sie eine günstige Gelegenheit verstreichen. Sie ereignet sich nicht nur beim Eintritt ins Reich des Todes, sondern auch zwischen zwei Atemzügen. Man kann sogar weiter gehen und sagen, dass die Pause zwischen zwei Inkarnationen wieder für einen längeren Zeitraum auftaucht, denn dann kommt es vor Inbesitznahme eines neuen Körpers zu einer Blockierung sämtlicher Eindrücke aus der Vergangenheit. Platon muss das gewusst haben.

Versenkung und der vierte Bewusstseinszustand

173

Es gibt eine außerordentlich tiefe Meditationsebene, auf der wir dasselbe wie traumlosen Schlaf erfahren, aber bewusst bleiben. Weil das Ego mit seinen Gedanken und Emotionen, seinen Motiven, Begierden und Berechnungen nicht mehr vorhanden ist, muss dieses Bewusstsein als ein allgemeiner Seinszustand beschrieben werden. (Der häufig gebrauchte Begriff „universell" ist nicht ganz zutreffend).

174

Wenn der Körpergedanke durch yogische Konzentration und yogisches Zurückziehen aus dem Bewusstsein getrieben wird, erlischt er zusammen mit der von ihm sinnlich wahrgenommenen Welt. Letztere ist nicht mehr vorhanden. Indes gibt dies dem Yogi nicht das Recht, nach Ende seiner Versenkung zu behaupten, die Welt sei nach wie vor nicht vorhanden.

175

Professor Sen Gupta schrieb über die „Vier buddhistischen Jnanas": „Es wird nochmals erklärt, dass der Vorgang der Kontemplation der 'Leere' und der Verneinung des Selbstseins zu einem Glücksgefühl führt. Beide diese Ideen, die 'Leere' (Sunyata) und die Verneinung des Selbstseins (nairatmya), scheinen jedoch dieselbe Art von Bewusstseinswandel zu bedeuten, die Entfaltung einer Ebene nicht-rationaler Erfahrung auf der Nirvikalpa-Stufe. Die oben beschriebene Stufe der 'Leere' soll sich durch Übung des Pratyahara entwickeln, wobei sich die Sinne von den Objekten zurückziehen. Auf diese Weise verliert der Geist des Menschen den Kontakt mit äußeren Dingen: Wünsche fixieren sich nicht mehr auf Dinge, die sie erfüllen; der Geist schläft, insofern sich seine Wirkungen von außen beobachten lassen. Im frühen Buddhismus, der die Vorschriften des Yoga im Allgemeinen befolgte, stoßen wir auf Stellen, die von angenehmen Emotionen sprechen: 'Über sinnlichen Ideen, über bösen Ideen stehend, betritt und verweilt man im 'Ersten Jnana', worin die Aufmerksamkeit konzentriert aufrechterhalten wird, eine Verfassung, die in der Einsamkeit wurzelt und mit Genüsslichkeit und angenehmen Emotionen erfüllt ist.' Im 'Zweiten Jnana' findet wieder eine 'innere Beruhigung des Geistes statt, in sich geschlossen und jenseits der Wirkung der Aufmerksamkeit' und es entsteht 'Genüsslichkeit und angenehme Emotion.'

Auch im 'Dritten Jnana' heißt es, dass das Individuum im Körper jene Freude 'erlebt', von der die Indo-Germanen sprechen. 'Erst auf der letzten Stufe geht ein Mensch hinaus über Freude und Sorge'."

176

Das Gewahrsein dieses höheren Selbst braucht das Gewahrsein des normalen Selbst nicht aufzuheben, wiewohl es das in der tiefsten mystischen Versenkung gewiss tut. Aber der Mensch lebt nun einmal nicht nur von der Versenkung.

177

In dieser wunderlichen Verfassung schläft und wacht man nicht. Man ist vom Fleisch befreit. Es ist eine Art Traum-Zustand, ohne die Irrationalität, die Bilder oder Ereignisse der meisten Träume.

178

Die Wach- und Traumphasen der menschlichen Existenz bedingen, dass durch das menschliche Bewusstsein Gedanken fließen. Denn sie stellen die aktiven Phasen der göttlichen Wesenheit dar, in denen sie unaufhörlich schöpferisch ist. Nur in der negativen Phase des Tiefschlafs können Gedanken nicht zugegen sein. Dies stellt die normale Wahrheit dar. Denn in der vierten Phase, die durch intensive selbst-versunkene Meditation und nur eine kurze Zeit erlangt werden kann, ist es möglich, den gedankenfreien Zustand ohne jeden Gewahrseinsverlust herbeizuführen.

179

Bedenkt die Tatsache, dass unser individuelles Leben im Schlaf gänzlich aufgehoben ist, dass die Wellen persönlichen Bewusstseins dann restlos im Meer zerrinnen. Wie eindeutig dies davon zeugt, dass das GÖTTLICHE auch das UNENDLICHE und UNIVERSELLE ist, dass es uns an wahrer Spiritualität fehlt und wir bestenfalls deren blassen Schimmer besitzen! Denn wo sonst könnten wir einschlafen, außer in diesem UNENDLICHEN und UNIVERSELLEN GEIST? Trotzdem wissen wir es nicht! Sich frei zu machen von dieser großen Unwissenheit und die transzendentale Einsicht in den vierten Seins-Zustand zu erlangen, stellt die wunderbarste aller Aufgaben dar, die uns diese Philosophie stellt.

Die Gegenwart des physischen Egos im Wach-Zustand lähmt alles spirituelle Gewahrsein im Wachzustand. Die Abwesenheit des persönlichen und physischen Egos im Zustand des Tiefschlafs lähmt auch alles materielle Gewahrsein im Tiefschlaf. Indem es das Ego aussperrt und dennoch wach bleibt, ist das transzendentale Bewusstsein imstande, die für ein ununterbrochenes spirituelles Bewusstsein erforderliche Bedingung zu schaffen, für ein Bewusstsein, das nicht nur über die drei Zustände erhaben ist, sondern die eigene, dahinter liegende Existenz fortsetzt.

181

Normalerweise können wir diesen Begriff des „reinen Bewusstseins" einfach nicht begreifen. Die gesamten Bewusstseine der normalen menschlichen Erfahrung lassen auf ein Bewusstsein von irgendeinem Objekt und auf eine Wesenheit schließen, an der sich dieses Bewusstsein vollzieht.

182

Es gibt zwei Arten von Bewusstsein, das eine geschieht in ewig vorübergehenden Augenblicken, das andere ist ewig zugegen. Das eine ist in der Zeit, das andere ist außerhalb von ihr. Der Durchschnittsmensch kennt nur das eine; der erleuchtete Weise kennt beide.

183

Der Mensch verlässt das BEWUSSTSEIN niemals. Die Welt taucht als Wahrnehmung, das heißt als Idee, darin auf. Ob nun irgendetwas darin auftaucht oder nicht, das BEWUSSTSEIN bleibt das keinem Wandel unterworfene Zuhause des Menschen. Ob schlafend oder wach, ob eingehüllt in sich selbst oder ausgehüllt in der Welt, der Wesenskern des Menschen bleibt, was er ist. Die Gedanken und Sinneseindrücke, Gefühle und Leidenschaften des Menschen werden von diesem Kern hervorgebracht oder aus ihm projiziert; sie existieren in Abhängigkeit von ihm und sterben in ihm.

184

Aus unserer Sicht ist sogar die Unbewusstheit des Tiefschlafs eine Form jenes „Bewusstseins", das alle Zustände transzendiert, die wir normalerweise kennen - Wachen, Traum und Tiefschlaf - und das sie dennoch alle beinhaltet, wenn sie in es zurücksinken. Ein solches „Bewusstsein" ist undenkbar, unvorstellbar, stellt aber das wahre, objektive

Gewahrsein dar. Es ist auch das ICH, das ihr so sehr sucht. Um es zu erreichen, müsst ihr aber das Ich, das ihr so gut kennt, fahren lassen.

185

Das Transzendentale Wesen ist nicht ein unbewusstes. Das absolute Bewusstsein könnte nicht umhin, als sich seiner, auf seine unbewusste Art und Weise, selbst bewusst zu sein. Daher ist der vierte Zustand nicht dasselbe wie Tiefschlaf.

186

Ist es nicht sonderbar, dass wir nach dem Schlaf einer Nacht, in der wir im Traum vielleicht irgendeine andere Person werden, irgendeine andere Rolle spielen, dennoch mit der alten Identität, die wir vor dem Traum besaßen, erwachen? Ist es nicht genauso sonderbar, dass wir sogar nach einer traumlosen Nacht, in der wir so süß und tief schlafen, dass wir unsere vormalige Identität in der Tat vollkommen vergessen, imstande sind, diese beim Erwachen wieder aufzusammeln? Was ist die Erklärung dafür? Sie lautet, dass wir unser wahres Selbstsein niemals, ob in Träumen oder im Tiefschlaf, verlassen haben, dass wir niemals etwas anderes gewesen sind als das, was wir in unserem Wesenskern wirklich waren, und dass der einzige Wandel, der stattgefunden hat, ein Wandel des Bewusstseinszustands und nicht des Bewusstseins an sich gewesen ist.

187

Wir müssen ein die normale Erfahrung transzendierendes Bewusstsein in dem sehen, das sich nicht mit Verstandesmitteln ergründen lässt.

188

Wir existieren nur für einen Bruchteil der Zeit und daher bedingt. Liegt aber hinter der Zeit selbst nicht etwas, das absolut ist, ein Prinzip des IMMERDAR-SEINS? Die Buddhisten stellen es entschieden in Abrede; die Anhänger des Advaita verkünden es nachdrücklich, während die Philosophie beide Schulen akzeptiert und in Einklang miteinander bringt.

189

Jeder Mensch ist bewusstes Sein, sogar im Tiefschlaf. Dies also stellt sein wirkliches Wesen dar, dieses Bewusstsein, wie es an sich und nicht in der eingegrenzten Gestalt ist, die es im Ego annimmt.

Es muss dem Tiefschlaf der Nacht, da nichts erkannt und an nichts gedacht wird, und der darauf folgenden wachen Tätigkeit des Tages, da die Welt wahrgenommen und die eigene Identität wieder aufgesammelt wird, ein gemeinsames Prinzip zugrunde liegen, das sie bedingt und in dem sie verknüpft sind. Andernfalls hätten wir nicht verstehen können, dass wir schliefen, noch hätten wir die Kontinuität des Bewusstseins vom vorhergehenden Tag wieder aufnehmen können.

191

„Ich wünschte, du wärest geradewegs durch dich hindurchgegangen, wie einer, der im Schlaf träumt und doch nicht schläft." - „The Secret Sermon on the Mountain", Kapitel 14, zweiter Band, Thrice Greatest Hermes von G.R.S. Mead.

192

In seinem inwendigsten Wesen wurzelt jeder Mensch im Welt-Geist. Die drei Zustände - Schlaf, Traum und Wachen - vergehen, aber der Vierte ist ein stets Bleibender. Er ist diese Wurzel - dieses Sein.

193

Im Wach-Zustand erfahren wir diese physische Welt, im Traum-Zustand entspricht unsere Erfahrung der ätherischen Astral-Welt, im Tief-Schlaf erschließt sich uns eine noch höhere Erfahrungsebene, welche die des GOTTES ist, dessen Wille in den beiden anderen und niedrigeren Welten zum Ausdruck kommt. Diesen GOTT nennen die Hindus Ishvara; ich habe ihn Welt-Geist genannt. Die WIRKLICHKEIT - das Bewusstsein, das wirkliche Bewusstsein - die diesen drei Zuständen zugrunde liegt, wird als Erleuchtung erfahren. Bei den drei anderen handelt es sich um Zustände, während dies die WIRKLICHKEIT ist, die diese drei Zustände - Wachen, Träumen und Tiefschlaf - trägt. Im Tiefschlaf erreicht der Mensch, so könnte man sagen, GOTT, aber aufgrund seiner Unwissenheit ist er nicht bewusst und zieht deswegen keinen Nutzen daraus.

194

Psychologische Zustände sind gänzlich verschieden vom reinen Bewusstsein. Sie werden aus ihm aufgeworfen und haben, relativ betrachtet, nur eine vergängliche Existenz.

195

Eines der ersten Dinge, die ein Schüler der philosophischen Psychologie verstehen lernen muss, ist, dass die verschiedenen Bewusstseinszustände nicht das Gleiche sind wie grundlegendes, wesentliches Bewusstsein an sich. Die Zustände gleichen kleinen Kreisen, die in größeren schwimmen. Sie weisen vielfältige Grenzen auf, gehören zu den niedrigen Ebenen und sind dem Wandel unterworfen. Das grundlegende Bewusstsein transzendiert alle diese Dinge, alle diese Bedingungen und daher kann es transzendentales Bewusstsein genannt werden.

196

Was im Sanskrit *Turiya* oder der „vierte Zustand" genannt wird, ist, obwohl er weder Wachen noch Träumen noch Schlafen ist, dennoch mit allen drei als deren Hintergrund verknüpft. Daher beginnt Turiya vor dem Einschlafen mitzuspielen. Es beginnt auch vor dem morgendlichen Erwachen mitzuspielen oder bevor ein Traum zu Ende kommt und man unvermutet in einen tiefen Schlaf versinkt. Dies ist der Grund, warum die Praxis der Meditation oder eines kurzen spirituellen Gedenkens zu einer der drei natürlichen Pausenzeiten den größten Nutzen aus ihnen zieht. Dies ist auch der Grund, warum Turiya während der Pause zwischen zwei getrennten Gedanken mitzuspielen beginnt. Der Mensch wird also sein ganzes Leben lang wieder tröstlich in Verbindung mit seinem göttlichen SELBST gebracht. Aber weil er sein Gesicht abwendet und in die falsche Richtung blickt, zieht er niemals einen Vorteil aus jenem SELBST und wird er niemals des Selbst gewahr.

197

Der vierte Zustand ist erlangt, wenn man das wahre Wesen der drei anderen Zustände vollkommen versteht, so vollkommen, dass alle Gedanken, Gefühle und Handlungen des Menschen von nun an auf der unerschütterlichen Überzeugung gründen, dass die drei anderen lediglich Erscheinungen im WIRKLICHEN sind.

198

Intellektuelle Gesichtspunkte und gefühlsbedingte Launen mögen sich ändern, und tun es auch, aber dieses himmlische Bewusstsein gebietet all dem Einhalt, denn es gehört zu einer zeitlosen Welt. Dort können keine Auseinandersetzungen beginnen, ob mit anderen oder sich selbst; dort können den Menschen Gefühle nicht bei jedem neuen Ereignis oder Umstand hin und her schleudern. Dort waltet eine edlere Weisheit, so klar, so tiefschürfend, dass sie ihren eigenen Nutzen bezeugt und jede Debatte gänzlich hinfällig wird. Dort existiert das Selbst schließlich in seiner höheren Identität, geläutert und gefestigt und daher friedlich.

199

Höchst ungewöhnlich daran ist, dass dieses Höchste Prinzip, welches die Grundlage aller Dinge darstellt, wie ein unterirdischer Wasserlauf durch alle drei Zuständes des Menschen fließt, er es jedoch nicht weiß. Seine Unwissenheit gründet auf seiner Nachlässigkeit, seiner Weigerung, sich nach innen zu wenden und den inneren Vorgängen Beachtung zu schenken.

200

Wie paradox, dass der vierte Zustand das ERSTE PRINZIP des SEINS ist!

4

Zeit, Raum, Kausalität

1

Die drei Denk-Formen des Raumes, der Zeit und der Ursache bestimmen notwendigerweise die ganze Erfahrung der Menschheit. Sie stellen die Zusammenhänge dar, in denen wir das Aggregat der Objekte, das die Welt der NATUR ausmacht, erfahren. Niemandem stehen sie zur Wahl, noch kann einer sie ablehnen, vielmehr werden sie allen ohne Unterschied aufgezwungen, dem Narren ebenso wie dem Philosophen.

2

Der Bezug von Zeit/Raum/Kausalität stellt einen wesentlichen Teil der menschlichen Natur, eine die menschliche Denkweise regierende Gesetzmäßigkeit dar. Zeit, Raum und Kausalität gelten ausschließlich im Rahmen dieser Denkweise. Außerhalb davon können sie keine mögliche oder richtige Anwendung finden. Der Mensch zwingt sie seiner Denkweise nicht bewusst oder willkürlich auf; es steht nicht in seiner Macht, sie von sich zu weisen.

3

Da wir in Raum und Zeit leben, leben wir gezwungenermaßen stets im Bruchstückartigen und Unvollkommenen, niemals im Ganzen, im Vollkommenen. Nur wo wir die Zeit/Raum-Welt in seltenen Augenblicken mystischen Erlebens transzendieren, wissen wir um die überirdische Schönheit, aus einem bloßen Erfahrungssegment befreit zu sein und aufzugehen in der Ganzheit des LEBENS selbst.

4

Unsere geistige und körperliche Veranlagung zwingt uns, uns sowohl der Zeit, mit ihrer Reihenfolge von Augenblicken, als auch dem Raum, mit seiner Ausdehnung von Punkten, zu unterwerfen. Aber die Mystiker wissen, dass man bei gewissen Erlebnissen beide transzendieren und einen Frieden erlangen kann, den man unter normalen Umständen nicht einmal für möglich hält.

5

Wir wissen, dass jedes Objekt im Universum, wie auch jedes Lebewesen und das ganze Universum selbst, sowohl einen Anfang in der Zeit als auch einen Ursprung im Raum gehabt haben muss.

6

Die durch Zeit, Raum und Sinneseindrücke geschaffenen Grenzen machen es möglich, dass das persönliche Ego Formen wahrnimmt und Ereignisse erlebt. Das heißt, dass des Egos eigene Existenz möglich wird. Daher würde jede Veränderung dieser Grenzen zu einer Veränderung in der Existenz des Egos führen. Die Welt, die es hier kennt, würde verschwinden und von einer anderen ersetzt werden.

7

Unsere Denkvorgänge sind zeit- und räumlichen Zusammenhängen unterworfen, indes gibt es in uns etwas, das ihnen nicht unterworfen ist. Normalerweise sind wir uns dieses Elements nicht bewusst, wiewohl es uns niemals verlässt.

8

Erkenntnis von der Welt ist nur möglich, weil die Welt in räumliche und zeitliche Bruchstücke zerlegt ist, die gleichzeitig in den Zusammenhang von Ursache und Wirkung verstrickt sind.

9

Wird das persönliche Ego dem Bewusstsein entzogen, ziehen gleichzeitig auch seine Zeit- und Raumwahrnehmungen von dannen.

10

Raum und Zeit stellen das Welt-Kreuz dar, an das wir geschlagen sind, bis ein ERLÖSER kommt, der uns zeigt, wie wir uns retten können.

11

Der Geist muss seinen Objekten einen Ort in Raum und Zeit geben, oder er könnte keine Objekte besitzen.

12

Alles, was manifestiert ist, muss in einer Raum/Zeit-Welt manifestiert sein - das heißt, es muss eine Gestalt haben und bedingt sein durch ein „Vorher" und „Nachher".

13

Uns sind im Raum verkörperte Formen und in der Zeit wirkende Denkvorgänge verliehen, kraft derer wir schließlich die Bedeutungen im Leben und in der Welt entziffern, uns des unendlichen, hinter beiden liegenden Wesens bewusst werden und unser wahres Selbst erkennen.

14

Solange das Gewahrsein des Menschen in Raum und Zeit verstrickt ist, so lange wird er nicht imstande sein, die Wirklichkeit zu erkennen, die Raum und Zeit transzendiert.

Ihr relatives und mentales Wesen

15

Genauso wie es verschiedene vernehmbare Klänge und verschiedene sichtbare Objekte gibt, so gibt es auch verschiedene Arten von Erfahrung und verschiedene Raum- und Zeitebenen.

16

Es gibt indes nicht nur einen einzigen Zeitrahmen, in dem Gedanken Gestalt verliehen werden kann. Denn Zeit ist, wie wir wissen, eine Variable, weil sie eine Idee ist; sie bietet eine unbegrenzte Vielfalt von Weisen, auf die sich Ereignisse ordnen könnten. Es gibt eine Menge von verschiedenen Rahmen. Einer von ihnen wird für Sinneswahrnehmungen während des Wachens benützt, ein anderer für Traumwahrnehmungen. Denn die Erfahrung, eine ganze Uhrstunde lang unter heftigen Zahnschmerzen leiden zu müssen, wird wesentlich länger sein, als die Stunde, die wir mit einem Menschen verbringen, den wir lieben. Zeit ist letzten Endes geistig.

17

Der Materialismus ist gezwungenermaßen der Meinung, dass es nur eine einheitliche Zeit gibt. Der Mentalismus behauptet, dass es verschiedene Arten von Zeit gibt, und das nicht nur für verschiedene, sondern auch für ein und dasselbe Lebewesen.

18

Die wertvollste metaphysische Frucht der Quantentheorie ist die Entdeckung, dass die in Raum und Zeit ablaufenden Prozesse des Weltalls aus etwas emanieren, das im Grunde nicht in Raum und Zeit existiert.

19

Im Universum gibt es nichts Dauerhaftes - alle Dinge sind an die Zeit gebunden. Keine Form ist kontinuierlich; am Ende zerfallen sie alle.

20

Die Zeit ist eine tüchtige Leichenbestatterin, die am Ende alle Dinge fein säuberlich einsargt und gut auf den jeweils angemessenen Friedhöfen verstaut.

21

Die Zeit, zuerst nicht beachtet, dann eine Freundin, wird schließlich zum Feind.

22

Wer entscheidet, wie viele Ereignisse sich in einer Sekunde zutragen können? In diesem Punkt widersprechen sich selbst die Zeugnisse der Wach-Erfahrung, wie der Ertrinkende, der sein Leben rückwärts vor sich ablaufen sieht, nur zu gut weiß. Auch die Traum-Erfahrung zwängt oft ein ganzes Drama in einige wenige Minuten.

23

Unter ungewöhnlichen Umständen mag der Zeit-Sinn eines Menschen zurückwandern und Ereignisse in umgekehrter Reihenfolge wiedererleben (wie beim Ertrinken) oder er mag vorauswandern und in Ereignissen leben, die sich erst später zutragen werden (wie beim Träumen).

24

Alltäglich werden wir wieder aktiv, allnächtlich ruhen wir uns wieder aus, während ein metallener Uhrzeiger, der um ein mit einer Maßeinteilung bemaltes Ziffernblatt kreist, die Zeit misst.

25

Wer kennt nicht die heilsamen Kräfte der Zeit, die der Erinnerung an Leid und dem Schmerzgefühl eine Ende setzen?

26

Wir Menschen finden es normal, astronomische Zeit und geometrischen Raum auf die Weise zu erfahren, auf die wir sie erfahren, indes wäre es töricht zu erwarten, andere Bewohner anderer Welten könnten dasselbe.

27

Einstein bewies die Relativität von Zeit und Raum mit rein wissenschaftlichen und mathematischen Mitteln, aber die Jaina-Meister wussten auch ohne solche Hilfsmittel darum - und diese Lehre wurde vor dreitausend Jahre verkündet!

28

Die mathematische Grenze des gegenwärtigen Augenblicks existiert nur in der Vorstellung, nicht in Wirklichkeit.

29

Wir werden die Bewegungen der Zeit besser verstehen, wenn wir verstehen, dass die Zeit weder eine gerade Linie noch einen runden Kreis bildet. Sie ist eine anfangs- und endlose Spirale.

30

An der theoretischen Bedeutung der Zeit hat sich nichts geändert, wohl aber an ihrer praktischen Bedeutung für das menschliche Leben, was mit den Erfindungen auf dem Gebiet des Verkehrs- und Fernmeldewesens zusammenhängt.

31

Einstein nahm zwei grundlegende menschliche Erfahrungen - Zeit und Raum - und bewies, dass sie relative, vom Menschen selbst abhängende, veränderliche Größen sind, womit er ihnen jedwede Wirklichkeit, außer der mathematischen, nahm.

32

Nur Gewohnheit und Vertrautheit verleiten uns dazu, eine spezielle Art von Zeit für wirklich und alle anderen Arten für absurd zu halten. Aber Lebewesen mit anderen Wahrnehmungsfähigkeiten als unseren würden unsere menschlich erlebte Welt für ganz aus der Luft gegriffen, die ihrige indes für vollkommen normal halten.

33

Die Abwechslung von Tag und Nacht - also die Zeit - hängt von der täglichen Umdrehung unserer Erde ab; aber einem auf einem anderen Planeten stehenden Menschen, der unsere Erde beobachtet, würde sich die gleiche Vorstellung von einer bestimmten Zeitordnung aufdrängen.

34

Die Zeit ist eine der (vielen) Formen, die das Bewusstsein annimmt. Alle ihre Maße, ob mit präzisen Instrumenten im Labor genommen oder von den Nerven des physischen Körpers gefühlt, sind relativ, weil abhängig von Grundlagen, die selbst Formen des Geistes sind.

35

Dereinst werden wir - ob aus mystischer Erfahrung oder durch tiefschürfendste Reflexion - zu der Einsicht kommen, dass die Zeit die große Verführerin der Menschheit ist. Die Vergangenheit, die vorüber, die Zukunft, die noch nicht eingetreten und die Gegenwart, die im Fluss ist, sind nicht, was sie zu sein scheinen.

36

Genauso wie es keinen speziellen Kreispunkt gibt, der den wirklichen Anfang und das wirkliche Ende des Kreises darstellt, so gibt es auch nicht wahrhaft einen Zeitpunkt, der die wirkliche Vergangenheit oder die wirkliche Zukunft ist.

37

Die Zeit vernichtet Erinnerungen, tilgt Hass, setzt Liebesdingen ein Ende und schmälert oder zerstört sowohl Leidenschaften als auch Illusionen. Indes liegt die wohl einzigartige Veränderung in ihrer Auswirkung auf den Wirklichkeitssinn. Das materielle Leben scheint in immer größerem Maße wie der Stoff, aus dem die Träume sind.

38

In einigen Träumen verkleinert die Zeit einen ganzen Tag zu einer bloßen halben Stunde, in anderen dagegen dehnt sie eine einzige Minute zu einigen Stunden aus. Genau dies geschieht mit dem Bewusstsein unter dem Einfluss gewisser Drogen; wobei sich sogar ein noch abstruseres Missverhältniss zwischen Wach- und Schlaf-Zeit einstellt.

39

Unsere Haltung gegenüber der Zeit, unser Eindruck, dass sie rasch oder langsam vergeht, kurz oder lange währt, hängt von den Gefühlen ab, die sie erfüllen.

40

Die Zeit hängt ausschließlich von unserem jeweiligen Standort, unserer jeweiligen Position ab. Indes ist dies die oberflächliche Betrachtungsweise. Denn bei eingehenderer Untersuchung stellt sich heraus, dass sich unsere Zeitvorstellung auch je nach unserer mentalen (und nicht nur physischen) Position verändert. Für einen Liebenden wird eine in Gegenwart seiner Geliebten verbrachte Stunde so rasch wie ein paar Minuten vergehen, während sein ungeduldig wartender Rivale das Gefühl haben wird, dass jede Minute ihre volle Wucht zählt! Dies zeigt, dass die Zeit letzendlich mental, eine Idee im Geist ist. Sie kommt und geht; sie ist unwirklich.

41

Räumlich gesehen, ist dieses Kapitel zwar nur durch eine einzige Seite vom vorhergehenden getrennt, aber zeitlich gesehen liegen einige Monate dazwischen.

42

Lasst uns über das Geheimnis des Raumes nachdenken. Er ist das eine Element, das kein Gegenteil hat. Selbst jede Art von Gestalt und Form sind Rauminhalte und stellen nicht eine Antithese zum Raum dar.

43

Was besagt das Wort „Raum"? Stellt es ein Bild von etwas wirklich Bekanntem dar? Stellt es einen vorgestellten Begriff von etwas nicht tatsächlich Bekanntem dar?

44

Zu sagen, der Welt-Geist ist überall im Raum verbreitet, wäre wahr, aber es wäre auch unwahr, wenn man diese Aussage so stehen ließe. Denn aller Raum ist selbst ein Zustand im Welt-Geist.

45

Metaphysisch ungeschulten Lesern wird dieser Punkt klarer werden, wenn man Zeit stets eher mit Ort als mit Raum verbindet.

46

Höhe, Länge und Breite sind Raum. Dies setzt sich bis in die vierte Dimension, die ZEIT, fort; daher das Raum/Zeit-Kontinuum.

47

Dies würde notwendigerweise voraussetzen, dass der Raum vor allen Dingen, das heißt vor der Welt selbst, existiert. Würde der Raum aber wirklich so absolut existieren, bräuchte er selbst einen Ort, an dem man ihn aufstellen muss.

48

Wir sind von Natur aus auf eine spezielle Gruppe von räumlichen Sinneswahrnehmungen eingestellt. Es steht uns nicht frei, die Erfahrung nach eigenem Gutdünken zu ermessen.

49

Letztlich ist die räumliche Sicht ebenso Bestandteil des Traumes wie der Zeitsinn. Wenn wir aus dem Traum erwachen, wird sogar der Raum - das Gefühl von Hier und Dort - von der Wirklichkeit getrennt. Indes stellt er unser bestes Symbol für den GEIST dar.

50

Nur mit Mühe erfassen wir die gewaltige Leere des Weltraums. Die Sonnen, Planeten und Sterne sind nur winzige Punkte von Licht, Wärme und Materie, umgeben von so vielen Millionen Kilometern gähnender Leere, dass sie, relativ gesprochen, von geradezu lächerlicher Unwichtigkeit sind.

51

RAUM ist so unwirklich wie ZEIT. Beide sind mentale Schöpfungen.

52

Der Schüler hat sich in Gedanken vom Umfang zum Mittelpunkt begeben, von allen Dingen im Weltall zu deren Ursprung im Selbst. Spirituell gesprochen, existiert das Weltall in ihm. Er und die Welt sind wahrlich untrennbar. Raum ist nur eine Idee.

53

Wenn eine intelligente und erschöpfende Untersuchung der Zeit zeigt, dass das wirkliche Wesen der Zeit ein ewiges JETZT ist, so zeigt eine ähnliche Untersuchung des Raums, dass das wirkliche Wesen des Raums ein ewiges HIER ist. Beide diese Untersuchungsergebnisse lassen sich auch konkret und mit eindeutiger Klarheit in der Erfahrung tiefer Meditation erreichen. Wo sind sie indes? Eine kurze und genaue Antwort darauf liefert der Mentalismus - sie sind im Bewusstsein.

54

Sorgfältig analysiert, entpuppt sich die Zeit nicht ganz als das, was sie zu sein scheint. Denn einerseits wird sie sich als eine mentale Erfahrung erweisen und andererseits als ein nur in der Zeit Existierendes.

55

Bei dem Versuch, alle Objekte, die der Raum enthält, wegzudenken, dürfen wir nicht vergessen, auch das Licht, mit dem wir den ganzen Raum unbewusst füllen, wegzudenken. Falls uns diese zugestandenermaßen schwierige Übung gelingt, verschwindet der Raum selbst. Der weit verbreitete Glaube, Raum sei eine Art unermessliches Gefäß, das alles enthält, etwas, das von den Entfernungen zwischen zwei oder mehreren Objekten und von den relativen Standorten dieser Objekte abhängt und durch sie bestimmt ist, entspricht also kaum der Wahrheit. „Innerhalb" und „außerhalb" sind bloß relative Begriffe. All dies ist deshalb so, weil Raum, wie der Mentalismus erklärt, in Wirklichkeit die Idee ist, die wir unterbewusst missbrauchen. Wenn der Geist seine Schöpfung also einige wenige kurze Augenblicke lang transzendiert und in mystischer Abstraktion zu sich selbst zurückkehrt, verschwindet der Eindruck, dass die Dinge „außerhalb lie-gen", verblasst die Welt, bis sie nur noch unser eigener unwirklicher Traum ist. Dies geschieht, wie der Mentalismus bereits gelehrt hat, weil der Geist den Raum zur Unter-bringung seiner Bilder und zur Messung seiner Formen braucht, und infolgedessen schafft er ihn. Dieselben Überlegungen treffen auf die Zeit zu. Denn wenn wir alle Objekte wegdenken, die ihr Leben in der Vergangenheit, Gegenwart und Zukunft ha-ben, bleibt keine Zeit übrig, die weiterfließen würde. Dann wird es kein unabhängiges Ding, genannt Zeit, geben. Nichtsdestoweniger befindet sich der Geist danach nicht in einem gänzlich negativen Zustand. Alles, was wir in der äußeren Welt je erfahren kön-nen, muss notwendigerweise unter den Formen von Raum und Zeit erfahren oder gekannt werden; um überhaupt zu sein, müssen sie so sein, wie sie sind. Aber diese Formen verändern sich, sind wandelbar, relativ und abhängig. Infolgedessen handelt es sich bei diesen Ereignissen oder Dingen selbst nicht um ewige und dauerhafte Wirk-lichkeiten. Raum und Zeit sind die Art und Weise, auf die wir das Dasein erleben; sie sind nicht die Dinge an sich.

56

Die Relativitätstheorie bringt Raum und Zeit als etwas nicht voneinander unabhängig Existierendes zusammen. Der Mentalismus erklärt, warum sie einander bedingen. Bei-de wohnen ein und demselben Ding inne - der Imagination. Sie stellen zwei Weisen dar, auf die der schöpferische Aspekt des Geistes zur gleichen Zeit wirkt.

57

Genauso wie es nicht wirklich so etwas wie „Materie" gibt, so gibt es auch nicht so etwas wie Substanz und Zeit. Dabei handelt es sich um abstrakte Begriffe, die bestimm-ten Zwecken dienen, aber hier Vorstellungen, nur geistige Konstrukte sind.

58

Unaufhörlich verrinnt die Zeit! Mitten in ihrer unerbittlichen Bewegung ist ein Ding, das sich nicht bewegt - das „Ich"-Gefühl.

59

Für den Kosmos oder die mit ihm verbundene Zeit einen Anfang festzulegen, ist ein Meisterstück, zu dem der Mensch nicht fähig ist, denn dann würde die menschliche Wesenheit individuell und bewusst vor dem Kosmos und der Zeit existieren müssen.

60

Wiewohl ihr - wie fast jeder andere auch - wahrscheinlich das Gefühl habt, außerhalb der Erfahrung von Zeit und getrennt davon zu stehen, steht ihr in Wirklichkeit in ihr. Denn sie ist tief in eurem Bewusstsein und damit befasst, ihm seine Gestalt zu geben.

61

Wir machen unsere ganze Erfahrung in Form von räumlichen, zeitlichen und ursächlichen Zusammenhängen. Es ist aber bereits dargelegt worden, dass diese Erfahrung die Frucht der Wirkung des Geistes ist. Der Geist macht seine eigenen Zeiten und eigenen Räume, als die Formen, in denen er denkt.

62

Der Geist stellt eine räumliche Beziehung zu seinen Objekten und eine zeitliche Beziehung zu seinen Ereignissen her. Diese Beziehungen mögen sich in jedem erdenklichen Ausmaß ändern; daher sind sie nur relativ.

63

Nun müssen wir fragen „Wie kommt es, dass wir die Schlange als wirklich erachten? Was bewegt uns dazu, solche Sinnestäuschungen für bare Münze zu nehmen?" Wenn wir den Standpunkt der Wahrnehmung - worauf diese Täuschungen gründen und in wessen Rahmen sie objektiv in Erscheinung treten - untersuchen, entdecken wir, dass wir die Welt stets in vier Dimensionen gehüllt sehen, drei davon räumlich und eine zeitlich. Kant hat mühselig nachgewiesen, wie der Geist seiner Weltanschauung diese zwei Merkmale auferlegt; das heißt, sie liegen im und nicht außerhalb des Geistes. Es ist durchaus möglich, dass sich mentale Konstrukte im Raum ausdehnen und in der Zeit ereignen, also alle Merkmale der konventionellen Wirklichkeit annehmen und schließlich doch nicht mehr bleiben, als mentale Wirkungen. Buddhas überaus scharfsinnige Einsicht nahm diese Unwirklichkeit des räumlichen Bezugs zur Kenntnis, und deshalb verglich er die Welt mit einer Seifenblase.

64

Am Himmel mögen Planeten kreisen und auf der Erde Uhren ticken, aber am Ende hängt unsere Erfahrung der Zeit von unserem Bewusstsein der Zeit ab.

65

Niemals haben wir eine Zeit erfahren, die nicht vom Raum abhängt. Zeit und Raum bedingen einander.

66

Wenn die universelle Ordnung für den menschlichen Geist keinen sichtbaren Anfang und deswegen auch kein Ende in der Zeit haben kann, wenn darin die Bedeutung der Ewigkeit liegt, dürfen wir nicht vergessen, dass die Zeit selbst für die Intelligentesten unserer Gattung und die tiefschürfendsten mystischen Seher im Geist ist.

67

Wo ist die Gegenwart, wenn ihr versucht, sie zu erfassen? In der Tat, was ist die Zeit selbst? Alle drei Zeiten, alle Zeit, sind Geisteszustände.

68

Bewegen wir uns in der Zeit weiter oder bewegt sich die Zeit in uns?

69

Die Zeit lässt sich nun einmal nicht von der Erfahrung der Zeit trennen.

70

Wiewohl es nostalgische Zwischenzeiten gibt, in denen jene unerwarteten Erinnerungen äußerst lebendig werden, kehrt auch die Wahrheit oft genug wieder, dass „die Zeit im Geist ist", - ein Zitat, mit dem sich Wei Wu Wei einst von mir verabschiedete.

71

Der im neunzehnten Jahrhundert lebende jugoslawische Schrifsteller Ljudevit Vulicevic schrieb: „Wir teilen die Zeit in Epochen, Jahrhunderte und Jahre und geben diesen Einteilungen kuriose Namen, die wir für eigenständige und außerhalb unseres Bewusstseins liegende Wirklichkeiten halten. Die Zeit ist nichts an sich. Sie ist nicht etwas Wirkliches, sondern ein Gedanke, eine Idee im Menschen."

72

Die Welt scheint im Raum zu hängen und sich durch die Zeit zu winden. Was ist der in dieser Sinnestäuschung verantwortliche Faktor? Der Geist.

Wenn es ein Ding der Unmöglichkeit ist, alle Ursachen zu ermitteln, so ist es auch ein Ding der Unmöglichkeit, alle Wirkungen zu ermitteln. Wir werden keine Struktur im Weltall, kein Ereignis in der Geschichte, keinen Zweck im menschlichen Bewusstsein oder keine Folge einer menschlichen Handlung jemals erschöpfend begreifen.

74

In ihrem im "Aryan Path" erschienenen Aufsatz über „Greek Doctrine of Non-Causality" schreibt Mary M. Patrik: „Im ersten Jahrhundert v.Chr. wirkte in Alexandrien ein Mann names Aenesidemus, der eine Brücke schlug zwischen dem alten und dem neuen Pyrrhonismus. Ursprünglich war er ein akademischer Skeptiker. Als die Akademie aber ihren skeptischen Standpunkt aufgab, wandte er sich dem damals zumal in Alexandrien sich durchsetzenden Pyrrhonismus zu. Er kann als der Prophet des späteren Skeptizismus bezeichnet werden, und die Quellen seiner Autorität sind in den Lehren der Akademie zu finden, im frühen Pyrrhonismus und in der Schule für empirische Medizin, deren Sitz in Alexandrien war. Eben Aenesidemus haben wir einen Großteil unserer Kenntnisse über den Skeptizismus zu verdanken, da er ein produktiver Schriftsteller war. Er formulierte die 'Zehn Tropi von (Epliche)' oder 'Unterlassung der Beurteilung', von denen einige bis auf Pyrrhon selbst zurückgehen. Sein größtes Werk waren indes 'Die zehn Argumente gegen die Ursächlichkeit', die sich sehr zeitnah ausnehmen. Er lehrte, dass es in der Natur, die wir kennen, zwar einen logischen Zusammenhang zwischen Ursache und Wirkung gibt, die Idee der Ursächlichkeit aber letzten Endes nur eine physische Vorstellung ist, da die Naturwissenschaft nicht eine endgültige Wahrheit und Ursache an sich aufdeckt."

75
Notizen zur Kausalität/Nicht-Kausalität

Unser ganzes Denken trägt den Stempel der Ursächlichkeit und das nicht, weil wir es wollen, sondern weil die Natur es will.

Nichts kann erfahren werden, was der Geist nicht in eine kausale Form gießt. Da der Geist nur auf diese Weise erfahren kann, ist er nicht imstande, das wesentlich Wirkliche in der Erfahrung zu begreifen.

Alles, was wir von der NATUR wissen, sind unsere mentalen Erfahrungen von der Natur; und alles, was wir von der Kausalität in der Natur wissen, ist nur die Art und Weise, auf die hin die mentale Erfahrung sich anordnet.

Die kausale wie die zeitliche und räumliche Denkweise ist eine der grundsätzlichen Denkweisen und eine der fixierten Formen des Gewahrseins. Weil wir nicht wissen, wie der Geist funktioniert, den Zusammenhang zwischen Bewusstsein, Ego und Geist nicht verstehen, ist es unvermeidlich, dass wir diesen drei großen Illusionen unserer Rasse zum Opfer fallen.

So unverrückbar glaubt die ganze Menschheit an die Kausalität, dass Religion Lehrende die Welt zuerst kausal erklären mussten. Bei den Kennern des Vedanta dienten solche kausalen Erklärungen indes als Vorstufen zur Nicht-Kausalität. Sie lehrten, dass die Welt zunächst eine Schöpfung und der Schöpfer der Welt der reine Geist Brahman ist. Daraufhin brachten sie den Schüler dazu, die Natur des Brahman zu untersuchen, wobei sie ihm schrittweise aufzeigten, dass Brahman eins ist, nicht geteilt werden kann und keine Teile aufweist. Ein Wesen, das keine Teile hat, kann sich nicht wandeln, noch kann es Wandel erzeugen, und infolgedessen kann es keine Schöpfung geben - darin besteht die Wahrheit der Nicht-Kausalität. Auf diese Weise wurde der Schüler von der Religion zur Philosophie gelenkt.

Schöpfung als Akt ist nicht das Gleiche wie Schöpfung als Faktum. Der Advaita zweifelt die Wirklichkeit des Ersten an, pflichtet aber dem Zweiten bei, insofern er die Existenz der Welt nicht in Abrede stellt. Aber auf die Frage „Wie schuf GOTT die Welt?" gibt es keine einfache richtige Antwort. Erstens ist die Frage zu einfach und daher unzureichend; zweitens ist sie falsch gestellt und überspringt mindestens zwei andere Fragen, deren Beantwortung Voraussetzung ist für die Antwort auf die Frage in ihrer gegenwärtigen Formulierung. Das unendliche Prinzip des GEISTES will das Weltall nicht, noch erschafft es es, aber in seiner scheinbaren Dunkelheit taucht ein Lichtpunkt auf, der zum Mittelpunkt eines potentiellen Weltalls wird. Es ist niemals ein erster Anfang des Weltalls geschehen, weil das Weltall eine Manifestation des GEISTES ist, jener Wirklichkeit, die selbst, weil im zeitlos Dauerhaften existierend, niemals einen Anfang hatte.

Kausalität hat eine Funktion in der normalen Welt. Daran zu zweifeln, bedeutete alle menschliche Erfahrung anzuzweifeln. Aber bei einer Untersuchung ihrer höchsten und letzten Abstraktion stellen wir fest, dass die Kausalität sich selbst widerspricht - sie ist relativ und eine Erscheinung. Gleichzeitig sehen wir ein, dass man die kausale Denk-Form dem Begriff von Zeit und Raum hinzufügen muss, um Erfahrung während der Manifestation des Weltalls in Ordnungszusammenhänge zu stellen, und dass sie außer Kraft treten muss, wenn der Geist erneut im Bewusstsein versinkt.

Sogar ein so hervorragender Lehrer wie Buddha musste gestehen: „Der Anfang der Lebewesen liegt jenseits menschlicher Erkenntnis."

Was im GEIST den Geist dazu veranlasst, diese Myriaden von Erscheinungen als Ideen hervorzubringen, wissen und können wir nicht wissen. Die Frage selbst beruht auf dem Glauben an Kausalität, einer anderen Idee, und ist deswegen ungültig, weil sie für den GEIST bedeutungslos ist.

Eine Anwendung der Lehre von der Nicht-Kausalität ist unstrittig - wenn Wasser in Dampf übergeht, können wir nicht sagen, der Dampf sei etwas neu Erschaffenes, denn er ist nach wie vor Wasser, wiewohl sich sein Ausdruck gewandelt hat.

Da die Welt nur ein Ausdruck des ÜBERSELBST ist, stellt sie nicht etwas neu Erschaffenes dar, denn im Grunde ist kein neues Ding ins Lebens getreten. Die Welt ist nur ein gewandelter Ausdruck des ÜBSERSELBST, und da Ursache Wirkung in sich schließt, was Dualität bedeutet, und da es keine Dualität gibt, liegt hinter dem Weltall auch kein Kausalzusammenhang. Vom empirischen Standpunkt aus - bei Nichtberücksichtigung der Grundlagen und ausschließlicher Betrachtung der sekundären Elemente - ist es klar, dass im Weltall Kausalität herrscht. Die Anwendung der Nicht-Kausalität auf die Wechselbeziehungen in der Welt ist unzulässig. Wäre die Kausalität nicht eine praktisch wirkende Wahrheit, würden wir Gras sähen in der Hoffnung, Pampelmusen zu ernten.

Wir müssen uns diesen Ansatz ganz klar machen. Das Ganze ist eine Frage des Standpunkts. Praktisch setzt sich die Welt aus vielen kausal aufeinander reagierenden und sich kausal beeinflussenden Wesenheiten zusammen. Vom höchsten und letzten Standpunkt aus ist die Welt GEIST-Kern, und da dieser die einzige Existenz ist, kann er seine Natur nicht wandeln und zwei-fach geboren werden; er kann nicht der Dualität von Ursache und Wirkung verfallen. Aber die endlichen Produkte des GEISTES, die Ideen, sind dazu imstande.

Daher räumen wir ein, dass Kausalität überall im normalen Erfahrungsbereich uneingeschränkt vorherrscht. Trachten wir aber danach, den GEIST an sich zu verstehen, so trachten wir danach, die normale Erfahrung zu übersteigen. GEIST an sich ist nicht der Dualität unterworfen.

Die Frage nach der Kausalität hängt, wie die Frage nach dem Weltall, von dem besonderen Standpunkt ab, den wir jeweils beziehen. Sie ist wirklich, wenn man sie als etwas betrachtet, das zwei Dinge angeht, genauso wie ein Traumtisch und Traumstühle wirklich sind, wenn sie der Träumer selbst in Betracht zieht. Sie ist fiktiv, wenn wir nicht die Vielfalt der Dinge, sondern den Wesenskern, aus dem sie sich ableiten, betrachten, genauso wie ein Traumtisch und Traumstühle fiktiv sind, wenn sie unter dem weitreichenderen Gesichtspunkt des bei Tagesanbruch Erwachten betrachtet werden. Während Erfahrung den Kausalzusammenhang voraussetzt, steht die Wirklichkeit selbst außerhalb aller Zusammenhänge. Kausalität ist eine Bedingung der Erkenntnis und beschränkt uns auf die vertraute Welt. Die Kategorie der Kausalität lässt sich nicht auf Brahman anwenden.

Wenn es in der Natur ein unabänderliches Gesetz gibt, dann wohl kein anderes als das Kausalitätsgesetz, denn wie lässt sich die Kette der Kausalität je brechen?

Buddhas Schweigen bei Diskussionen über Probleme, die die Erste Ursache betrafen, erklärt sich aus seiner Kenntnis der Nicht-Kausalität.

Subatomare Naturwissenschaft - Unbestimmbarkeit, Heisenbergs Quantenheorie; Superatomare Naturwissenschaft - Einsteins Relativität; Milliarden von Galaxien, die das Weltall formten.

Die subatomare Physik zeigt, dass die ultramikroskopischen Elektronen und Protonen nicht dem Gesetz folgen, das die Naturwissenschaft für das gesichertste aller Gesetze hielt - jenes von Ursache und Wirkung. Diese Enthüllung mag sogar die theoretische Suche nach der Wirklichkeit in eine Sackgasse treiben. Was einst ein philosophischer Lehrsatz war, mag auch ein wissenschaftlicher werden. Was einst die Folge scharfsinnigster menschlicher Reflexion war, mag die Folge genauer menschlicher Bestimmung von Tatsachen sein.

Oft benützen Gelehrte die Worte Ursache und Wirkung mit weniger Gewähr, als die Wahrheit es verlangt. In Vorträgen und Büchern taucht diese Wortverbindung so häufig auf, dass uns das Dargelegte so selbstverständlich dünkt wie das morgentliche Aufgehen der Sonne. Indes ziemt es der Handvoll, die den Grund für alle Dinge ausfindig machen will, diesen Sprachgebrauch etwas näher zu untersuchen. Wenn wir das tun, mögen diese glatten und abgeschlossenen Lehren, die uns so lange gefangen hielten, ihre Tore auftun und uns frei lassen müssen; mögen wir, wie David Hume, entdecken, dass vieles, was wir, ob im Verhalten von Materie oder Geist, als kausal annehmen, nichts dergleichen, sondern lediglich konsekutiv ist.

Hume sagte, ein Ding oder Selbst sei nur ein Bündel von Bezügen und nichts an sich.

Es ist sehr leicht, dem zu verfallen, was man den Irrtum der einzigen Ursache nennen kann. In Wirklichkeit sind die meisten Probleme vielschichtig, und hinter den einfachsten Wirkungen liegt meistens eine Reihe von Ursachen.

Philosophisch gesehen, ist die Kausalität ein Missverständnis, aber physisch und praktisch ist sie durchaus richtig.

Letzten Endes ist das Leben wirklich ein Prozess, durch den das Individuum sich der eigenen wahren Identität bewusst wird. Die spirituelle Natur des Menschen existiert nicht potentiell, sondern aktuell. Die Entdeckung der eigenen Identität beinhaltet einfach, dass der Mensch die hypnotische Illusion des EGOS, der ZEIT, des RAUMES, der MATERIE und URSACHE zerstört. Sie ist der Augenblick seiner Erlösung von der Unwahrheit.

Nicht das Überselbst ist der Kausalität unterworfen, sondern die Ideen, die in ihm auftauchen. Dieser Punkt löst bei vielen Schülern Verwirrung aus.

Wir dürfen dem Überselbst nicht Tätigkeit zuschreiben. Dies bedeutet nicht, dass es in ewigen Schlaf gehüllt ist. Die Möglichkeit aller Tätigkeit leitet sich aus ihm ab. Es stellt das Leben hinter dem Leben des kosmischen Geistes dar.

76

Die Idee einer Ersten Ursache des Weltalls ist schlechthin eine falsche. Denn „Erste" beinhaltet die Leugnung jedweder historischen Vergangenheit, „Ursache" die Existenz eines „Vorhers" und „Nachhers" - also der Zeit. Aber die Zeit ist endlos und „Erste" bestreitet das. Eine „Erste Ursache" ist also eine widersprüchliche Idee.

77

Wenn es nicht eine unendliche Macht gäbe, so gäbe es auch keine endlichen Dinge.

78

Zu sagen, ein Vorfall „verursache" einen anderen, bedeutet in Wirklichkeit nur, dass der Zweite unter gewissen Umständen stets auf den Ersten folgt.

79

Überall, wo es Wandel gibt, muss es auch Ursache geben. Wenn wir aber nach tiefschürfender Untersuchung entdecken, dass Wandel unwirklich ist, wird auch Ursache unwirklich. Damit entpuppt sich das philosophische Werk als ein Werk der Desillusion.

80

Unglauben an die Kausalität muss unweigerlich zum Unglauben an die theologische Behauptung führen, dass GOTT der Schöpfer des Weltalls ist.

Was hier auf einen Teil zutrifft, trifft auch auf das Ganze zu, denn das Prinzip des Unbewussten Geistes bringt nicht nur das Aggregat der Ideen hervor, aus denen eine menschliche Persönlichkeit, sondern auch das Aggregat der Ideen, aus denen ein ganzes Weltall besteht. Also ist das Unbewusste der Bereich aller Ursachen, aller Möglichkeiten.

Der Begriff des evolutionären Fortschritts basiert gänzlich auf der Vorstellung, ein Ding könne ein anderes hervorbringen - also auf der Vorstellung von Ursache und Wirkung. Für das praktische Leben und für die Praxis der Wissenschaft ist ein solcher Begriff wesentlich; wenn wir aber die endgültige Wahrheit der Dinge und nicht nur ihre Erscheinung erkennen wollen, müssen wir ihn näher untersuchen. Dabei wird sich herausstellen, dass die Vorstellung von der Kausalität rein apriorisch ist, dass sie dem Rahmen des menschlichen Denkens entstammt und den Sachverhalt verfälscht. Wer sich eingehend mit den Schriften von Kant, Max Plancks und anderen befasst, sieht, dass man sich dieser Idee von einem anderen Blickwinkel aus nähern kann. Evolution als eine Theorie steht und fällt mit der Kausalität; Widerlegung der Kausalität beinhaltet auch Widerlegung der Evolution. Also dürfen wir vom Standpunkt der höchsten Wahrheit aus sagen, dass die Evolution unbewiesen ist und wir sie nicht berücksichtigen können. Der nach Wahrheit Suchende kann sich nicht mit Theorien und Phantasiegebilden beschäftigen. Er muss sich auf bewiesene Tatsachen stützen.

Dauerhaftigkeit, Ewigkeit und Jetzt

Unendliche Zeit, die Dauerhaftigkeit ist, darf nicht mit Zeitlosigkeit verwechselt werden, die Ewigkeit ist. Erstere ist nur eine Verlängerung der Vergangenheit, Gegenwart und Zukunft des Egos; zweitere ist deren Auflösung im ekstatischen, heiter lächelnden und ego-freien Sein.

Im Tiefschlaf haben wir überhaupt nicht das Gefühl, dass die Zeit existiert. Wir sind dann in der Ewigkeit! Wenn wir wirklich von der Unwirklichkeit der Zeit überzeugt sind und aus dieser Überzeugung eine gesicherte Einstellung machen, offenbart sich die Ewigkeit sogar während des Wach-Zustands. Dies ist Leben im ÜBERSELBST - was nicht dasselbe wie die Totalisierung von Vergangenheit, Gegenwart und Zukunft ist; letztere gehören alle zur Illusion. Diese Verwirklichung bringt uns vollkommenen Frieden.

85
Für einen endlichen Intellekt ist der Begriff der Ewigkeit der Zeit und der Unendlichkeit des Raumes nicht intelligibel.

86
Die Idee von der Ewigkeit, die eine Verlängerung der Zeit ist, ist nicht dasselbe wie die Idee vom Ewigen Jetzt, die eine Aufhebung der Zeit bedeutet.

87
Solange wir die Ewigkeit als eine langwierige, sich Abermillionen von Jahren dahinziehende Warteperiode auffassen, so lange können wir die wahre Bedeutung des Geistes und daher die wahre Bedeutung der Geisthaftigkeit nicht verstehen.

88
Es besteht ein Unterschied zwischen Ewigkeit und Zeitlosigkeit. Er liegt in der Art und nicht nur in der Ausdehnung. Zu viele können das nicht begreifen und verbinden das eine mit dem anderen.

89
Weder der Intellekt noch der gesunde Menschenverstand ist imstande, das mystische Erlebnis der Zeitlosigkeit zu verstehen, obwohl sich beide einen vagen Begriff von der Ewigkeit machen können, was freilich nicht dasselbe ist.

90
Das EWIGE ist das, was unwandelbar das Gleiche ist, das DAUERHAFTE indes das, was in ewigem Wandel begriffen ist.

91
Erinnerungen an vergangene Ereignisse samt Erwartung zukünftiger dehnen unsere Vorstellung von der Zeit wie ein Gummiband. Indes verleiht uns das nicht ewiges Sein; es lädt dem Denken und Fühlen nur zusätzliche Lasten auf.

92

Im Arabischen ist die Silbe „La" verneinend. Daher Allah = das, was keinen Anfang hat.

93

Eine verschwommene, dem Traum ähnliche, gestaltlose, schattenhafte und selbstlose Zukunft scheint nicht verlockend. Indes ist das WIRKLICHE nicht von dieser Art, nicht ein Teil der Vergangenheit oder Zukunft. Es ist nicht in der Zeit; es ist im GEIST.

94

Die Summierung von Vergangenheit, Gegenwart und Zukunft stellt nicht Ewigkeit dar; angehäufte Erfahrung ergibt nicht ewiges Bewusstsein, sondern schafft nur die notwendigen Voraussetzungen für seine Aufnahme.

95

Dauer, die das Vergehen der Zeit ohne Ende ist, ist nicht das Gleiche wie Zeitlosigkeit. Dennoch meinen diejenigen, die gewöhnlich vom Glauben an die Unsterblichkeit sprechen, meistens diese Art von Überleben. Sie wollen, dass das Ego endlos fortbesteht, ewig erhalten bleibt, wenn auch nur seine bessere Seite. Sie wollen, dass dieses wankelhafte Selbst sich ewig fortsetze und übergehen das wirkliche Wesen, dessen Schatten es ist.

96

Der englische Schriftsteller Graham Green berichtet, er hätte einige Male von Ereignissen geträumt, die später eingetreten seien. Was bedeutet das? Die einfachste Bedeutung muss offensichtlich darin liegen, dass Gegenwart und Zukunft bereits miteinander verknüpft sind. Die Zweite darin, dass auch Vergangenheit und Zukunft bereits miteinander verknüpft sind, da aus der Gegenwart rasch Vergangenheit wird. Die gesamte Bedeutung liegt notwendigerweise darin, dass die Zeit eine einzige ununterbrochene Linie ist. In der Metaphysik kann das ewige Dauer genannt werden, und in der Metempsychose erklärt es, warum jetzt ausgeführte Handlungen in einer späteren Geburt nachhallen. Uns Menschen zeigt der Mentalismus, dass Vergangenheit, Gegenwart und Zukunft im Geist und ihre Trennung im Bereich der Illusion liegen. Von dieser Illusion können wir nur befreit werden, indem wir das Zeitlose, das nicht mit ewiger Dauer zu verwechseln ist, erkennend erleben. Das Zeitlose transzendiert Vergangenheit, Gegenwart und Zukunft. Was wir jetzt in der Gegenwart erleben, ist abstrahiert von der Ganzheit, der Summierung der Erfahrung, aber die Abstraktion ist unwirklich. Noch einmal: Die Wirklichkeit, die wir der Gegenwart zugestehen und der Vergangenheit und Zukunft abstreitig machen, liegt in uns, im Geist; aber sie liegt auf der tiefsten Geistesschicht, und diese ist mit der Zeitlosigkeit verbunden, denn sie ist die Wirklichkeit in uns.

97

Gedanken und Zeit tauchen zusammen auf, und so werden die Menschen gefangen gehalten von der Reihenfolge, von Vergangenheit, Gegenwart und Zukunft. Aus dieser Erfahrung schließen sie, dass dies die einzige Gestalt ist, die das Bewusstsein annimmt. Indes ist eine andere Art von Erfahrung möglich. Ob durch Yoga oder philosophische Denkkraft, plötzlich bricht die Stille an, setzt die Zeit aus.

98

Jene Augenblicke, in denen ein Mensch die Bedeutung der Zeitlosigkeit erlebt, sind die kostbarsten, für die einer leben kann.

99

In der Zeitlosigkeit gibt es keine Zeit, an die man sich erinnern, keine Zukunft, die man vorhersagen könnte, noch steigt darin das Gefühl aufeinander folgender Augenblicke auf, das die Zukunft ausmacht. In der Zeitlosigkeit erleben wir nur Sein, aber in der Zeit erleben wir das, was die Metaphysiker und Buddhisten *Werden* nennen. Während unsere Erfahrung bruchstückhaft ist, ob jetzt oder in der Vergangenheit, erlangt sie im Sein Ganzheit, Totalität.

100

Ewigkeit beinhaltet, ungeteilt, Vergangenheit und Zukunft. Wie sie das vermag, ist ein geheimnisvolles Rätsel, das die menschliche Wahrnehmung und den menschlichen Verstand normalerweise übersteigt. Ohne zusätzliche Hilfe ist der Intellekt nicht imstande, es zu lösen. Potentiell gibt es aber eine zur vierten Dimension gehörende intuitive Fähigkeit, der gelingen mag, was den anderen Fähigkeiten nicht gelingt.

101

Bisher hatte man das Gefühl, in der Zeit zu leben. Dieses Gefühl kommt unmerklich oder ganz schlagartig zu Ende, und wir sehen uns in einen zeitlosen Zustand versetzt, in dem das Ticken der aufeinander folgenden Gedanken ganz aufhört. Dieser Zustand ist freilich vorübergehend, indes auch von großem Glanz.

102

Das Geheimnis des Atoms hat sich aufgelöst in das Geheimnis des Lichts, das derzeit wohl größte Geheimnis der Physik. Einstein bewies die Abhängigkeit der Zeit vom Standpunkt und von der Geschwindigkeit der Bewegung des Beobachters. Er bewies auch, welche erstaunliche Folgen es haben würde, den Beobachter in einen Lichtstrom zu stellen, in dem er, vorausgesetzt er würde sich sich mit derselben Geschwindigkeit wie Licht bewegen, nicht das Gefühl des Vergehens der Zeit haben würde. Welche Art von Gefühl würde er dann haben? Einstein konnte uns das nicht verraten, aber der Mystiker, der den Geist besiegt hat, kann es. Der Beobachter wird dann das Gefühl der Ewigkeit besitzen. Er wird in der Ewigkeit leben, im Reich Gottes.

103

Die Vernichtung der Zeit bewirkt die Auflösung der Geschichte. Wer in dieser Art von Bewusstsein auftaucht, findet zum Frieden einer Existenz, in der es keine Ereignisse gibt.

104

Solange die Geisteskraft in der Zeit wirkt, so lange muss ihr Versuch, die Grenzen zu überqueren und Fuß in der Zeitlosigkeit zu fassen, scheitern.

105

Wenn sich ein Erlebnis vom anderen unterscheidet, wenn das Bewusstsein durch eine Reihe von wechselhaften Episoden, Gedankenreihen und eine Vielfalt von Bildern fließt, ist unser Leben in der Zeit. Wenn Erfahrung aber ununterbrochen ein und dieselbe ist, wenn das Bewusstsein von keiner Vergangenheit hinter ihm und von keiner Zukunft vor ihm weiß, ist unser Leben befreit in der Ewigkeit, schwindet das Gefühl der Bewegung.

106

Unmerklich hörte alles, was in der Zeit geschehen und jeder, dem er im Raum begegnet war, alle Ereignisse und Personen, die außerhalb von ihm waren, zu existieren auf. Er sah sich an die Ufer der Ewigkeit verschlagen - ein beglückendes, erhebendes Erlebnis.

107

Einige sehen sich fasziniert von der Aussicht auf Unendlichkeit im Raum, die den Kontrast zu unserer engen, begrenzten Lage liefert, und unterliegen dem Zauber der Vorstellung von der Unendlichkeit jenseits der Zeit, der Zeitlosigkeit, die uns von der augenblicklichen und vergänglichen Existenz erlöst, die unser menschliches Los ist.

108

Die Emotionen des Egos binden uns an Erlebnisse in der Zeit. Die Stille des ÜBER-SELBST ist die Wahrheit, die uns in die Zeitlosigkeit befreit.

109

Das ÜBERSELBST ist nicht in der Zeit, hat also auch keine Geschichte. Es ist, ohne Anfang und ohne Ende. Der Intellekt, der von der Vergangenheit zur Zukunft, von einem chronologischen Ereignis zum anderen rennt, findet solche Ideen befremdlich, schwer verständlich, ja rätselhaft.

110

Handlungen, die in der Zeit ausgeführt werden, können selbst nicht das ZEITLOSE offenbaren, das sie transzendiert, das stets war und stets sein wird.

111

Die Ereignisse der Zeit sind fortlaufend, nicht aber die Erfahrung der Zeitlosigkeit. Sie ist einfach.

112

Sonne und Uhr sind dafür verantwortlich, dass die Zeit sich für uns bewegt, aber der Geist kann sie restlos zum Stillstand bringen.

113

Buddha: „Wer die Zeit besiegt, hat den größten Sieg errungen."

114

Wenn einer in der Meditation das Gefühl hat, er sei immer schon dort gesessen, bedeutet das, dass er die Ewigkeit, die Zeitlosigkeit, berührt hat.

115

Unerbittlich gefangen im zeitlosen Sein, aber erst nach der Rückkehr in die Welt, der man verloren gegangen war, darum wissend - was ist dieses Mysterium der Zeit?

116

Wenn die Zeit stillsteht, weiß man, dass man sein höheres Selbst gefunden hat, dass das gewöhnliche Alltagsselbst ein oberflächliches ist. Das andere wandelt sich nie, aber das niedrige verwandelt sich im Laufe der Jahre, ändert sich im Laufe des Tages mit jeder Stimmungslage.

117

Wir sollten weder in der Vergangenheit noch in der Gegenwart nach dem suchen, was nur im ZEITLOSEN zu finden ist.

118

Es offenbart sich die Bedeutung der Ewigkeit, wenn die Stille die Aufhebung der Zeit bewirkt.

119

Wir befinden uns stets im Zeitlosen, aber die Individualität mag ein- und ausgehen in der Zeit.

120

Das ewige JETZT darf nicht mit der zeitlichen GEGENWART verwechselt werden. In letzterer ist das „Ich" der hauptsächlich Handelnde. In ersterem wird am „Ich" gehandelt. In letzterer steht sich das „Ich" selbst im Licht und beschwert sich über die Finsternis. In ersterem geht es aus dem Wege, und es offenbart sich das, was ist.

121

Das „Jetzt" von dem, was zur Vergangenheit geworden ist, das „Jetzt" von dem, was die Zukunft sein wird, und das „Jetzt" von dem, was die Gegenwart ist, sind alle in der Zeit enthalten. Das „Jetzt" des Welt-Geistes fasst alle diese drei gleichzeitig zusammen. Aber das „Jetzt" des göttlichen GEISTES ist überhaupt nicht in der Zeit, sondern transzendiert sie.

122

Dass es eine Einsicht gibt, bei der alle Zeiten - Vergangenheit, Gegenwart und Zukunft - Seite an Seite liegen, das zwanzigste Jahrhundert v. Chr. neben dem zwanzigsten Jahrhundert n.Chr., mag dem durchschnittlichen Geist freilich unmöglich erscheinen.

123

Die vierte Dimension ist in allem enthalten, was im dreidimensionalen Raum besteht, existiert gleichzeitig aber auch in ihrer eigenen Dimension. *Jetzt* in der vierdimensionalen ist dasselbe wie *hier* in der dreidimensionalen Welt.

124

Wenn uns die Vernunft, richtig und metaphysisch gebraucht, sagt, dass die Zeit in Wirklichkeit nicht wirklich ist, so sagt uns die Erfahrung, dass der gegenwärtige Augenblick Wirklichkeit enthält.

125

Das Jetzt, das Existenz in der Zeit ist, ist nicht dasselbe, wie das JETZT, das absolutes Sein in Zeitlosigkeit ist.

126

Das „Jetzt" des Egos und das „JETZT" des Erleuchteten sind zwei verschiedene Dinge. Denn das des letzteren ist das EWIGE JETZT, während das des ersteren nur allzu rasch wieder vergeht.

127

Es gibt keinen Augenblick in der Zeit, der nicht erweitert werden und in das ewige JETZT führen könnte.

128

Die Ewigkeit liegt in jedem Augenblick verborgen; das, was historisch war und sein wird, spielt sich auf der Leinwand des JETZT ab, die unendlich zeitlos und zeitlos unendlich ist.

129

Im ewigen JETZT zu leben, bedeutet den Fallen der Zeit zu entrinnen, ob der hinter uns oder der vor uns liegenden. Es stellt die offen stehende Tür zur WIRKLICHKEIT dar.

130

Ob in einfallsreicher Wiedervergegenwärtigung der Vergangenheit oder in schöpferischer Erwartung der Zukunft, das, was beides zu transzendieren vermag - das stets friedvolle JETZT - ist unendlich viel besser.

131

In diesem Gewahrsein von dem, was IST, herrscht nicht das Gefühl, dass ein Augenblick auf den anderen folgt - nicht das Gefühl, dass Zeit verstreicht.

132

Dieses Wissen gemeistert, das Geheimnis hinter der Zeit verstanden zu haben, hebt euch hinaus über die Vergangenheit, Zukunft und flüchtige Gegenwart. Ein mildtätiger Begleiter ist bei euch, das ewig friedliche JETZT.

133

Warum scheint die aktuelle Gegenwart so viel wirklicher als die schattenhafte Vergangenheit oder ferne Zukunft, wiewohl die erstere damals nicht weniger wirklich war und die zweite nicht weniger wirklich sein wird, wenn sie einst in Erfüllung geht? Das ist deswegen so, weil das Bewusstsein, kraft dessen wir die Gegenwart kennen, in seiner endgültigen Natur in einem zeitlosen JETZT existiert.

134

Die Zeit lässt sich mit einer Uhr messen, aber das UNENDLICHE ist unermesslich und unnahbar. Das Denken kann zu immer größeren Größen vorstoßen und dennoch an die Zeit gebunden bleiben. Das EWIGE JETZT gehört, wenn es existiert, zu metaphysischen und mystischen Welten.

135

Alle Zeit ist im JETZT. Es ist der sich selbst schließende Kreis der Ewigkeit.

136

„Augenblick zu Augenblick" bedeutet einfach - das ewige JETZT.

137

Trotz ihrer sich stets wandelnden Formen ist die Gegenwart allzeit bei uns. Warum?
Weil unser allerinnerstes wirkliches Wesen - ohne diese Wandlungen - stets bei uns ist.

138

Vom höchsten Standpunkt der zur Geheimlehre gehörenden Relativitätslehre aus sind
Vergangenheit, Gegenwart und Zukunft gleichzeitig und nicht kontinuierlich, wie ge-
meinhin angenommen wird. Infolgedessen gibt es keinen festgesetzten Zeitabschnitt
zwischen zwei Ereignissen im Leben eines Menschen oder zwischen zwei Epochen im
Leben eines Planeten.

139

Der Begriff Gleichzeitigkeit übersteigt unseren Verstand, wenn wir ihn auf den die
Welt-Idee fassenden Welt-Geist anwenden. Wie könnte unsere so äußerst beschränkte
endliche Intelligenz ihm gerecht werden? Wie könnte sie alle Aspekte aller Dinge und
aller Geschehnisse gleichzeitig aufnehmen? Unter besonderen Bedingungen könnte sie
zwar über ihre derzeitigen Grenzen hinaus erweitert werden, aber deswegen wäre sie
nach wie vor nicht zu solchen übermenschlichen Kunststücken imstande.

140

Wenn die Zeit unser Bewusstsein auch an dieses kurze Leben im Körper zu binden
scheint, so stellt die herrliche Erfahrung des Ewigen Jetzt doch das beste Zeugnis für
die Existenz der Zeitlosigkeit dar.

141

Wir leben in der Zeit; aber das wirkliche Leben liegt außerhalb von ihr.

142

Es gibt die wirkliche Gegenwart, aber es gibt auch die unwirkliche. In der Vergangenheit zu leben, bedeutet zu sterben; in der Zukunft zu leben, zu träumen; aber in der
wirklichen Gegenwart zu leben, bedeutet wach zu sein - erleuchtet.

143

Die Ewigkeit ist in diesem unerschütterlichen JETZT, das ALL in diesem HIER.

144

In Wirklichkeit gibt es keinen Fortschritt von Materialität zur Spiritualität. Der Geist kann sich nicht durch die Zeit schlagen in der Hoffnung, unterwegs auf die Ewigkeit zu stoßen. Der gegenwärtige Augenblick ist auch das ewige JETZT und wandelt sich, wenn recht verstanden, niemals.

145

Ein klares Verständnis der wahren Bedeutung und des exakten inneren Sinns des gegenwärtigen Augenblicks ist dasselbe wie ein Verständnis der Ewigkeit, denn die Gegenwart zerrinnt in der Ewigkeit wie ein Regentropfen im Meer. So führt das Vergängliche nicht nur zum ewig Währenden, sondern es ist auch in der Wirklichkeit.

146

Dies ist das ZEITLOSE JETZT: Die Gleichzeitigkeit aller möglichen Augenblicke in der Vergangenheit, Gegenwart und Zukunft. Es ist reiner Geist. Es ist das wahre Selbst, das hinter dem Menschen liegt und ihn übersteigt.

147

Zeitbegriffe, ob von der Vergangenheit oder der Zukunft, scheinen vage und verschwommen, da sie zurückweichen in dieses EWIGE JETZT. Ist denn dann überhaupt kein Zeitsinn mehr übrig? In der praktischen Gefühlslage durchaus.

148

Dieses grundlegende BEWUSSTSEIN war niemals wirklich im „Zuvor" oder im „Danach". Es war auch damals, wo es jetzt ist.

149

Der gegenwärtige Augenblick birgt alle Vergangenheit, alle Zukunft in sich. Die unmittelbare Erfahrung enthält auch die höchste und letzte.

150

Die Vergangenheit kann im individuellen endlichen Bewusstsein nur als eine gegenwärtige Idee gekannt werden, aber sonst ist sie beim unendlichen Geist. Wenn wir jedoch sagen, dass alle Zeit gegenwärtige Zeit ist, dass Vergangenheit, Gegenwart und Zukunft nebeneinander existieren, so können wir das nur sagen, wenn wir den ganzen, aus Sinneserfahrungen bestehenden Zeitinhalt ausmerzen. Aber sobald wir dazu imstande sind, ändert sich die ganze Bedeutung zeitlicher Existenz vollkommen, und es können weder vergangene noch zukünftige Ereignisse auf irgendeine Art sichtbar werden. Denn in der neuen Zeitform stirbt und verschwindet alles Individuelle und Endliche.

Leben mit der Zeit

151

Ihr könnt die Suche beginnen, indem ihr versucht, eure Idee von der Zeit loszuwerden. Dies wird euer Ehrendiplom, eure Zulassungsbestätigung sein, wenn es euch gelingt, aus der Illusion der Zeit die Wirklichkeit zu machen, die hinter ihr verborgen liegt, das, was allzeit gegenwärtig ist.

152

Unentwirrbar ist die Zeit in alle unsere Denkvorgänge verstrickt, und ihrer Vorherrschaft zu entrinnen vermag man nur, indem man der Knechtschaft des Denkens entrinnt.

153

Die Metaphysik sagt dir, du kannst dir beliebig Zeit lassen. Aber das Elend treibt dich dazu, etwas zu unternehmen, das deine Lage erträglicher macht, und zwar rasch. Wie paradox!

154

Wir mögen bloß in der Reihenfolge von Ereignissen leben und so Opfer der Zeit bleiben oder wir mögen unser Bewusstsein, obwohl wir die Ereignisse weiterhin zur Kenntnis nehmen, auf eine Ebene heben, die so hoch über einer solchen Verstrickung liegt, dass wir lediglich deren Zuschauer werden.

155

Gelänge es uns, der Zukunft mit jener größeren Ruhe entgegenzusehen, mit der wir die Vergangenheit jetzt in Augenschein nehmen, wären wir eher imstande, Fehler zu vermeiden.

156

Durch die Wissenschaft hat der zeitliche Maßstab, der die menschliche Ansicht vom Leben der Rasse und des Planeten bestimmt, eine unermessliche Ausdehnung erfahren. Die wenigen tausend Jahre biblischer Sichtweise sind zu den Millionen von Jahren angeschwollen, die die Wissenschaft den vergangenen und zukünftigen Zeitaltern des Menschen und seiner Heimat beimisst. Die empfundene Dringlichkeit wird allmählich verblassen, wenn der tiefere Sinn dieser Sicht sich im gebildeten Denken niederschlagen wird.

157

Wir sind allem Anschein nach nicht imstande, die Tatsache zu bestreiten, dass die Zeit unaufhaltsam fortschreitet - da können wir tun, was wir wollen. Infolgedessen ist das normale Fassungsvermögen des menschlichen Geistes nicht in der Lage, den Begriff einer statischen Zeit, einer Existenzdimension anzunehmen, bei der keine Stunden und Jahre vergehen. So etwas ist ebenso unvorstellbar wie unverständlich. Indes ist die überraschende Dehnbarkeit und Anpassungsfähigkeit des Geistes so groß, dass wir, wenn wir das ganze Zeitproblem nur oft genug überdenken und uns mit den Beweisen für diesen Begriff vertraut machen, schließlich seltsame, plötzliche Eingebungen zu erleben beginnen.

158

Was jedes menschliche Wesen persönlich in Erfahrung bringen mag, ist der „Stoff", aus dem Vergangenheit und Zukunft gemacht sind, der Geist-Kern, aus dem deren aneinander gereihten Denk-Strukturen entstanden sind; es mag das EINE kennen, selbst wenn es die Vielen nicht kennen kann.

159

Beginnen wir die wahre Natur der Zeit erst einmal zu verstehen, so ändern wir gezwungenermaßen unsere Einstellung dazu. Wir lernen, niemals in Eile zu sein, ohne Hast zu arbeiten und langsam, aber sicher, zu bauen wie die Korallen.

Euer Werk besteht darin, still zu halten, wenn auch die Zeit vorbeijagt; je größer ihre Eile, umso unanfechtbarer sollt ihr außerhalb der dahinbrausenden Strömung bleiben, unerschütterlich im Zeitlosen ruhend.

Es scheint, als ob die Zeit verebbe; man ruht im ewigen JETZT, alle Hast geschwunden, alle vordringlichen Zwänge gestillt. Man weiß, es gibt genug Zeit, um alles zu tun, was getan werden muss, gleichgültig wie langsam man sich in ihr und durch sie bewegt.

Unsere beste Zeit erleben wir, wenn wir das Vergehen der Zeit vergessen. Hierin liegt für diejenigen, die sich dessen bewusst werden können, ein Schlüssel zum Wesen wirklichen Glücks.

Diese Gleichgültigkeit gegenüber den Ereignissen der Zeit wird an eurer Sucht nach Betätigung nagen wie der Ganges an den Mauern der herrschaftlichen Häuser, die in Benares aus den Flussufern ragen. Talbot Mundi, der Verfasser des OM, jenes Romans über buddhistische Mystik, schrieb: „Das Bewusstsein der WEISHEIT ist still, Eile ist ihm fremd."

In der Erkenntnis, dass die Zeit unwirklich ist, liegt eine wahrlich unerschütterliche Würde. Es ist so, als ob eine Myriade von Welten vorüberzöge, eine Million Jahre gelebt würde.

Der Mensch, der vor vierzig Jahren lebte, ist jetzt ein Fremder für mich. Was bleibt mir übrig, als eine Anzahl seiner ehemaligen Handlungen zu missbilligen? Sie sind in der Tat unglaublich. Dennoch war er damals auch ich.

Wo steckt der Mensch, den Vergangenheit, Gegenwart und Zukunft nicht wirklich beeinflussen? Es ist leicht, diesen Anspruch schriftlich oder mündlich zu erheben, aber selbst dann muss die Auswirkung der Massengeschichte (zum Beispiel ein Weltkrieg) sogar das persönliche Leben jener vermeintlich „spirituell selbstverwirklichten Seelen" gestalten.

167

Wie unendlich klein die Zeitspanne eines Menschenlebens sich doch auf dem Hintergrund der ZEIT selbst ausnimmt!

168

Man reagiert auf die Erinnerungen an eine ferne, unerfreuliche oder erfreuliche Vergangenheit, als stammten sie von irgendeinem Fremden.

169

Wenn der Mensch innerlich bereits GOTT gleicht, reiner Geist ist, so kann ihn nur die durch Erfahrung gewonnene Entwicklung und Evolution - als die Zeit - dazu bringen, dass er diese Tatsache bewusst erkennt.

170

Jedes vergangene Erlebnis geschah einst in der Gegenwart. Als es geschah, geschah es JETZT. Das Gleiche wird auch genau auf jedes zukünftige zutreffen. Dies scheint einfach und wahr, dennoch handelt es sich dabei um das Ergebnis einer Analyse der menschlichen Lage, die tiefer schürft als die meisten. Wenn Vergangenheit und Zukunft sich aber nicht von der Gegenwart unterscheiden, befinden wir uns stets im JETZT. Eben dies ist mit zeitloser Existenz, mit dem unwirklichen Wesen der Zeit gemeint.

171

Unsere angeborene Trägheit bewirkt, dass wir auf unseren gewohnheitsmäßigen Anschauungen bestehen und die Opfer unserer vergangenen Erfahrung bleiben. Täglich kopieren wir wieder, was wir vormals getan, was wir vormals gedacht und gefühlt haben. Wir leben in den bewussten und unterbewussten Erinnerungen, Begierden und Ängsten, die die Zeit für uns angehäuft und das Ego geschaffen hat, um uns an sich zu binden. Wir sind von Zwängen, festgefahrenen Ideen und Neurosen beherrscht - einige davon sind uns nicht einmal bekannt - die uns lähmen und jede wirkliche Fortentwicklung verhindern. Selten beginnen wir den Tag mit der Absicht, wirklich neue Erfahrungen zu machen, wirklich neue Gedanken zu denken oder wirklich andere Haltungen einzunehmen. Wir sind Gefangene der Zeit, und das, weil wir dem Ego so nachhaltig verhaftet sind. Der Zwang, der uns dazu veranlasst, den toten Ideen, Gepflogenheiten und Begriffen von gestern zu entsprechen, ist ein unwirklicher, illusorischer. Da wir der Vergangenheit zum Opfer fallen, weil wir die Vergangenheit die Gegenwart schlucken lassen, gehen wir der ungeheuren Bedeutung und Gelegenheit verlustig, die die Gegenwart enthält. Während das ÜBERSELBST aus dem intuitiven Verständnis des morgigen Tages spricht, spricht das Ego durch die Erinnerung zu uns. Seine Vergangenheit versklavt uns, verhindert, dass eine neue und höhere Sichtweise des Lebens geboren wird.

Es ist indes möglich, sich aufzuraffen und das Leben allmählich mit ganz neuen Augen zu sehen, so wie es in der Ewigen Gegenwart, im JETZT, sich entfaltet. Jeder Morgen gleicht einer neuen Wiedergeburt in dieser Welt, stellt eine neue Chance dar, man selbst zu sein und nicht lediglich die Echos seiner vergangenen ideologisch festgefahrenen Auffassungen. Nehmen wir ihn doch als das an, was er ist, leben wir doch jeden Augenblick neu.

Wenn ein Meister der Mystik, wie Jesu von Nazareth, die Menschen auffordert, sich nicht um den morgigen Tag zu sorgen, so spricht er aus dem Bewusstsein, in diesem EWIGEN JETZT zu leben. Er sprach nicht von Zeiträumen, die zwölf oder vierundzwanzig Stunden beinhalten, sondern von Nadelpunkten eines Augenblicks. Er forderte die Menschen auf, zeitlos zu leben, die tote Vergangenheit sich selbst begraben zu lassen. Wer rein und ganz in der Gegenwart lebt, wer frei ist, nicht beherrscht und bedingt durch das, was er gestern war, glaubte oder begehrte, ist in der Tat ein Christus, ein Mensch, der ein Christus-Selbst hat.

172

In der Nacht, da Gautama erleuchtet und ihm das DHARMA offenbart wurde, entdeckte er, dass das Dasein von Augenblick zu Augenblick und nicht kontinuierlich ist. Die hinduistischen Weisen bestreiten dies und behaupten, dass es kontinuierlich im SELBST ist. Leider haben sie beide Recht. Denn was geschieht in jeder Pause zwischen zwei Augenblicken? Wir leben dann allein und ausschließlich im SELBST, im ABSO-LUTEN, erlöst von RELATIVITÄT und ENDLICHKEIT.

Ein Spielfilm besteht aus vielen „Standbildern". Dem bewussten Geist wird der Bruch zwischen jedem Bildpaar nicht mitgeteilt, weil die Bewegung schneller ist als die Aufmerksamkeit. Der Symbolismus ist interessant: Siehe "Die Weisheit des Überselbst",

14. Kapitel, siebte Meditation, die eine ausführlichere Erklärung enthält. Alle, die diese Übung versuchen, sollten bei ihr die Augen leicht offen lassen.

Warum hat Buddha seine Verkündigung nicht beendet und nicht die ganze Wahrheit preisgegeben? Aus dem selben Grunde, aus dem er über einige andere Punkte Stillschweigen wahrte, die Menschen stören könnten, deren Abhängigkeit von der Religion - von ihren Vertretern und Ritualen, ihren Bräuchen und Dogmen und insbesondere von ihrer Vergangenheit - geradezu an Versklavung grenzt. Er verglich das menschliche Dilemma mit einem Menschen, der sich in einem brennenden Haus befindet, und machte darauf aufmerksam, dass es dringend notwendig war, es jetzt zu verlassen und so gerettet zu werden. Hier ist ein Schlüsselwort: Die GEGENWART, wenn richtig gehandhabt, vermag Denken und Fühlen des Übenden zu öffnen. Dann mag ihn die Zeitlosigkeit selbst aus der Zeit heben, (er, das persönliche Selbst, ist nicht dazu imstande) aus dem Jetzt in das EWIGE JETZT. Wenn dieser Weg nicht leicht zum Erfolg führt, so gibt es immer noch den langwierigen Umweg anderer Pfade, die die Menschen finden.

173

Wir sind Opfer von zweierlei, vom Begriff und vom Gefühl der „Zeit". Sie ketten uns an eine Grenze, die nur eine Seite der Existenz darstellt: Es gibt noch eine andere, in deren Bereich wir unsere Freiheit in Anspruch nehmen könnten. Dies würde indes ein Konzentrationsvermögen erfordern, das sich einen Weg durch die hypnotischen hinderlichen Einflüsterungen bahnt und in das wirkliche JETZT eindringt. Letzteres ist nicht so sehr eine neue Dimension, sondern vielmehr ein über allen Dimensionen Stehendes. Auch geht es nicht so sehr um die Einstellung der Zeit, sondern um die Entdeckung der Quelle, aus der die Zeit selbst - in ihrer Zerstückelung und Messbarkeit - projiziert ist. Diese Quelle ist unendliches Sein: Es ist nicht messbar.

174

Nicht nur werden alle Menschen im Laufe der Zeit und nach zahllosen Wiederverkörperungen errettet werden, sondern im zeitlosen JETZT sind sie bereits gerettet.

175

Das Zauberwort, das diese Kraft verleiht, heißt JETZT. Seine Verwirklichung bedeutet, dass das Ewige nicht nur über Vergangenheit und Zukunft siegt, sondern auch über die Gegenwart mit ihren Missständen. Wo es verkündet wird, ist das Leben nicht mehr nur ein bloßes Echo des vorher Geschehenen, mit seinen entsetzlichen, überall zu sehenden Folgen, sondern eine Manifestation von etwas gänzlich Neuem, etwas Schöpferischem; denn der heilige Geist ist schöpferisch.

176
Indem ihr das der Zeit bewusste Element der Aufmerksamkeit in euch verdrängt, mögt ihr deren zeitloses Element zur Entfaltung bringen.

177
Jene Augenblicke, in denen euer Denken und Fühlen auf der höchsten Ebene wirkt und euer Charakter am besten ist, reißen euch aus eurer Bindung an die begrenzte persönliche Identität, so dass ihr nicht mehr auf deren schmalen Bereich beschränkt seid. Diese, für den Verfolg eures individuellen Lebens zwar durchaus notwendige Beschränkung wird so exzessiv und ausschließlich, dass sie die so genannte materielle Welt abschirmt, bis sie die einzige und wirkliche Welt zu sein scheint. Sie kettet euch auch an die zerrinnende Zeit, an die vergängliche Gegenwart und hält die Ewige Gegenwart vor euch verborgen.

178
Das JETZT gehört uns auf alle Zeit, ist auf alle Zeit bei uns, indes muss es erkannt, verstanden und akzeptiert werden als die Wirklichkeit, die es ist, und nicht als die gegenwärtige Zeit, die es nicht ist.

179
Wie vieles, das vor vielleicht fünfundvierzig Jahren so wichtig und aufregend schien, scheint jetzt in der Rückschau geradezu trivial, fade und gewöhnlich! Für diesen Gesinnungswandel sind - so heißt es - Zeit und Umstände verantwortlich, aber warum und wie? Antwort: Weil wir wirklich im unwandelbaren JETZT leben - ob als spirituell unwissende Weltlinge und daher nur an der Oberfläche des Selbst, der Dinge und Geschehnisse, oder als spirituell aufgeklärte Weise in deren innerstem Wesen.

180
Frei zu sein bedeutet, ein Leben zu führen, das - soweit dies möglich ist - nicht durch die Vergangenheit bedingt und nicht von deren Erinnerungen belastet ist. Es bedeutet auch, die Zukunft von sich zu weisen, ohne ihre Erwartungen, ihre Hoffnungen und

Ängste zu sein. Indes ist all dies nur möglich, wenn man in der zeitlosen GEGEN-WART lebt oder in dem, was Krishnamurti „von Augenblick zu Augenblick" und Meister Eckhart „das ewige JETZT" nennt.

181

Im gegenwärtigen Augenblick zu leben, bedeutet, dass ihr ein Leben führt, das auf Wahrheit gründet und Grundsätzen folgt, die ihr flexibel (und nicht mit dogmatischer Unbeugsamkeit) anwendet, in der speziellen Weise, die die unmittelbare Lage, in der ihr euch gerade befindet, erfordert. Eine solche Lebensweise bindet euch nicht, ist nicht der Tyrannei aufgezwungener Vorschriften ausgeliefert, die in einem besonderen Fall vielleicht völlig fehl am Platz sind.

182

Der erleuchtete Geist muss im ewigen JETZT leben, was nicht das Gleiche ist wie die vergängliche GEGENWART. Weil Vorkommnisse es nicht erreichen können, ist das JETZT von FRIEDEN durchdrungen. Weil sie allzeit an der Oberfläche der Vorkommnisse dahintreibt, ist die im Wandel begriffene GEGENWART aufgewühlt. Jeder von uns kann lernen, in unmittelbarer Nähe jenes glückseligen Friedens zu leben, wenn er sich nur darauf vorbereitet, indem er die Gedanken, die er allaugenblicklich fasst, (stoisch) schult. Er allein trägt die Verantwortung für sie, er allein muss die Kühnheit aufbringen, jeden von sich zu weisen, der ihn auf das Format des kleinen, zeitgebundenen, allzeit begierigen Egos festlegen wollte.

183

Der Raum, in dem der Denkvorgang stattfindet, ist die Zeit. Ohne die Dimension der Zeit könnte er nicht existieren. Falls das Denken jemals transzendiert wird, wird es zusammen mit der Zeit transzendiert. Eine derartige Leistung wirft den Geist in die reine Gegenwart, das ewige Jetzt, in „die Gegenwart GOTTES" aller Mystiker.

184

Wo wir, wie einige von uns, in tiefen Betrachtungen über die Schönheit der Natur um uns versinken, ist es möglich, in eine Stille hinüberzugleiten, in der wir erkennen, dass es niemals eine Vergangenheit, sondern stets nur ein JETZT gegeben hat - das ewig gegenwärtige, zeitlose BEWUSSTSEIN - ganz Friede, ganz Harmonie; dass es keine Vergangenheit gibt - nur das Ewige. Wo sind nun die Schatten des negativen Pols? Sie existieren nicht! Dies vermag zu geschehen, wenn wir das Selbst mit seinem engen Gesichtspunkt vergessen und uns dem Nichtpersönlichen überantworten. Bei diesem kurzen Erlebnis gibt es keinerlei Konflikt, der uns bekümmern könnte.

185

Wenn euer Bewusstsein schließlich gereift ist, entrinnt es dem Gefängnis, das die Zeit ist. Jetzt vermag euch die Vergangenheit nicht dort festzuhalten. Die Zukunft kann nur diese neue Zeitlosigkeit sein, so dass ihr „euch nicht sorgt über den morgigen Tag".

186

Die Art von ewigem Leben, nach dem die Philosophie trachtet, beinhaltet eher einen qualitativen als einen dimensionalen Wandel. Sie trachtet eher nach einem besseren Leben als nach einem längeren. Sie bekommt übrigens beides.

187

An die Vergangenheit zu denken, und besonders, ihr verhaftet zu sein, unterstützt das Ego, erhält es aufrecht und bewahrt es. Der Suchende muss sich von seinen Erinnerungen losmachen, denn dieses gegenwärtige Leben ist schließlich nur eines von einer Reihe, die eigentlich nur ein Traum ist.

188

Erinnerungen ketten einen Menschen an die alten Lebensweisen, auch wenn sich erwiesen hat, dass sie töricht und wertlos sind. Wir können ihnen nicht entrinnen, außer wir verbrennen die destruktiven, beschränkenden, nutzlosen und hinderlichen auf dem Scheiterhaufen und sind ein für alle Mal damit fertig.

189

Einstellungen und Gepflogenheiten, die wir in früheren Jahren entwickelt oder von der Gesellschaft übernomen haben, gehören zur Vergangenheit und stellen oft ein Hindernis für dieses Leben im JETZT dar. Sich nötigenfalls auf einen Schlag von ihnen zu trennen, ohne ihre zu anderen Zeiten eingestandene Nützlichkeit zu zerstören, ist eine Kunst, die gelernt sein will.

190

Ein dummer, indes schwerwiegender Fehler, den alle, sowohl Anfänger als auch mäßig Fortgeschrittene und Könner begehen, besteht in der Erklärung, sie bräuchten sich, da sie ja im ewigen „Jetzt" lebten, keine Gedanken um die Zukunft zu machen. Sie leben nur von einem Tag auf den anderen und wollen es auch. Infolgedessen schlagen sie alle Klugheit in den Wind und werfen alle Vorsorge vor die Hunde. Ein solches Verhalten führt leicht zu Schwierigkeiten, wenn nicht gar zu Unglück, wiewohl es stimmt, dass es sie, wenn sie das Ego bis zu einem gewissen Grad wirklich aufgegeben haben, nicht mit der vollen Wucht trifft. Die Milderung hängt von diesem Grad ab und entspricht ihm auf eine gewisse Weise. In diesem Fall mag das ÜBERSELBST tun, was sie nicht für sich selbst tun wollen. Wo die Überantwortung des Egos aber nur eine verbale oder eingebildete darstellt, müssen sie die Konsequenzen ihrer Unfähigkeit hinnehmen.

191

Erinnerungen an die gewünschte oder gefürchtete Vergangenheit ziehen die Schlinge des Egos noch fester. Dasselbe bewirkt das Vorwegnehmen einer gewünschten oder gefürchteten Zukunft. Aber indem man beides fahren lässt und im ewigen JETZT lebt, schwächt man das Ego.

192

Er lässt sich von dem von ewiger Bewegung geprägten Wesen der Zeit nicht so sehr unterdrücken, dass er den ewig-gegenwärtigen Hintergrund der Zeitlosigkeit vergisst.

193

Wer der Tyrannei der Zeit entrinnt, richtet den Blick nicht mehr freudig auf die Zukunft oder rückblickend auf die Vergangenheit. Er lebt von Tag zu Tag, von Augenblick zu Augenblick, denn er besitzt eine göttliche Sorg-losigkeit.

194

Wenn wir nur diesen Standpunkt des Ewigen Jetzt beziehen und uns ihm verschreiben wollten, wie viele Angelegenheiten, die uns Sorgen bereiten, kränken und deprimieren, würden uns dann nicht mehr quälen! Wie trivial und vergänglich sie scheinen würden!

195

Um dich von den Fesseln der Zeit zu befreien, musst du dich frei machen von den Ansprüchen, Anforderungen, Beziehungen und Kränkungen der Vergangenheit. Du brauchst dich freilich nur innerlich und mental davon zu lösen. Du musst dem Beginn jedes einzelnen Tages wie einem neuen Beginn begegnen, darfst deine Denkweise, deinen Glauben oder deine Imagination nicht wieder dem Einfluss des Vertrauten, Routinemäßigen aussetzen, des zur Gepflogenheit Gewordenen und dir von der Umwelt aufgezwungenen.

196

Man kann diesem Leben, das für die meisten ein beunruhigendes Schweben zwischen Hoffnungen und Ängsten ist, auf eine andere, zufriedenstellendere Art und Weise gegenübertreten; durch ein Umschalten auf den hinter dem gegenwärtigen Augenblick ewig-seienden GEIST.

197

Diese ganze Erinnerung gehört einer längst vergangenen Zeit an; sie diente dazu, die Gegenwart zu formen. Jetzt gilt es, weiter zu reisen, nach neuen Entwicklungen zu suchen, Herz und Verstand von Eigenschaften zu befreien, die nicht mehr hilfreich sind, und das zu schaffen und zu erfinden, was jetzt vonnöten ist.

198

Man beginnt so zu leben, als hätte man genug Zeit, um alles zu tun; insbesondere ist man nicht zu beschäftigt, um sich um spirituelle Dinge zu kümmern.

199

Woran wir uns erinnern und was wir von der Zukunft erwarten, existiert nicht. Aber das, was wir jetzt erleben, existiert. Es sticht als etwas Einzigartiges in dieser ganzen Reihe von Ereignissen in der Zeit heraus. Damit können wir uns befassen und dadurch mögen wir die Zukunft beeinflussen.

200

Mit dem Gefühl, sich jetzt in einer Dimension außerhalb der Zeit zu befinden, stellt sich auch das Gefühl, wirklich am Leben zu sein, ein. Die Vergangenheit verblasst und braut sich nicht mehr über einem zusammen. Um die Geburt dieses neuen

Gewahrseins zu unterstützen, riet Jesu: „Lass die Toten ihre Toten begraben." (Lukas 9:60).

201

Zu manchen Augenblicken unterbricht er seinen Spaziergang, wird er still und lässt die Zeit ausufern in der Leere.

202

Wir können die Welt nicht aufgeben, geschweige denn das Ego, außer wir geben auch unsere vergangenen Erinnerungen auf, aus denen sie gebaut ist. Sie müssen weichen, wobei es der toten, zu klein gewordenen Persönlichkeit überlassen ist, die toten Bilder vergangener Erlebnisse zu begraben. Dadurch erheben wir Anspruch auf unsere Freiheit, auf die Möglichkeit, ein neues, vielleicht besseres Leben zu führen, sogar auf die Möglichkeit, offen zu sein für die Gnade, wiedergeboren zu werden.

203

Die Idee vom ewig währenden JETZT ist faszinierend, indes handelt es sich dabei um mehr als nur eine Idee, sie ist auch eine WIRKLICHKEIT. Wer weiter, mit intensiver Konzentration darüber nachdenkt und sich ernsthaft in sie vertieft, entdeckt ihre WIRK-LICHKEIT, denn er wird das Trugbild vertreiben, mit der die Zeit den Geist umgarnt.

204

Eine kurze Untersuchung zeigt, dass wir nie eine Vergangenheit oder Zukunft erfahren, weil wir ununterbrochen in einem Jetzt leben. Mehr erfahren wir nicht, ob wir nun den Jahren nach ein Kind oder eine ältere Person sind. Dieses Jetzt ist wirklich nicht in der Zeit und sicherlich nicht in der Vergangenheit, denn sobald wir die Vergangenheit einzufangen versuchen, ist sie nicht mehr da, gibt es nur das Jetzt. Das Gleiche gilt auch von der Zukunft. In diesem Sinne ist Existenz in der Zeit unwirklich. In der höheren mystischen Erfahrung herrscht vollkommene Stille und finden keine Denkvorgänge statt, verschwindet das Zeitgefühl und tauchen wir in einen reinen, zeitlosen Zustand ein. Dieser stellt eine echte Voraussetzung zum Glück dar, denn in ihm erleben wir einen unbeschreiblichen inwendigen Frieden, der die einzige Art von Glück ist, das wir auf dieser Erde zu erleben hoffen können.

Im ewigen JETZT zu leben, bedeutet nicht, ein ganzes Leben auf einmal zu leben; dazu wäre das endliche menschliche Geschöpf nicht imstande.

206

Ein Mensch muss sich entscheiden: Will er im unbeständigen Augenblick oder im beständigen Ewigen leben? Darauf zu warten, - voller Freude oder Angst - was ihm die kommenden Jahre wohl bringen mögen, bedeutet, im Gefängnis der Zeit zu sitzen. Um aber an dem Ort zu bleiben, an dem die Zeit aussetzt, darf er den stillen, heiteren Geist nichts trüben lassen. Er sollte diese Losgelöstheit nicht nur auf Objekte, sondern auch auf Gedanken, nicht nur auf das, was er jetzt besitzt, sondern auch auf vergangene Erinnerungen anwenden.

207

Nun besagt dies keinesfalls, dass wir unzugänglich für alles Bessere sind, das uns die Erfahrung gelehrt hat, es besagt vielmehr, nur solche Besserungen anzunehmen, die uns die Wahrheit akzeptieren heißt.

208

Diese Seite ist geschlossen; je mehr ihr zu ihr zurückzukehren versucht, umso mehr leidet ihr. Ihr könnt nicht wieder an den alten Fäden anknüpfen. Lasst sie fahren. Übernehmt Verantwortung für die Gegenwart, seid willens, das Neue ins Auge zu fassen, willens, es zu suchen.

209

Erinnerung an die Vergangenheit tut eurer Gesinnung Abbruch, Vorwegnahme der Zukunft verzerrt sie. Es ist euch unmöglich, die eigenen Probleme wirklich geradlinig denkend anzupacken.

210

So sehr sind wir in die Vergangenheit, ihre obsessiven Erinnerungen, Tendenzen und Zwänge verstrickt, dass wir dazu neigen, ihre Irrtümer und dummen Handlungen zu wiederholen und fortzusetzen.

211

Die Gegenwart steht niemals still, sie zieht stets fort. Dies ist ein Grund, warum uns geboten wird, „still zu sein", wenn wir wissen wollen, dass wir an der Wurzel wie GOTT sind. In der tiefen Stille des Geistes leben wir weder in vergangenen Erinnerungen noch in zukünftigen Ängsten und Hoffnungen, auch nicht in der rastlosen Gegenwart, sondern nur in einer Leere, die das ewig währende JETZT ist. Nur hier vermögen wir in ununterbrochenem Frieden zu verweilen, in einem Frieden, für den wir dadurch bezahlt haben, dass wir keine Erwartungen haben, nichts begehren und an nichts gebunden sind, sondern über den Unruhen oder Schwankungen des Alltags stehen.

212

Müssen wir die Zeit und Geschichte wohl verwerfen, um im ewigen JETZT zu leben? Müssen wir denn, um das Überselbst-Bewusstsein zu erlangen, so tun, als ob dieses menschliche Drama nicht vom „Ich" in Szene gesetzt wird?

213

Er kalkuliert die Jahre nicht ein, weist das Gefühl jedweden Drucks, der von vorrükkenden Uhrzeigern ausgeht, von sich; die Zeit steht still. Dies ist Friede, Losgelöstheit, nennt es, wie ihr wollt.

214

Jeder ist ein Opfer der eigenen Vergangenheit, bis diese Erkenntnis sich seiner bemächtigt - dass er auf seiner besten Ebene auf eine zeitlose Art göttlich ist, dass er dort über diese Vergangenheit hinausragen und sich von ihr befreien kann.

215

Eure Vergangenheit fahren zu lassen, bedeutet, Erinnerungen fahren zu lassen, samt der ganzen vielfältigen Identitäten, die ihr angenommen habt.

216

Wir müssen jetzt, im gegenwärtigen Augenblick, nach der Ewigkeit suchen und nicht in irgendeinem fern gelegenen Leben nach dem Tode. Wir müssen hier, an diesem Ort, nach der Unendlichkeit trachten, und nicht in einer übernatürlichen Welt jenseits des physischen Körpers.

217

Ein solcher lebt, wie ich einst schrieb, auf der Nadelspitze eines Augenblicks. Er hat keine klare Vorstellung, was sein nächster Schritt sein wird und noch weniger, welche wahrscheinliche Stellung er allgemein in der Zukunft beziehen wird.

218

Wir müssen uns weigern, uns an die Vergangenheit oder die Zukunft zu binden, indem wir uns weigern, unsere Gedankengänge an sie zu binden. Das heißt, wir müssen lernen, sie in der zeitlosen LEERE zur Ruhe kommen zu lassen.

5

Die Leere als metaphysische Tatsache

1

Selbst in der zeitlich bemessenen Welt könnte, was hier tausend Jahre dauert, in einem anderen Bereich des Universums ein einziges Jahr sein. Die Zeit selbst wäre für einen durch sie Reisenden ein relatives, wandelbares Maß. Mit dem Raum verhält es sich ebenso. Was ist nun mit diesem Vakuum, das die Zeitlosigkeit ist? Es ist die LEERE.

2

Loslösung von der Welt lernt man am Anfang des Pfades. Erst am Ende lernt man, dass die Welt nicht einmal vorhanden ist.

3

Was ich zu sagen versuche, ist, dass diese unbeschreibliche LEERE, aus der die Universen in Erscheinung treten, dieses gänzliche NICHTS zwischen und hinter ihnen, diese unbekannte MACHT zwischen und hinter den Atomen selbst, GOTT ist.

4

Wie schwer es dem unvorbereiteten Durchschnittsmenschen doch fällt zu verstehen, dass die Welt der Objekte und Personen, Dinge und Planeten unwirklich, die Welt der LEERE aber wirklich ist!

5

Die unergründliche LEERE ist für den, der sie nie erlebt oder widrigenfalls nie richtig verstanden hat, allem Anschein nach wie Nichtsein. Dennoch handelt es sich dabei um den schlechthin wichtigsten Begriff aller orientalischen Weisheit, den letztmöglichen aller okzidentalen Theologie und Metaphysik.

6

Jede erdenkliche Form tritt aus dieser scheinbaren LEERE in Zeit und Raum.

7

Die LEERE ist der GEIST im Zustand der Ruhe, und die Erscheinungswelt ist dessen Tätigsein. Auf einer gewissen Stufe ihrer Studien müssen Suchende und Schüler zwischen diesen beiden unterscheiden, um Fortschritte zu machen; aber weitere Fortschritte werden sie zu dem Verständnis bringen, dass zwischen den zwei Zuständen kein wesentlicher Unterschied besteht und der GEIST in beiden derselbe ist.

8

Was wir „die Leere" genannt haben, ist das Gleiche, was die deutschen Mystiker Tauler und Böhme "Abgrund" oder "Ungrund" nannten. Dabei handelt es sich um die Ewige Stille hinter allen Tätigkeiten und Evolutionen, um die MUTTER alles Existierenden.

9

Dies ist das große Wunder unserer Existenz, dass sie aus der LEERE hervorgeht, dass sie aus NICHTS Bewusstsein, Kraft und Leben empfängt.

10

Alle Phänomene sind letztendlich leer und relativ. Dies stellt einen Großteil der Bedeutung der LEERE dar.

11

Wissenschaftlich exakt ausgedrückt, liegt die LEERE jenseits des Erklärbaren, da sie nicht wirklich eine LEERE ist. Sie ist ein beständiges Paradox.

12

Die universelle Existenz ist ein sich ewig entwickelnder Prozess, eine Tätigkeit und nicht ein Ding. Noch kommt dieser Prozess irgendwo zur Ruhe, es hat lediglich den Anschein. Von dieser Vibration ist nur DAS ausgenommen, aus dem und in dem er entsteht, weil es die formlose, nicht fassbare und unvorstellbare Leere ist.

13

In IHM gibt es keine Relativitäten, keine zeitlich bemessenen Vorfälle, keine Orte, keine Kreaturen - nichts, was endliche Sinneswahrnehmungen jemals erkennen könnten.

14

Diese nicht denkbare LEERE ist für jene, die eine wollen, die Erste Ursache aller Existenz.

15

Unsere Gedanken fließen hinaus und gehen in einer scheinbaren Leere auf. Kann es sein, dass diese Leere wirklich ein Nichts, wirklich weniger existent ist als die Gedanken, die sie aufnimmt? Nein, die Leere ist und kann nichts anderes sein als der GEIST selbst. Die Gedanken verschmilzen inwendig in ihrem geheimnisvollen Wesenskern - dem GEDANKEN schlechthin.

16

Auf der einen Seite ist die Leere der LEERE, auf der anderen die Fülle des Kosmos, der entsteht, um sie zu bewohnen.

17

In der LEERE liegt das WIRKLICHE verborgen, alle Zeit ist dort aufgerollt. Die ganze Welt und der Raum, der sie enthält, löst sich dort auf, jedes Ding und jedes Lebewesen taucht dort auf und verschwindet dort. DAS allein ist das ewig WIRKLICHE, das ewig SEIENDE. Dies ist es, was der Mensch als sein eigenes verborgenes Wesen betrachten lernen muss, es ist ein Prozess des Wieder-Erkennens.

18

Die LEERE ist aller Materie, aller materiellen Universen bar - aber sie nicht ohne WIRK-LICHKEIT. Sie ist in der Tat der geheimnisvolle Träger aller materiellen Universen.

19

In der Leere gibt es nicht ein einzelnes Ding oder eine einzelne Kreatur. Sie ist reines Bewusstsein ohne Persönlichkeit.

20

Die Atomphysik zeigt, dass sich die Welt aus einem geheimnisvollen Nicht-Ding ableitet.

21

Das, was die LEERE genannt wird, ist nicht die totale Auslöschung aller Dinge, sondern das totale Fehlen der Materie, aus der sie angeblich bestehen.

22

Die LEERE heißt nur deshalb so, weil sie leer ist von allen Formen, allen gestalteten oder ein Muster aufweisenden Dingen, allen nach irgendeinem Bild gezeichneten Kreaturen. Sie stellt deren Auslöschung dar, auf die indes zu einem späteren Zeitpunkt nur wieder deren Selbst-Entfaltung folgt.

23

Dabei handelt es sich keinesfalls um die Auslöschung, sondern vielmehr um die Fülle des Seins.

24

Ihr mögt euch von jedem Denkgegenstand und allem Anschein nach auch von jedem Gedanken selbst befreien, bis nur noch eine Leere ist. Aber selbst dann werdet ihr die Leere noch denken, also einen „Gedanken" fassen. Dieser wird freilich nicht die wahre Leere sein. Es ist vonnöten, das denkende „Ich" selbst zu beseitigen. Erst danach wird alle Tätigkeit wirklich aufhören und die Stille des EWIGEN wirklich erkannt werden. Dies lässt sich nur durch eine gewisse Art von mystischer Übung verwirklichen und nicht durch konzeptionelle Anstrengungen.

25

Die LEERE liegt nicht außerhalb der Reichweite des menschlichen Bewusstseins, sie ist nicht ein Zustand, der nicht erkennbar oder erfahrbar ist. Davon legt der buddhistische Weise Nagasena Zeugnis ab: „O König, Nirvana existiert...... Und der Geist vermag es wahrzunehmen.... ein Schüler, dessen Verwirklichung vollkommen ist, kann das Nirvana sehen."

26

Die bei jedem Herzschlag nur einen Augenblick während Pause stellt eine Verbindung mit dem stillen Mittelpunkt des ÜBERSELBST dar. Wo der Rhythmus von Tätigkeit zu Ende kommt, sei es das Herz eines Menschen oder ein ganzer Planet - dort liegt ihre unendliche und ewige Ursache. Diese ganze unermessliche universelle Tätigkeit ist nur ein Wirken der in Schweigen gehüllten stillen LEERE.

Was Meister Eckhart DAS NICHTS nannte, ist nicht verschieden von dem, was Buddha DIE LEERE nannte. Den durchschnittlichen Menschenverstand stößt eine derartige Vorstellung ab, denn es gibt im menschlichen Wissen keinen Platz dafür. Die fünf Sinne wollen eine greifbare Welt, selbst wenn sie nur eine unwirkliche Erscheinung ist.

28

Die LEERE bedeutet nicht, dass es im Grunde überhaupt nichts gibt. Sie bedeutet vielmehr, dass es in der endlichen, menschlich intellektuellen und sinnlichen Wahrnehmung im Grunde nichts gibt. Wir können streng genommen nicht behaupten, dies oder das sei Wirklichkeit, weil wir, sobald wir eine derartige Behauptung aufstellen, sagen, dass die endliche Vernunft genug über die unendliche Wirklichkeit weiß, um die Behauptung aufzustellen. Indes braucht uns das, wiewohl es stimmt, dass sich dieser Zustand nur mit verneinenden Begriffen beschreiben lässt, nicht davon abhalten, nach Symbolen und Gleichnissen zu suchen, die intellektuell bejahend sind, solange uns klar ist, dass es sich dabei nur um Symbole und Gleichnisse handelt.

29

Selbst im Pali gibt es die LEERE, *sunnatta* genannt, was Leersein bedeutet. *Nibbana* lässt sich allein verwirklichen durch den Pfad der Kontemplation, der alle bedingten Dinge als leer ansieht, als seelen-los (*anatta*), ohne dauerhafte und persönliche Identität. *Nibbana* ist das Nicht-Bedingte, und daher sagte Buddha: „Eben deswegen, weil es keine Sinneserfahrung gibt, herrscht in *Nibbana* Glück."

Die Menschen lassen sich von ihren Wahrnehmungen der Welt, die sie umgibt, zu sehr täuschen, wissen zu wenig vom Endergebnis der wissenschaftlichen Atomforschung, um zu glauben, dass die „Substanz" der Welt etwas gänzlich Nicht-Materielles, eine Leere ist. In dieser Sache stellt ihre blinde Liebe zu den köperlichen Sinnen ein noch größeres Hindernis für das tiefschürfende, subtile Denken dar, ohne das sich diese Unwissenheit nicht durchdringen lässt.

31

Der Mensch verfügt nicht über ein geistiges Organ, mit dem er die absolute und unendliche MACHT mit der Klarheit wahrnehmen kann, mit der er ein materielles Ding wahrzunehmen vermag.

32

Im Bereich der Zahlen ist die Null die bedeutungsvollste aller Ziffern. Bedenkt, sie ist schon vorhanden, bevor ihr mit der Eins beginnen könnt! Die LEERE ist auch der geheimnisvollste aller Zustände, in der sich der Geist befinden kann. Sie umfasst sowohl das Größte als auch das Kleinste.

33

Die Vorstellung von der LEERE ist, wenn man das erste Mal davon hört, durchaus etwas erschreckend. Das ist deswegen so, weil sie keine Identität trägt, weil diese großartige Leerheit nicht ein Selbst-Seiendes ist. Dieses undefinierbare und einzigartige Nicht-Ding kommt einer Konfrontation mit der Vernichtung gleich.

34

Die LEERE ist nicht ein bloßes Nichts im gewöhnlichen Sinne, noch ist sie etwas, das der Geist unbegrenzt lange zu fassen vermag.

35

Besteht irgendein Unterschied zwischen dem, was der christliche Heilige Johannes vom Kreuz das „Nichts" (Nada) nannte und was der buddhistische Nagarjuna „die Leere" nennt?

36

Tibetische Weisheitserkenntnis setzt die LEERE mit der Inneren Stille gleich.

37

Die LEERE ist keinesfalls eine Erfahrung, die den Buddhisten und Hindus vorbehalten ist. Sie taucht auch in den Werken westlicher Mystiker, etwa in denen des Heiligen Johannes vom Kreuz, in der "Wolke des Unwissens", einem mittelalterlichen englischen Werk, auf.

38

Die ganze Wahrheit kann nicht mit einer einzigen Aussage verkündet werden, wenn das ganze Weltall auf den Dualitäten und Gegensätzen beruht. Ein Aspekt ohne den anderen käme einer irreführenden Halbwahrheit gleich. Von der LEERE als der QUELLE von ALLEM zu sprechen, den Menschen zu sagen, dass das Weltall ein Nicht-Ding ist, würde den gesunden Menschenverstand zum Beispiel sinnlos dünken, wiewohl es metaphysisch richtig ist. „Es wäre nicht das Tao, wenn die weniger Intelligenten nicht darüber lachten", meinte der weise Lao Tse. Wie Tenshin, ein hervorragender Kunstlehrer im letzten Jahrhundert, erklärte: „Nur durch Kenntnis der Gegensätze lässt sich die Wahrheit erreichen". Tenschin war es auch, der sagte: „Nichts ist wirklich, außer dem, was die Wirkungen unseres eigenen Geistes betrifft."

39

Wenn die LEERE nicht in Erwägung gezogen wird oder noch nicht erlebt wurde, wird das Individuum nach wie vor eine unzureichende Vorstellung vom Dasein haben.

40

Nicht jeder verfügt über das geistige Rüstzeug, die ungeheure Wahrheit der LEERE zu verstehen, die die Naturwissenschaften entdeckt und die Philosophie verkündet hat. Es wäre vergeblich, von Laien zu verlangen, dass sie ein Nicht-Ding als die Ursache der Dinge akzeptieren oder daran glauben, dass es Wirkungen ohne Ursachen geben kann und alles im Geist ist. Sie würden sich in der fortgeschrittensten Nuklearphysik ausbilden lasssen müssen und zudem die Fähigkeit besitzen, mit den schwierigsten mathematischen Formeln zurechtzukommen. Mehr noch, sogar die Ausbilder selbst bräuchten Inspiration. Denn wiewohl die Tatsachen auf der Hand liegen, vermögen nur ein Genie wie Heisenberg oder ein so kluger Kopf wie sein Schüler C.F. von Weizsäcker ihre erhabene Bedeutung rasch zu erkennen - dass GOTT ist.

41

Also muss die LEERE Gegenstand wirklicher Meditation werden. Sie muss als ein Ungebundenes und Nichtmaterielles, Form- und Beziehungsloses kontempliert werden, und die meditative Anstrengung muss die Imagination mit den vernunftsmäßigen Fähigkeiten, das Intuitive mit dem höher Strebenden verquicken.

42

Das EINE hinter den VIELEN darf nicht mit der Ziffer Eins verwechselt werden, auf die die Zwei, die Drei und so weiter folgt. Es ist vielmehr jene geheimnisvolle Null, aus der die ganzen Einheiten entstehen, die selbst die vielzähligen Ziffern bilden. Wenn wir es nicht die NULL nennen, dann nur deswegen, weil die Bezeichnung Null fälschlicherweise als völliger Nihilismus aufgefasst werden könnte. In diesem Falle wäre das Dasein sinnlos und die Metaphysik absurd. Die wahre, unaussprechliche NULL ist, wie das übersinnliche EINE, eher die Wirklichkeit aller Wirklichkeiten. Ihr entspringen alle Dinge und alle Lebewesen; zu ihr werden sie alle schließlich wieder zurückkehren. Diese Leere stellt den undurchdringlichen Hintergrund von allem dar, das ist, war oder sein wird; einzigartig, geheimnisvoll und unvergänglich. Wer in ihr geheimnisvolles Nichts zu blicken vermag und einsieht, dass das reine GÖTTLICHE SEIN niemals vergeht, der ist wahrlich sehend.

Teil 2

Der Mentalismus

1

Die sinnlich wahrgenommene Welt

1

Die Evolution von einer auf der sinnlichen Wahrnehmung zu einer auf der Idee beruhenden Weltanschauung stellt eine Evolution vom Materiellen zum Spirituellen dar. Ihr Endziel ist erreicht, wo die Wahrheit abstrakter Vorstellungen die Schärfe der Sinneserfahrung transzendiert.

2

In Wirklichkeit berühren die Hände und sehen die Augen nur die Oberfläche der Dinge. Die Vollständigkeit, die innere Wirklichkeit der Dinge berühren oder sehen sie nicht. In unserer Unwissenheit schreiben wir Formen Wirklichkeit zu, müssen wir unbedingt etwas haben, das wir anfassen und gebrauchen können, wenn wir glauben sollen, dass es wirklich existiert. Die Formen sind dort, wo sie sind, ganz gut, aber sie machen nicht die Existenz aus. Das, was uns mitteilt, dass sie vorhanden sind, das Bewusstsein, das unsere Sinne tätig werden lässt und das Ego veranlasst, die Ergebnisse dieser Tätigkeit zur Kenntnis zu nehmen, steht dem wirklichen Sein näher als die physischen Formen oder mentalen Bilder, die nur ein Zeichen sind, dass es zugegen ist. Wir halten stets nur nach Formen Ausschau und gehen so an deren unendlicher Quelle vorbei. Warum versuchen, das Leben rechnerisch zu zerlegen, eine Sache zur Wirkung einer anderen, die wir Ursache nennen, zu machen, während wir nicht im Traum daran denken, dass der sublime Wesenskern beider unwandelbar und nicht erschaffen, form- und körperlos, die aus sich selbst existierende Wirklichkeit des GEISTES ist!

3

Unser Problem besteht darin, dass sich unsere Vorstellung von dem, was Wirklichkeit ist, fälschlicherweise auf die Welt der fünf Sinne beschränkt, mit der bedauerlichen Folge, dass wir ein Dutzend Wege ersinnen, auf denen wir zum Glück zu gelangen hoffen, es aber niemals erreichen.

4

Wir glauben der ersten und wichtigsten Aussage unserer Sinne, der Aussage, dass wir es mit einer ganz und gar außerhalb von uns liegenden Welt zu tun haben, ohne sie zu untersuchen. Dies ist ein Irrglaube, der daher rührt, dass wir nicht über ein hinreichend tiefes Selbst-Verständnis verfügen. Indes ist diese Unkenntnis ihrerseits darauf zurückzuführen, dass wir nicht tief genug in unser Verständnis von der Welt eindringen. Daher beinhaltet der Ausweg eine zweifache Untersuchung - die des Selbst und die des Nicht-Selbst.

5

Wir sehen ein, dass die fünf Sinne letzten Endes beschränkte Funktionen des Geistes darstellen.

6

Dieser Gedanke, dass wir hermetisch eingeschlossen sind in unseren fünf Sinnen, dass unsere Sinnen-Welt nur ein Bruchstück des gesamten Daseins und dieses Dasein selbst nur ein Schatten der Wirklichkeit ist, ist genug, um uns so einzuschüchtern, dass wir uns völlig unwichtig und hilflos fühlen.

7

Vermitteln euch die Sinne wirklich Erkenntnis von einer außerhalb eures Geistes liegenden Welt? Verhält es sich nicht vielmehr so, dass eure Sinneswahrnehmungen von einer solchen Welt nur Ideen innerhalb eures Geistes sind und ihr keine unumstößliche Gewissheit habt, dass außer diesen Ideen selbst irgendetwas existiert?

8

Das, was für den menschlichen Tastsinn fester Stoff zu sein scheint, ist nichts anderes als eine mentale Sinnesempfindung. Das Zeugnis der fünf Sinne sieht sich also von tiefschürfender Reflexion entkräftet, und der Geist enthüllt seine über die Illusion der Materie triumphierende Wahrheit.

9

Unsere fünffache Sinneserfahrung der physischen Welt ist in Wirklichkeit also unsere indirekte Erfahrung der göttlichen Welt. Der Fehler des Materialisten besteht darin, die erste Erfahrung für die endgültige zu halten.

10

Ihr werdet allmählich durch Erfahrung einsehen, was die Wissenschaft bereits durch Experimente einzusehen begonnen hat, dass dieses unermessliche Weltall in seiner derzeitigen Gestalt nur für eure Sinne wirklich ist. Sobald euer Geist von ihnen befreit ist, nimmt er eine ganz andere Gestalt an, wobei die alte zu existieren aufhört. Dann seht ihr euch gezwungen, euren falschen Glauben an die Wirklichkeit der Welt zu korrigieren. Gäbe es nicht mehr als die fünf Sinne, dann würde die Korrektur die Welt zu einer Illusion machen. Aber das Zugegensein des Geistes macht sie zur Idee.

11

Einst hielt man den oft (speziell von der kognitiven Psychologie) gemachten Unterschied zwischen Sinnesempfindung und Idee oder zwischen Sinneswerten und Gedanke für eine Tatsache, aber inzwischen ist man der Meinung, dass er nur die intellektuelle Analyse erleichtert. Heute betrachtet man unsere Erfahrung der Welt als ein Gemisch aus beiden, allerdings ein Gemisch, das niemals in getrennte Elemente zerfällt. Diese Auffassung kommt dem mentalistischen Gesichtspunkt einen großen Schritt näher, indes nur einen Schritt. Dieser Gesichtspunkt besagt, dass es nur eine einzige Tätigkeit, nur eine einzige Erfahrung gibt - Denken. Die Idee ist die Sinnesempfindung, die Sinnesempfindung ist die Idee. Bei der Sinneserfahrung, auf die unsere heutigen Psychologen als ein Element der Erfahrung stoßen, handelt es sich in Wirklichkeit um ihre Interpretation der Erfahrung. Sie ist also nichts anderes als ein Gedanke. Das, was sie unbewusst zu interpretieren behauptet, ist ebenfalls ein Gedanke!

12

Man sollte den Menschen nicht vorwerfen, dass sie Auge und Gehirn zu ihrer Richtschnur für Wahrheit oder Wirklichkeit machen; man sollte ihnen nur vorwerfen, dass sie sich so hartnäckig weigern, die Berichte jener zu beachten, die sich nicht so beschränken.

13

Es ist eine Platitüde der naturwissenschaftlichen Lehre zu sagen, dass der Mensch ohne die fünf Sinne nichts von einer äußeren Welt wissen würde. Freilich stimmt das, aber nur solange die Wissenschaft ihre materialistische Grundlage nicht aufgibt. Denn sobald sie zu einer mentalistischen übergeht, - was sie jetzt zu tun begonnen hat - muss sie zugeben, dass diese Sinne und das, was sie zur Kenntnis nehmen, selbst mentale Produkte sind. Wenn das erst einmal begriffen worden ist, ist es möglich zu verstehen, warum die Sinne während des Träumens tätig sind und warum wir in Träumen eine äußere Welt erfahren.

14

Warum wird, wenn ein Objekt eine Sinneswahrnehmung auslöst und als etwas außerhalb des es sehenden Auges oder hörenden Ohres Liegendes wahrgenommen wird, nach genauerem Nachdenken offenkundig, dass der Vorgang des Sehens oder Hörens des Objekts nur im Auge oder Ohr selbst hätte ablaufen können? Warum kann das, was wir als etwas außerhalb des Auges Liegendes wahrnehmen, unmöglich vom Auge erreicht werden? Nur der Mentalismus kann diese Frage beantworten.

15

Was wirklich vor sich geht, wenn ihr etwas seht, ist, dass ihr euch zweier Bilder bewusst werdet, die auf der gekrümmten empfindsamen Netzhaut eurer beiden Augen entstanden sind. Diese reflektierten Bilder - und nicht die festen Dinge selbst - sind alles, was ihr direkt erkennt und daher alles, was ihr seht. Die ganze Welt, in der ihr in Wirklichkeit lebt und euch bewegt, ist in der Tat nur eine Bilder-Welt!

16

Unsere normale Erfahrung der Welt rührt vollständig aus der Tätigkeit der Sinnesorgane. Aber die Überzeugung von der Wahrheit des Mentalismus kann nur rationalem Denken oder mystischer Erfahrung entspringen. Infolgedessen ist, wer sich auf das Zeugnis der Sinnesorgane beschränkt und dessen Relativität nicht erkennt, außerstande, die Wahrheit des Mentalismus zu erfassen.

17

Menschen, die glauben, diese Welt der fünffachen Sinneserfahrung sei die einzig wirkliche, können sich nur einen intellektuellen - und was das betrifft nur einen falschen - Begriff vom Überselbst machen.

18

In der Fachsprache der Psychologie werden physisch sichtbare oder spürbare Dinge Sinneswahrnehmungen oder Perzeptionen genannt. Die Vorstellungen, die wir uns von diesen Dingen machen, werden Begriffe genannt. Aber das ist die materialistische Anschauung. Die Philosophie sagt, dass Sinneswahrnehmungen und Begriffe eins und nicht zwei sind.

19

Dass die Außenwelt in unseren fünf Sinnen reflektiert ist wie unser Gesicht in einem Spiegel, teilen uns die fünf Sinne selbst mit. Dass sie an ihrer Herstellung so beteiligt sind wie die Lampe eines Filmprojektors an den Bildern auf der Leinwand, verraten uns tiefergehende Untersuchungen. Indes decken diese nur die Unwirklichkeit und nicht die Bedeutung der Welt auf.

20

Allein die Tatsache, dass wir nicht mehr als die Erscheinungen und niemals die Wirklichkeiten der Welt wahrnehmen, sollte genügen, diesen veralteten, groben und naiven Materialismus auszuräumen.

21

Wir bilden uns ein, dass wir in der Sinneserfahrung mit der ganzen Wirklichkeit in Berührung kommen.

22

Durch seine Sinnesorgane stellt ein Mensch eine Verbindung mit der Welt her und auf diese Weise bewirkt er, dass er ein Teil von ihr wird.

23

Die wirkliche Kraft, zu sehen, zu hören, zu tasten, zu schmecken oder zu riechen liegt nicht im Körper. Eine tiefschürfende, unvoreingenommene Analyse der Physiologie der Sinneswahrnehmung beweist, dass diese Kraft im Geist liegt.

24

Beim Vorgang der Sinneswahrnehmung werden aus den sich verzeichnenden Eindrücken von der Welt irgendwie mentale Zustände, Ideen. Die Welt selbst nehmen wir niemals wahr, sondern nur Ideen.

25

Sämtliche Muskelbewegungen, nervliche Anstrengungen und Reaktionen des Gehirns sind Ideen im Geist.

26

Die Sinne bringen euch nicht mit dem in Berührung, was die meisten für die Welt halten, sondern mit der Wahrnehmung der Welt - eine Idee; oder ihrer Projektion - auch eine Idee.

27

Alle menschliche Erfahrung ist gewusste Erfahrung. Um die Welt, auf die meine Aufmerksamkeit durch die fünf Sinne gelenkt wird, weiß ich kraft des Geistes. Was immer die Richtungswechsel wissenschaftlicher Erkennntnisse im Augenblick beinhalten mögen, dies wird als die im Mittelpunkt stehende Tatsache übrig bleiben.

28

Es gilt, die Sehkraft in den Augen von den Augen selbst zu unterscheiden; den, der die Welt wahrnimmt, nicht mit dem Werkzeug der Wahrnehmung durcheinander zu bringen.

29

Niemals erreicht die ganze unermesslich reiche Natur des Universums die menschlichen Sinne. Dies ist freilich nicht ihr Fehler. Sie sind einfach nicht imstande, mehr als eine begrenzte Auswahl davon aufzunehmen. Es gibt unzählige über und unter ihrem Spektrum liegende Schwingungen. Aber wir lassen uns dennoch zu der tollkühnen Behauptung hinreißen, die Welt unserer Erfahrung, die einzige, die wir kennen, sei die wirkliche und alle anderen unwirklich!

30

Im Mentalismus trennen wir den Begriff der Sinne von dem der Sinnesorgane. Die zwei sind nicht das Gleiche. Die Sinne müssen geistig tätig sein, bevor sie überhaupt tätig sein können. Die physischen Sinnesorgane stellen zwar eine übliche, aber keinesfalls eine unerlässliche Vorraussetzung für diese Tätigkeit dar. Das beweisen die Phänomene des Traums, der Hypnose und des Schlafwandelns in hinreichendem Maße. Die physischen Sinnesorgane wirken nicht und können nicht wirken, außer das Bewusstsein nimmt sie in seinen Gesichtskreis auf. Unaufmerksamkeit stellt ein alltägliches

Beispiel dafür dar, was geschieht, wenn es das nicht tut. Es gibt allerdings noch alltäglichere Beispiele, die uns aber erst einfallen, wenn wir darauf hingewiesen werden. Ein an seinem Schreibtisch Sitzender wird sich des Tast- und Druckgefühls, wo sein Körper den Stuhl berührt, lange nicht bewusst sein; die Nervenenden in der Haut mögen den Kontakt zwar berichten, aber der Geist nimmt ihn nicht auf und infolgedessen ist er sich des Kontaktes nicht bewusst. Die Sinnesempfindungen der Berührung sind einfach überhaupt nicht vorhanden.

31

Die Menschen leben in der engen Zwangsjacke der menschlichen Sinne, so dass sie niemals wissen, was jenseits dieser äußerst begrenzten und schmalspurigen Wahrnehmungskanäle liegt. Dennoch ist ihre Erfahrung der Welt in Wirklichkeit aus diesem geheimnisvollen Element gemacht, das ihr normales Gesichtsfeld übersteigt. Alles, womit sie in Berührung kommen, ist ihre eigene Idee von dem, was wirklich ist, und niemals die wirkliche Welt selbst.

32

Ein kurioses, für den Untersuchenden indes hilfreiches Beispiel stellt körperlicher Schmerz dar. Es ist schlechterdings unmöglich, sich Schmerz abstrakt vorzustellen - als etwas, das ohne einen sich des Schmerzes bewussten Geist existiert. Das Wort wird völlig bedeutungslos, wenn wir Schmerz von dem zu trennen versuchen, der oder das ihn wahrnimmt oder spürt. Seine Existenz hängt ganz und gar davon ab, dass er gedacht wird, dass er in Zusammenhang gebracht wird mit einem, der ihn bewusst wahrnimmt. Nur sein Gespürtwerden macht den Schmerz wirklich. Diese Tatsache bezieht sich ebenso auf vergangenen wie auf gegenwärtigen Schmerz. Es sollte nicht schwierig sein, diese Analogie auf bloße Ideen zu übertragen, denn letztere können, wie Schmerz, niemals ohne etwas, ohne irgendeinen Geist, der sie denkt, existieren. Nur Bewusstsein seitens einer Person oder Sache macht sie wirklich und tatsächlich.

33

Auf einem Kompass sind vierundsechzig verschiedene Punkte eingezeichnet. Es ist also möglich, dass vierundsechzig Menschen sich an alle diese verschiedenen Punkte stellen und einen Gegenstand betrachten. Jeder wird eine andere Erscheinung des Objekts sehen. Also wird es vierundsechzig verschiedene Erscheinungen geben. Trotzdem werden alle, wenn man sie fragt, behaupten, sie hätten denselben Gegenstand gesehen, wiewohl sie nichts dergleichen getan haben. Wenn nun einer von ihnen behauptet, er hätte nur die Erscheinung des wirklichen und den ganzen Gegenstandes untersucht, so redet er offensichtlich dummes Zeug. Aber genau das ist es, was die meisten von uns tun, wenn sie sagen, sie hätten die Welt, die sie umgibt, gesehen - sie und nichts weniger. Es ist gänzlich unmöglich, durch die Instrumentalität der Sinne das Ganze eines Gegenstandes zu sehen, und schon gar nicht das Ganze der Welt. Sie können nur Aspekte in Augenschein nehmen. Aber wozu die Sinne nicht imstande sind, dazu ist der Geist imstande, der sich eine Vorstellung vom Ganzen jedes Dinges machen kann. Also können wir nur durch Reflexion - also durch Philosophie - jemals ein Verständnis vom Ganzen des Lebens und des Weltalls gewinnen.

34

Es ist natürlich, dass der Materialist fragt, wie ein Sinn ohne ein Sinnesorgan wirken kann. Es ist natürlich, dass des Mentalisten Antwort auf die Traumerfahrung verweist. Während des Traumes wirken alle Sinne, indes wirken sie ohne den Apparat der Sinnesorgane. Allein diese Tatsache zeigt jedem, der klug genug ist, diesen Fingerzeig zu verstehen, dass der allein Handelnde in aller sinnlichen Erfahrung der Geist und allein der Geist ist. Wenn unser Geist, weil abgelenkt, ein vor unseren Augen stehendes Ding nicht bemerkt, hört dieses spezielle Ding zeitweilig für uns zu existieren auf. Dies bedeutet, wenn überhaupt etwas, dass das Ding seine Existenz zumindest teilweise von uns erhält. Es steht nicht alleine. Sinneserfahrung findet in der Tat im Bewusstsein selbst statt. Die fünf Sinne stellen diese Erfahrung nicht her, sondern sie begrenzen, kanalisieren und veräußerlichen sie. Wir empfangen die unterschiedlichen Sinneswahrnehmungen, wie Härte, Farbe, Form und so weiter, indes nicht von außerhalb des Geistes. Wir empfangen sie alle von innerhalb unseres Bewusstseins, und zwar deshalb, weil wir sie vom Original-Bild des WELT-GEISTES in uns erhalten. Die Objekte, die diese Sinneswahrnehmungen verursachen, existieren wirklich, aber sie existieren innerhalb dieses Bildes, das selbst in unserem Bewusstseinsfeld existiert. Daher existiert die Welt in unseren Gedanken an sie.

35

Alles geschieht in diesen Organen, und ihre ganzen hoch komplizierten Funktionen laufen mit der Genauigkeit einer gut gemachten Uhr ab. Indes geschieht es, ohne dass ihr Besitzer überhaupt etwas davon weiß. Beweist das nicht, dass im Körper etwas ist, das Bescheid weiß und diese Organe steuert?

152

36

Die Organe an der Oberfläche des Körpers erklären das Wesen und machen die Eigenschaften der Dinge in unserer Umwelt offenbar. Aber ohne den Geist könnte eine solche Erklärung und Offenbarung niemals möglich sein. Dies lässt sich leicht beweisen. Wenn wir den Geist aus den Sinnesorganen zurückziehen, was bei sorgfältiger Gedankenarbeit oder intensiven Erinnerungen der Fall ist, entfremden wir die Umwelt und nehmen die darin befindlichen Dinge kaum wahr. Mit anderen Worten, wir nehmen letzten Endes nur das sinnlich wahr, was der Geist wahrnimmt.

37

Also ist das Welt-Bild, das der Geist erschafft, doch ein beschränktes, denn es ist mit nur fünf Farben gemalt. Die Sinne, die wir jetzt besitzen, erschöpfen das mögliche Wahrnehmungsspektrum nicht.

38

Dennoch rufen die zwei körperlichen Sehorgane, die Augen, die bewirken, dass ich zwei Gruppen von Sinneswahrnehmungen erlebe, nur einen einzigen Eindruck in meinem Bewusstsein hervor. Das Erfahren eines Objektes und der Gedanke daran sind zwei verschiedene Dinge. Dies bedeutet, dass der Geist ein vom Körper getrennt Existierendes ist.

39

Wir legen unseren Maßstab für die Wirklichkeit fälschlicherweise durch das fest, was wir sehen, hören, berühren, schmecken und riechen, durch die Sinne, die nur mit einem Teil des großartigen Weltalls, das uns umgibt, in Berührung kommen.

40

Geist ist ein über den Sinnen Stehendes, dennoch ist er im Grunde die aktivierende Kraft in aller sinnlichen Erfahrung. Daher heißt es im Koran: „Sehen erreicht IHN nicht. ER, der NICHT-ERFASSBARE, der WISSENDE, erreicht das Sehen."

41

Die Probleme illusorischer Erfahrung, der Wahrheit und des Irrtums gehören eigentlich zur Erkenntnistheorie.

42

Mit einem so veralteten Argument kann der Materialist, der alle Erfahrung auf Sinneserfahrung einschränken möchte, einfach nicht mehr Erfolg haben. Ohne die Instrumente, die aus diesen Strahlungen visuell erfassbare Bilder und Klänge machen, berichten ihm die Sinne normalerweise nicht, dass es zum Beispiel infrarote und ultraviolette Strahlen gibt. Diese Feststellung beruht auf verifizierbaren Tatsachen und nicht auf phantasiereicher Spekulation.

43

Bei der (anstelle eines Seils gesehenen) Schlange mag es sich zwar um eine Sinnestäuschung handeln, aber ihre Wahrnehmung war trotzdem ein tatsächliches Erlebnis. Es darf nicht übergangen werden, nur weil es eine Sinnestäuschung darstellt, es gilt vielmehr, es zu erklären.

44

Wenn wir sagen, die Welt ist nicht wirklich, dann meinen wir, dass ihr eigentlich Wirklichkeit fehlt, denn sie ist nur eine Idee in einem Geist, nur eine Erscheinung für ein Anderes.

45

Wir kennen die Welt durch unsere Gedanken und Sinneswahrnehmungen über sie, die folglich einer Brille gleichen. Indes wissen wir nicht, wie die Welt ohne diese Brille ist.

46

Wir sind uns der Welt nur gewahr, wie sie unseren vorhandenen Sinneswahrnehmungen erscheint. Ganze Gebiete von ihr sind also nur deswegen ausgegrenzt, weil sie jenseits dieser Sinneswahrnehmungen liegen.

47

Die Vorstellung, das eigene Gehirn bringe alle unsere Gedanken hervor, ist oberflächlich und falsch. In den meisten Fällen mag es viele, aber in anderen nur einige davon hervorbringen. Vier mögliche Quellen sind: Unsere physische Umwelt, von anderen auf uns gerichtete Gedanken, unsere mental-emotionale Umwelt und die mental-emotionale Ausstrahlung (Aura) anderer Menschen, die, wenn sie unserer nahe kommt, auf sie einwirkt.

48

Bei jeder Sinnestäuschung verfälscht der körperliche Sinn die Erkenntnis des Geistes, dennoch ändert diese Erkenntnis nichts an der Tatsache der Täuschung, hindert sie die Sinne nicht daran, ihre Funktion fortzusetzen, auch wenn ihre Falschheit erwiesen ist.

49

Selbst die Physiologen sagen uns, dass die Tätigkeit des Geistes notwendig ist, um die Handlung des Sehens zu vollenden. Aber die Philosophie lehrt, dass die Tätigkeit des Geistes sogar nötig ist, um die Handlung des Sehens zu beginnen.

50

Mit unseren Augen sehen wir Formen und Farben, mit unseren Händen fühlen wir weiche oder harte Dinge, nasse Flüssigkeiten, große oder kleine Gegenstände. Alle diese Beobachtungen sind richtig. Der Körper führt uns nicht in die Irre; aber unter gewissen Umständen täuschen uns Erscheinungen. Das heißt, der Gebrauch, den der Geist vom Körper macht, ist Auslegungssache.

51

Diejenigen, die sagen, dass alles im Bewusstsein eines Menschen durch die Tore seiner Sinne gekommen sei, vergessen das Bewusstsein selbst.

52

Gehirngewebe ist nicht Geist. Die mit dem Gehirn durch Nerven verbundenen fünf Sinne könnten nicht ohne Geist wirken, aber Geist kann ohne die Sinne wirken. Wo sind die Sinne, wenn wir ein mathematisches Problem „im Kopf" ausarbeiten?

53

Die Natur hat die Augen am oberen Ende des Körpers angebracht, vielleicht als ein Zeichen dafür, dass sie die wichtigsten der fünf Sinne sind.

54

Der Materialist lässt sich auch von seinem tiefgeliebten Glauben an die ausschließliche Gültigkeit des Zeugnisses der Sinne betrügen. Was wäre, wenn die Natur ihm zehn Sinne verliehen hätte?

Wissenschaftlich gesprochen, sehen wir niemals wirkliches Licht, sondern nur seine Offenbarungen und Spiegelungen an verschiedenen Objekten und Oberflächen. Licht ist unsichtbar. Wir werden uns seiner nur durch seine Auswirkungen bewusst. Wissenschaftlich enthüllen die Augen nur einen Teil der Welt, in der wir leben; in ihrer Funktion sind sie wie alle Sinnesorgane auf einen gewissen Bereich begrenzt, und wir können nicht jenseits dieses Bereichs wahrnehmen. Die Wissenschaft musste viele Instrumente erfinden und herstellen, um diese mangelhafte Funktion der Sinne zu ergänzen. Röntgen- und Infrarotstrahlenmessgeräte sind einschlägige Beispiele. Ein deutscher Wissenschaftler rechnete einmal, dass selbst dichtes Platin auf ein tausendmillionstel seines ursprünglichen Volumens zusammenschrumpfen würde, wenn sich seine Moleküle so dicht packen ließen, dass sie sich nicht bewegen könnten. Mit anderen Worten, selbst die dichteste Materie ist fast nur leerer Raum! Aber die Augen sehen nichts von dieser Wahrheit und legen weiterhin Zeugnis ab von einem Platin, das mehr in Erscheinung als in Wirklichkeit existiert!

56

Nicht die fünf Sinne sind es, die die äußere Welt kennen, denn sie sind nur Instrumente, die der Geist benützt. Nicht einmal der Intellekt ist es, denn der Intellekt gibt nur das sich aus den gesamten Sinnesberichten aufbauende Bild wieder. Sie sind nicht imstande, selbstständig zu funktionieren. Das, was eine Kenntnis von der Welt überhaupt ermöglicht, ist das hinter den Sinnen und dem Intellekt liegende Prinzip des BEWUSST-SEINS, für das sie einfach Instrumente sind. Es ist wie die Sonne, die die Existenz aller Dinge erhellt.

Körper, Gehirn, Bewusstsein

57

So restlos fühlen wir uns im physischen Körper befindlich, dass unser ganzes Wesen nur dort zu sein scheint. Der erste gedankenlose, nicht analysierte Eindruck bestätigt den Materialismus. Wenn wir aber dort hängen bleiben, bleiben wir intellektuelle Kinder. Es kann nicht behauptet werden, dass das Gehirn die äußeren Dinge direkt kennt; denn es kennt sie durch die vermittelnden Dienste der Nervenstruktur, die das Gehirn mit den Augen, Ohren oder der Haut des Körpers verbindet. Wir hören, berühren oder sehen ein Ding oder eine Person durch die Sinne des Körpers. Obwohl Ohr, Finger oder Auge in die Erfahrung verwickelt sind, ergibt eine Analyse, dass die Erfahrung letzten Endes ein Begriff ist; sie ist vorhanden, wenn wir sie denken. Bewusstsein ist in die Handlung verstrickt. Denn die bloße Tatsache, dass ein Mensch weiß, was er tut und fühlt, beweist, dass er ein bewusstes Lebewesen für sich ist, ein von der fleischlichen Gestalt getrenntes Geist-Wesen, unabhängig davon, wie eng er damit verbunden ist. Diese Wahrnehmung, dass unsere ganze Erfahrung der Welt mentalistisch ist, ermöglicht es uns, den angeborenen Materialismus, den uns die Sinne und die damit verknüpften Gedanken aufgezwungen haben, aus dem Weg zu räumen, einen Materialismus, der so subtil sein kann, dass sich sogar überaus fromme Menschen von ihm täuschen lassen.

58

Wir haben das Gefühl, dass unser Selbst restlos mit dem Körper identisch ist. Die fünf Sinne, die vier Gliedmaße, die zwei Augen und der ganze Rumpf teilen sich als Teile von uns mit. Aber der Mentalismus liefert den Beweis, dass dieses Gefühl entsteht, weil sie in Wirklichkeit Manifestationen unseres eigenen Bewusstseins, Gedanken in unserem Geist, sind.

59

Der Geist gibt dem Körper Befehle, macht also Gebrauch von ihm. Die Übertragung verläuft stufenweise, erst durch den Willen, dann durch die Energie, die Vibration der Nerven, die Muskelkontraktionen und schließlich durch die Bewegung. Genauso wie der Geist nicht direkt auf den Körper einwirkt, so wirkt der Körper durch denselben schrittweisen Prozess auf den Geist, aber in umgekehrter Reihenfolge.

60

Der materialistische Anspruch, dass alle Geisteszustände, spirituellen Erfahrungen und Ideen allein im physischen Gehirn oder alle physischen Veränderungen im Nervensystem entstehen, wäre richtig, wenn der Begriff „alle" durch den Begriff „einige" ersetzt würde. (Dies würde den mentalistischen Anspruch, dass Körper, Gehirn und Nervensystem als eine Gruppe unserer Bewusstseinszustände existieren - ein Anspruch, der das ganze Stützwerk des Materialismus zerstört - freilich unentschieden lassen).

61

Woher kommt unser Bewusstsein? Aus dem Gehirn, sagen die Materialisten, und wir können nicht behaupten, dass sie ganz Unrecht haben. Was sie indes lernen müssen, ist, dass das Bewusstsein, wiewohl es sich durch das Gehirn ausdrückt, nicht dort beginnt. Seine Existenz geht ihm voraus.

62

Ist es der Körper, der euch sagt, dass er da ist oder ist es das Gehirn, das euch von dessen Existenz berichtet? Nein! Bewusstsein kommt zuerst und offenbart deren beider Vorhandensein. Wenn ein Toter ein seziertes Gehirn ein Jahr lang krampfhaft festhielt, würden weder der Tote noch das Gehirn um die eigene oder die Existenz des anderen wissen. Warum? Weil der Geist, der wirklich weiß, nicht mehr zugegen ist.

63

Keine in einem physiologischen Labor gemachte Entdeckung könnte jemals die grundlegende Lehre vom Mentalismus hinfällig machen. Der Mechanismus des Gehirns liefert zwar die Bedingungen, unter welchen die intellektuellen Prozesse offenkundig werden, aber er liefert nicht den ersten, diese Prozesse ins Leben rufenden Impuls. Über die Unterscheidung zwischen Geist und seinen Mechanismen, zwischen der Geisthaftigkeit unserer Erfahrung und der Materialität des Inhalts dieser Erfahrung, muss gründlich nachgedacht werden.

64

Die im tieferen menschlichen Geist wirkende Intelligenz stellt die körperlichen Organe her, die sie zur Erfahrung oder Entwicklung benötigt. Auf diese Weise hat sie den ganzen Körper selbst aufgebaut.

65

Geist ist etwas völlig anderes als Körper. Wie kann er mit ihm in Verbindung treten und auf ihn einwirken, und umgekehrt? Aber wir wissen, dass sie sich gegenseitig beeinflussen. Die Erklärung liegt darin, dass es sich nicht wirklich um einen wesentlichen, sondern nur um einen scheinbar wesentlichen Unterschied handelt.

66

Jene, die den Geist auf das Gehirn einschränken, sind unachtsam. Der ganze Körper bezeugt seine Gegenwart, indes nicht auf dieselbe hoch spezialisierte Weise wie das Gehirn.

67

Das materialistische Argument läuft im Wesentlichen darauf hinaus, dass sich geistige Tätigkeit je nach körperlicher Verfassung ändert; dass Alkohol aus einem Feigling für eine Weile einen tapferen Menschen machen kann; dass die im Laufe der Entwicklung des Menschen vom Säugling zum Erwachsenen zu verzeichnende Zunahme von Gehirngröße und -Gewicht parallel läuft zur Zunahme seiner geistigen Fähigkeit; und dass Geist infolgedessen nichts anderes als ein Produkt des Körpers ist. Der Mentalismus besagt, dass diese Tatsachen meistens, indes nicht immer stimmen, aber dass daraus, selbst wenn man einräumt, dass sie stimmen, nicht notwendigerweise der materialistische Schluss gezogen werden muss. Es ist ebenso logisch zu sagen, dass der Geist das Gehirn wie einen Schreibstift benützt, der Körper nur ein Werkzeug ist und die Veränderungen am Werkzeug oder dessen Grenzen die zum Ausdruck kommende Mentalität natürlich ändern. Die den Großteil unseres mentalen Bestands ausmachenden Gedanken und Gefühle, Ideen und Erinnerungen, augenblicklichen Einfälle und logischen Überlegungen, können nirgendwo im Gehirn entdeckt werden, können nicht von etwas Physischem wahrgenommen werden, und nur der Geist selbst ist imstande, sie als Bewusstseinshandlungen zu beobachten.

68

Die Darlegung des Wissenschaftlers, dass die Wirkweisen des Bewusstseins mit der Physiologie von Gehirn und Nervensystem zusammenhängen, steht in keinerlei Widerspruch zur Darlegung des Mentalisten, dass unsere Erfahrung der getrennten Existenz dieses Gehirns und Nervensystems selbst eine Wirkung des Bewusstseins - also eine Idee - ist.

69

Die Philosophie schlägt einen klügeren Weg ein. Statt Geist und Materie als ewige Gegner aufzustellen, ist sie bestrebt, das wirkliche und wahre Verhältnis zwischen beiden ausfindig zu machen.

Wer sich weigert, die Tatsache des Geistes, als ein vom Gehirn Getrenntes, anzuerkennen, spricht die größte Ablehnung aus - die von sich selbst!

Geist ist seine eigene Wirklichkeit! Er benötigt keine „Materie", aus der er sich herleiten müsste.

Die wichtigste aller metaphysischen Tatsachen - die Tatsache des eigenen Bewusstseins - wird völlig falsch ausgelegt. Die ungeheure Bedeutung, die man ihr beilegen sollte, misst man stattdessen nur dem Körper bei.

Bei der Vorstellung, Bewusstsein sei eine Art „Gas", das im fleischlichen Gehirn erzeugt würde, handelt es sich um einen modernen westlichen Irrglauben, wenn auch um einen, dem man nur allzu leicht verfällt. Natürlich besteht zwischen Körper und Geist eine enge Wechselbeziehung, aber das Entscheidende daran ist, dass der Geist durch den Körper zum Ausdruck kommt, wenn ihn die Grenzen des Gehirns auch schmälern und einengen.

74

So sehr hängen Charakter, Anschauung und Denkungsart des Menschen vom physischen Körper - von seiner Gestalt, Verfassung, Gesundheit und von seinem Schicksal - ab, dass die materialistische Identifikation des Selbst völlig plausibel zu sein scheint. Sie ist gewiss ein Teil des Selbst oder ein Ausdruck des Selbst; wenn wir aber die Vorstellung vom Selbst so tief und abstrakt als möglich analysieren, machen wir die Entdekkung, dass die materialistische Sicht ein Hirngespinst ist. Denn was bleibt dann übrig? Bewusstsein!

Es besteht ein unendlich großer Unterschied zwischen der Art und Weise, auf die die Christliche Wissenschaft den Körper verneint, und der Art und Weise, auf die der Mentalismus die normale Vorstellung vom Körper bejaht, aber ändert.

Heutzutage ist die Vorstellung, wonach das, was im Geist vor sich geht, ausschließlich die Vorgänge im Körper wiederspiegele - einst eine Säule der materialistischen Lehre - kaum noch haltbar. Es ist etwas völlig anderes zu sagen, dass - und damit haben wir Recht - ein enger Zusammenhang zwischen den beiden besteht.

Das Brot, das du letzte Wochen gegessen hast, wurde vorübergehend ein Teil deines Körpers, aber es war zu keinem Zeitpunkt jemals wirklich du. Das heißt, es war nicht dein Bewusstsein, wiewohl es dieses beeinflusst hat.

Bewusstsein existiert wirklich, während die Dinge, die es bekannt macht, nur vorhanden sind, wenn sie wahrgenommen, gefühlt, gehört oder sonst irgendwie durch eines oder mehrere der fünf berichtenden Instrumente sinnlich erfasst werden. Dieses Bewusstsein ist an und für sich immer das Gleiche, unwandelbar, die eine Sache in uns, in der Gedanken und Körper in Erscheinung traten und von der sie wieder verschwinden.

Die Welt ist sowohl eine Erfahrung als auch ein Bild im Geist. Das Gehirn ist eine Maschine zur Herstellung von Gedanken; es ist ein Ausdruck des Geistes und ist dennoch selbst im Geist.

Die Person ist wie eine Austernschale, nur ein Gehäuse, das den darin lebenden Bewohner umgibt und für ihn existiert, aber ein Gehäuse, das irgendwie aus ihm gewachsen und ein untrennbarer Teil von ihm geworden ist.

In den meisten Fällen ist das Gehirn die Begleitung und in einigen ist es die Bedingung geistiger Arbeit, aber niemals deren Ursprung.

Es ist falsch zu glauben, der Körper mache, über das Gehirn, seine eigenen Gedanken. Um diesen Fehler richtig zu stellen, stellt die Annahme auf den Kopf und seht ein, dass

Gedanken Projektionen aus dem GEDANKEN sind, dass BEWUSSTSEIN zuerst kommt.

83

Die Welt hängt von den fünf Sinnen des Körpers ab, andernfalls vermag ich die Existenz der Welt nicht zur Kenntnis zu nehmen. Der Körper hängt vom Geist ab, ohne den ich mir der Existenz des Körpers nicht bewusst sein könnte. Am Ende ist alles mental.

84

Es darf das Bewusstsein, das uns berichtet, dass die physischen Sinne tätig sind, nicht mit jenen Sinneswahrnehmungen verwechselt, nicht fälschlicherweise für die Summe jener Wahrnehmungen gehalten werden. Eine tiefe, sorgfältige und anhaltende Analyse wird aufdecken, dass es eine Wesenheit für sich ist.

85

Um diesen Mentalismus zu verstehen, ist es vonnöten, immer und immer wieder über die Unterschiede zwischen Körper, Gehirn und mentalem Bewusstsein nachzudenken, welches das Gehirn als ein Werkzeug benützt. Verkörpertes Bewusstsein benützt Instrumente, um spezielle Erkenntnisse zu erwerben: die fünf Sinne des Körpers für sinnliche Wahrnehmung und das Gehirn des Körpers für Gedanken. Aber das wissende Element in allen diesen Erfahrungen ist die Fähigkeit der Aufmerksamkeit, die sich allein aus rein mentalem, nicht-physischem Sein ableitet.

86

Der Mentalismus bekräftigt nicht nur, dass Bewusstsein eine nicht materielle Sache ist, sondern er bekräftigt auch, dass, wie Aristoteles lehrte, „keine körperliche Tätigkeit irgendeine Verbindung mit der Tätigkeit der Vernunft hat".

87

Der Materialist, der das Denken nur für eine Tätigkeit im Gehirn und infolgedessen das Denken insgesamt für ein physiologisches Produkt hält, hat den Denker des Gedankens übersehen.

88

Mein Leben als ein Körper ist eine Sache, mein Dasein als ein Geist eine andere.

89

Wenn Blut, Knochen und Fleisch des menschlichen Gehirns Gedanken abscheiden, dann scheiden Holz und Saiten einer Violine Musik ab.

90

So viele benützen das Wort „Geist", als wüssten sie genau, wovon sie sprechen, aber die Tatsache ist, dass sie es mit „Körper" durcheinander bringen.

91

Der Materialist behauptet, Bewusstsein existiere nicht getrennt vom Körper, sei in Wirklichkeit ein Produkt des Gehirns. Ein Schlag auf den Kopf mag einem Menschen das Bewusstsein rauben; eine Gehirnoperation die Funktionsweise des Gehirns ändern. Der Mentalist aber behauptet, dass Kopf und Gehirn nur die Bedingungen liefern, die das Bewusstsein normalerweise einschränken, wodurch der Eindruck entsteht, dass das Gehirn es hervorbringe. Aber unter nicht normalen Zuständen (wie bei Narkose, Hypnose, Drogen oder tiefer Meditation) stellt das Bewusstsein sein eigenes getrenntes Wesen unter Beweis.

92

Der Materialist, der glaubt, dass nicht nur Gedanken und Ideen, sondern auch mystischer Friede und göttliche Offenbarung Abscheidungen des fleischlichen Gehirns sind, irrt sich.

93

Es ist wichtig, zwischen dem Menschen und seiner „Bekleidung", dem physischen Körper, zu unterscheiden, also zwischen dem Geist und dem Körpergedanken, den der Geist trägt. Es ist wichtig, die unterschiedlichen Denkansätze zu klären, die hinter dem Volksglauben, dass der Mensch die Gesamtsumme seiner physischen Attribute sei, und hinter der philosophischen Offenbarung, dass der Geist Quelle, Projektor und Substanz des Mensch-Gedanken ist, stecken.

94

Gäbe es im Körper nicht so etwas wie Bewusstsein, so wären wir durchaus berechtigt, ihn nicht mehr als eine Maschine zu nennen, wenn auch eine aus Fleisch und Blut statt aus Stahl und Holz.

95

Der Mentalismus sagt uns, dass Geistestätigkeit eine Sache ist und die damit einhergehende Hirntätigkeit eine andere. Der Materialist behauptet das Gegenteil, nämlich dass geistige Phänomene ein Produkt der Bewegungen der materiellen Atome sind, aus denen das Gehirn besteht.

96

Sich auf menschliche Erfahrungen aus der Frühgeschichte Asiens und aus unserer eigenen Zeit berufend, bekräftigt der Mentalismus nachdrücklich, dass Bewusstsein und Gehirn zwei verschiedene Dinge sind.

97

Die Unmenge von häufig falschen und irreführenden Einflüsterungen so genannter Bildung zu durchdringen, die zwei völlig getrennte Dinge - Gehirn und Bewusstsein - durcheinander bringt, erfordert tiefe, messerscharfe Gedankenarbeit. Das Gehirn ist das, was von einem Pathologen im Seziersaal einer Universität bloßgelegt wird; das Bewusstsein ist das, was es den Lehrenden und Studenten an dieser Universität ermöglicht, zu wissen, was da gerade bloßgelegt wird.

Der Sprung von den Sinnen zum Gedanken

98

Es gibt ein hartnäckiges psychologisches, während der ganzen Geschichte der Wissenschaft ungelöst gebliebenes Problem, das metaphysisch von tiefgreifender Bedeutung ist; aber da heute so viel mehr und mannigfaltigere Untersuchungsergebnisse vorliegen, sind die Aussichten, dass es gelöst wird, günstiger. Es handelt sich, kurz gesagt, um folgendes Problem: Ist Bewusstsein eine Eigenschaft, die der physische Körper im Laufe seiner Tätigkeit entwickelt oder ist es ein ursprünglicher und intuitiver Teil des Wesens des Individuums? Wenn die Lösung die Theorie der Ursprünglichkeit des Bewusstseins begünstigen würde, wären die Auswirkungen auf unsere Kultur nicht abzuschätzen: Die christliche Lehre von der Unsterblichkeit der Seele würde sich bestätigt sehen, der Nutzen der Religion im menschlichen Leben außer Frage stehen und der intellektuelle Materialismus unserer Zeit, der zu so schrecklichen Übeln wie Nationalsozialismus und Kommunismus geführt hat, ausgemerzt werden.

99

Das Gehirn ist physisch - materiell, wenn ihr wollt - aber der Geist, das individuelle Bewusstsein, ist nicht physisch. Dieser Darlegung würden die meisten Wissenschaftler, Psychologen und Psychoanalytiker nicht zustimmen, wohl aber die weitblickenden. Der Disput kann nur auf zweierlei Weise gelöst werden: a) durch persönliche Erfahrung des Geistes an sich, getrennt vom Gehirn oder b) durch die Entdeckung neuer, zusätzlicher, den Sinnen nicht zugänglicher Phänomene.

100

Bis in jenen Klumpen grau-gelbes Protein, den komplexesten aller Organismen, das Gehirn, haben die Psychologen den Geist verfolgt. Stolz sind sie zu dem Schluss gekommen, Gehirn und Geist seien ein und dieselbe Sache. Die Philosophie hingegen behauptet, dass es ein Fehler ist, die Tatsache allgemeinen Gewahrseins - der keiner nachgehen kann, einfach weil sie Gewahrsein selbst ist - mit einer besonderen Fähigkeit des Gewahrseins, die irgendein Teil des Gehirns an den Tag legt, zu identifizieren. Das Gehirn ist körperlich, das Bewusstsein geistig.

101

Eine Untersuchung des Gehirns und des Nervensystems des Menschen verrät uns viel über sein Gehirn und seine Nerven; aber über seinen Geist verrät sie uns nichts, wenn auch alle Psychologen das Gegenteil behaupten.

102

In dem Augenblick, in dem sich die Psychologie mit einer derart radikalen Frage wie jener „Was ist Geist" befasst, muss sie, wie alle Naturwissenschaften, Philosophie werden.

103

Es gibt nichts, was ein Mensch direkter kennt als die Erfahrung seines Bewusstseins. Er kennt nicht ein physisches Gehirn, sondern eine mentale Tatsache - gewahr zu sein.

Dennoch hat der Mensch allein diese seltsame Kreatur des Materialisten hervorgebracht, die die Geisthaftigkeit des Geistes hartnäckig in Abrede stellt und auf dessen Materialität pocht.

104

Weil es zuerst den Körper studierte, war es unvermeidlich, dass das Medizinstudium eine Gruppe von Materialisten heranzüchtete. Aber jetzt, wo es ein Studium des Geistes in seinen Lehrplan aufnimmt, ist es lediglich eine Frage der Zeit, wann es seinen materialistischen Standpunkt aufgeben wird.

105

Kein Reiz aus irgendeinem körperlichen Wahrnehmungssinn, Nervensystem oder Gehirn ist für die Existenz des Bewusstseins in vielen Träumen und den meisten Vorstellungen verantwortlich. Seine Existenz hängt von nichts ab.

106

Die Medizin ist nach wie vor nicht imstande, zwei sich auf ihre Erkenntnis, wie der Körper funktioniert, nachhaltig auswirkende Fragen mit Sicherheit zu beantworten. Sie sind: (a) Was ist Gedanke? und (b) Warum empfinden Nerven - die physische Objekte sind - Schmerzen und Freude, die nicht physische Objekte sind?

107

Jene, die glauben, geistige Fähigkeiten und intellektuelle Begabung seien ausschließlich Produkte des physischen Gehirns, der physischen Drüsen und des physischen Nervensystems, werden erklären müssen, warum Anatole Frances Gehirn weniger wog als das Gehirn des Durchschnittsmenschen. Nein, Geist stellt ein nicht abwägbares Element dar!

108

Den Materialisten, der das Denken aus einem materiellen Gehirn und das Leben aus einer materiellen Substanz abzuleiten versucht, hält gerade die Richtigkeit seiner Beobachtungen zum Narren. Der Zusammenhang ist in jedem Fall eng und eindeutig, aber keinesfalls ursächlich.

Es gibt keine adäquate Erklärung, warum die Nerven fühlen. Die medizinische beschreibt lediglich, was geschieht; sie erklärt nicht. Nur die mentalistische löst das Rätsel.

110

Diskutieren wir diese Frage mit Medizinern, so erheben diese oft den Einwand, durch Alkohol, Betrunkenheit, Arzneimittelnarkose, tropische Fieberkrankheiten oder Hirnverletzungen bewirkte Veränderungen im Denken und Fühlen bewiesen doch eindeutig, dass der Geist ein Produkt des Körpers und der Materialismus eine wahre Lehre sei. Unsere Antwort lautet, dass diese Veränderungen lediglich ein Beweis für den engen Zusammenhang zwischen Geist und Körper sind.

111

Die altmodische Medizin setzte die Tätigkeit des Geistes mit der des Gehirns gleich. Die neuere psychosomatische Medizin versteht allmählich, wie Geist das Gehirn, also den Körper, von selbst beeinflussen kann. Aber ihre Vorstellung ist unklar, ihre Schlussfolgerungen sind noch immer zweifelhaft und unsicher.

112

Mit der Weigerung, ein anderes Dasein als das physische gelten zu lassen, ist materialistischen Wissenschaftlern und Psychologen der erste Irrtum unterlaufen. Infolgedessen sind sie nicht imstande, eine stichhaltige Erklärung für das BEWUSSTSEIN in seinen ganzen Phasen zu liefern. Wenn der Körper seine Zellen alle sieben Jahre erneuert, wie einst behauptet wurde, oder alle anderthalb Jahre, wie andere heute behaupten, dann lässt sich das ganz normale Phänomen des Gedächtnisses nicht erklären.

113

Der Forscher kann wahrheitsgemäß nur sagen, dass das, was er von der Welt am besten kennt, deren Beschreibung, wie sie zu sein scheint, ist. Eine mikroskopische Untersuchung zeigt, dass die Welt ständig, wenn auch unmerklich, im Wandel begriffen ist. Aber warum sind wir nach wie vor der Überzeugung, dass sie wirklich ist? Warum will uns das Gefühl, dass die Welt wirklich in unserer Erfahrung zugegen ist, einfach nicht verlassen? Leider sehen wir uns gezwungen zu sagen, dass es in Wirklichkeit zwei Erfahrungs- und deshalb zwei Wahrheitsebenen gibt - die allgemeine und eine höhere.

114

Wissenschaftler und Psychologen, die den Ursprung des Geistes durch Herumstöbern im Nervensystem und im Gehirn zu finden versuchen, täten gut daran, diese einseitige Forschung nicht zu zwingen, alleine dazustehen. Sie sollten das Wesen des Geistes erforschen - das genaue Gegenteil von dem, was sie gerade tun.

115

Der Irrtum des Wissenschaftlers beginnt mit der Meinung, zwischen Idee und Ding bestehe eine Kluft. Denn dabei handelt es sich lediglich um seine Annahme. Die Erfahrung des Dinges und die Idee des Dinges sind nicht zwei trennbare Gebilde. Ließen sie sich trennen, so würden wir sie getrennt verzeichnen. Aber in Wirklichkeit ist das nicht der Fall; wir befinden, dass sie eine Erfahrungseinheit, eine Einheit im Bewusstsein bilden.

116

Der Geist ist das größte Mysterium. Wie wenig die zungenfertigen Vertreter der Psychologie, die in den Ego-Blasen an der Oberfläche der Psychologie herumirren und sie niemals überwinden, doch darüber wissen!

117

Ihre vorschnelle Behauptung, Geist sei nur eine Funktion des fleischlichen Gehirns, bedient sich eben dieses Geists, dessen unbemerkte und übersehene Existenz ihre Behauptung möglich macht.

118

Weil zwischen Bewusstsein und Gehirn eine offensichtliche Verbindung und ein offensichtlicher Zusammenhang besteht, kann die Wissenschaft sich nicht vorstellen, wie Bewusstsein getrennt zu existieren vermag. Für den Wissenschaftler ist sein Leben in seinem Körper - nirgendwo anders.

119

Nirgendwo im physischen Gehirn kann ein Anatom das finden, was Gedanken erzeugt, wiewohl er darin auf Zustände stoßen mag, die Gedanken verhindern, sie verzerren oder schwächen. Warum? Weil das Bewusstseinsprinzip vor dem Gehirn des fleischlichen Körpers existiert, während dessen Lebens und nach dessen Tod.

Eine Psychologie, die das Gehirn des Menschen in verschiedene Zentren der Sinneswahrnehmung und Reaktion unterteilt, erklärt dadurch nicht das Bewusstsein des Menschen. Und eben dieses Bewusstseinsprinzip macht seine ganzen Wahrnehmungen und Reaktionen allein möglich.

121

Wo ist sein Bewusstsein, wenn ein Mensch im Koma liegt oder wenn ein Narkosemittel alles aus seinem Geist vertreibt?

122

Ihrer ganzen Schau von Gelehrtheit und Experimenten zum Trotz, weiß die Wissenschaft wirklich erstaunlich wenig über den wahren Ursprung, das Wesen und inwendigste Wirken des menschlichen Geistes.

123

Der Prozess des Gewahrwerdens der Welt macht aus der Welt ein zweites Ding, objektiviert sie und gibt ihr damit materielle Form. Einer, der erklärt, er sei Materialist, ist nicht zu tadeln. Man kann ihm nur vorwerfen, dass er nicht weitergeht und sich klar macht, was geschehen ist. Was er erlebt, ist die Geisthaftigkeit der Welt. Was er fälschlicherweise unter seiner Erfahrung versteht, ist die Materialität der Welt.

124

Die menschliche Erfahrung der Welt bildet die Basis der materialistischen Theorie von der Welt. Aber der Mentalismus erklärt diese Erfahrung hinreichend. Dazu ist der Materialismus nicht imstande, weil er den Sprung von den Sinnen zum Gedanken nicht erklären kann. Die materialistische Theorie bricht völlig zusammen, sobald diese einfache Analyse unternommen wird.

125

Wie könnt ihr aus festen Brocken Materie unsichtbaren, unberührbaren Geist machen? Es ist unmöglich, ohne erst Ideen aus ihnen zu machen. Denn sonst könnt ihr weder ihre Masse noch ihr Volumen oder ihre Berührbarkeit loswerden und keine echte Einheit aus ihnen machen.

126

Der Versuch, SEELE (Spirit) und MATERIE als zwei getrennte, durch sich selbst existierende Substanzen zu betrachten, muss letzten Endes scheitern, denn dann lassen sie sich nicht zusammenbringen, könnnen sie sich nicht gegenseitig beeinflussen, weder im Menschen noch im Weltall. Das Gleiche gilt vom GEIST und von der MATERIE. Aber auch der umgekehrte Versuch, - seitens der Materialisten - der GEIST zum höchsten Produkt der Evolution der MATERIE machen möchte, muss fehlschlagen.

127

Wenn der Materialismus wahr wäre, wären menschliches Gedächtnis und menschliche Vorstellungskraft nicht möglich, könnte man sie nicht von einem physischen Ursprung herleiten. Dennoch zerlegte Descartes Tierköpfe, in der Hoffnung, auf eine physische Erklärung des Gedächtnisses und der Vorstellungskraft zu stoßen!

128

Bestünde der Mensch aus nicht mehr als Gehirn und Wirbelsäule, Blut und Fleisch, Knochen und Haut, so könnte der Materialismus jede Erscheinung erklären. Aber er besteht auch aus Bewusstsein. Eben daran scheitert der Materialismus.

129

Bei manchen (etwa bei Churchill) nehmen die Geisteskräfte im Alter zu, auch wenn die körperlichen verfallen. Wäre Denken ein Produkt des Fleisches, so würde es stets mit ihm zusammen verfallen. Dies stimmt aber nicht. Hier bricht das materialistische Argument zusammen.

130

Der Materialist sagt, der Mensch sei, das bewiesen Biologie und Anthropologie, ein denkendes Tier und nicht mehr. Aber wir haben die materialistische Theorie von der Welt überwunden. Infolgedessen können wir uns einer derartigen Lösung des Rätsels der menschlichen Existenz nicht selbstzufrieden beugen. Wie sollen wir nun die materialistische Sicht betrachten? Philosophisch vorbereitet, müssen wir jetzt in uns selbst nach einer Antwort suchen und das Selbst einer rigorosen Analyse unterziehen. Wir müssen es hervorlocken aus der Dunkelheit und ihm voll ins Auge sehen. Nur dies kann, wenn lang genug und hinreichend geübt, dazu führen, dass seine Bedeutung auftaucht.

Wenn sich alle mentalen Faktoren vollkommen aus entsprechenden physischen Verfassungen im Körper erklären, warum weiter suchen? Warum den Materialismus nicht als eine perfekte Erklärung annehmen? Die Antwort lautet, dass es sich eben nicht so verhält, dass gewisse übernormale, abnormale, mystische und religiöse Sachverhalte nicht erklärbar sind.

Wer aus Geist eine zufällige Funktion von Materie machen will, weiß weder was Geist noch was Materie ist.

Für die Wissenschaft ist es ein vollkommenes Rätsel, wie die mit jeder Tätigkeit von Auge oder Ohr, Haut oder Nase einhergehenden elektrischen Veränderungen im stofflichen Gehirn es einem Menschen möglich machen, bewusste Kenntnis von dem zu gewinnen, was außerhalb von Auge oder Ohr, Haut oder Nase liegt.

Der Kritiker mag darauf hinweisen, dass a) alle Biologie gegen den Mentalismus ist; b) Formen, wenn sie eine bestimmte Organisationsstufe erreichen, denkende Formen werden; c) in der Ordnung der Evolution die unbelebte, empfindungslose Natur der belebten, bewussten Form vorausgeht; d) der rudimentäre Geist von Tieren vor dem reiferen Geist des Menschen im Universum erschien; und e) es infolgedessen völlig absurd ist zu behaupten, der Geist des Menschen hätte ins Dasein denken können, was in der Tat bereits vor seinem eigenen Erscheinen existierte. Abschließend mag er verächtlich feststellen, dass es sich dabei doch um Allgemeinplätze wissenschaftlicher Erkenntnis handele, die man schon lange nicht mehr verfechten müsse. Darauf müssen wir unserem materialistischen Kritiker mit einer grundsätzlichen Gegenkritik antworten. Wenn sich die Existenz der Welt vollkommen und zufriedenstellend aus den Reaktionen der Welt auf die physischen Sinne des menschlichen Körpers erklären lässt und wenn dieser Körper selbst eine Folge des evolutionären Prozesses der größeren, außerhalb dieses Körpers liegenden Welt ist, so erklärt die materialistische Erklärung gar nichts, sondern ist schlechthin in einen Trugschluss verstrickt. Der materialistische Kritiker vergisst, dass es keine Sinneswahrnehmungen hätte geben können, die von der Existenz einer Welt berichten, wenn die Erscheinung des Bewusstseins, wie seine Theorie besagt, die Folge einer Evolution materieller Formen wäre, weil die Gehirn/Nerven-struktur der sensorischen Instrumente, die, wie er meint, die Möglichkeit des Bewusst-seins erklären, noch nicht in Erscheinung getreten war! Dieses Dilemma kann nicht überwunden werden, außer durch den Mentalismus. Die einzige Welt, der wir gewiss sein können, ist die, die aus Sinneswahrnehmungen von Farbe, Gestalt, Länge, Masse, Geschmack, Geruch, Festigkeit, Gewicht und so weiter gemacht ist. Aber Sinneswahr-nehmungen bilden die Erfahrung einzelner Geister und als solche ist Erfahrung, da es sich stets um eine beobachtete handelt, aus Gedanken gemacht. Wir widersprechen uns also selbst, wenn wir von einer unbewohnten Welt - das heißt, von einer Welt, in der es schlechterdings keinen Geist gibt - sprechen. Der Irrtum des Materialismus be-steht darin, die Dinge von den Gedanken an sie zu trennen. Die Folge dieses Irrtums ist, dass er von einer Welt für sich sprechen kann, als ob es in letzterer nicht so etwas wie Gedanken gäbe. Der Materialismus vergisst, dass jedes Individuum nur seine eigene Welt kennt, weil es nur seine eigenen Sinneswahrnehmungen kennt, und dass die Iden-tität zwischen dem Bewusstsein eines MENSCHEN und der Welt, derer er sich be-wusst ist, vollkommen und unauflösbar ist. Wir müssen den Geist untrennbar neben die Welt stellen. Die Welt geht ihm nicht in der Zeit voraus. Dies ist und muss so sein, weil die konstruktive Tätigkeit des individuellen Geistes dazu beiträgt, dass es über-haupt möglich ist, eine Raum/Zeit-Welt zu erschaffen. Niemals hat eine unbewohnte Welt außerhalb der wissenschaftlichen Theorie existiert, denn Sinneswahrnehmungen haben niemals in, wie gewisse gefeierte Metaphysiker des achzehnten Jahrhunderts an-nahmen, getrennter Gestalt existiert, sondern nur in der zusammengesetzten, die sie bei den zum Individuum gehörenden Sinneswahrnehmungen annehmen.

135

Es sollte klar sein, dass die Wissenschaft in ihrer Erklärung von der in der menschlichen Erfahrung gegebenen Welt nur deswegen auf eine unüberbrückbare „Kluft" gestoßen ist, weil sie damit begann, Materie als etwas bereits Vor-handenes zu betrachten und Geist als etwas, das erst noch ins Dasein treten muss. Diese Kluft wird auf alle Zeit unüberbrückbar bleiben, weil die Sinnesreize zwar unentwegt auf das Gehirn stoßen könnten, aber niemals eine Reaktion hervorrufen würden, wenn ihnen die Existenz des Bewusstseins nicht vorausginge. Sobald die Wissenschaft aber kehrtmacht, den Mate-rialismus aufgibt und zuerst mit der mentalistischen Methode beginnt, verschwindet die Kluft, und dann kann sie zu wunderbaren Entdeckungen vorstoßen, Entdeckungen, die zu einer gemeinsame Interessen fördernden Verbindung mit Religion und

Metaphysik führen werden. Dann versteht sie, dass alles Leben ein Spiel des Bewusstseins wird.

136

Vor fünfundzwanzig Jahren hoffte man, ausgedehnte Untersuchungen des gallertartigen Stoffes der Nervenfasern würden zur Lösung der quälenden Probleme beitragen, die an der Wurzel belebter und bewusster Organismen liegen. Seither sind sicherlich große Fortschritte gemacht worden. Dass die Verbindung zwischen dem Physischen und Mentalen in der gallertartigen Struktur der winzigen Nervenzelle liegt, wird sich früher oder später mit Sicherheit als unstrittig herausstellen. Indes gibt es keine grundlegende Lösung dieser Probleme, ohne die Ansicht zu übernehmen, dass das Physische selbst nur ein Aspekt des Mentalen ist. Erst wenn dies getan wird, ist es möglich, den Aufbau des Welt-Bildes des Individuums anhand einer Kombination von Erinnerungsbildern, assoziierten Ideen, Denktendenzen und Gewohnheitsenergien durch die Zeitalter zu verfolgen; und sein Körper-Bild durch die Evolution von Tätigkeiten wie Sicht, Verdauung und so weiter, die ihrerseits die passenden Sinnesapparate wie Augen, Magen und so weiter hervorgebracht haben. Alle diese ver- und bewahrt ein planetarischer, allen individuellen Geistern zugrunde liegender Geist im Gedächtnis, ohne den deren Tätigkeit in der Tat nicht möglich sein könnte. Stromberg und Korzybski müssen früher oder später in eine Sackgasse geraten, außer sie können verstehen, dass die wunderbare Synthese, die in der aktuellen Wahrnehmung von Objekten resultiert, von einem Bewusstsein erreicht werden kann, das nicht nur die Reaktionen der Sinnesorgane, sondern auch die Reaktionen der Gehirnzentren beobachtet und interpretiert, die, wie die Physiologie vermutet, die Tätigkeit des Denkens, der Sinneswahrnehmung und des Gedächtnisses hervorbringen oder steuern. Hier im Sinne von neurologischer Struktur oder cerebralen Veränderungen zu sprechen, ist nutzlos, denn mit der Entdeckung eines Gewahrseinsprinzips lässt man alles Physische hinter sich und tritt in eine andere Welt ein. Möchte man also herausfinden, wo sich eine bewusste Verbindung mit nicht materieller Energie nun herstellen lässt, wird man dieses Prinzip selbst und nicht notwendigerweise einen speziellen Punkt in der eigenen Struktur als Organismus aufspüren müssen. Dies kann nur mit Hilfe transzendentaler Methoden erreicht werden.

137

Weil die Wissenschaft des neunzehnten Jahrhunderts damit begann, Materie als etwas bereits Bestehendes zu betrachten und Geist als etwas, das erst noch entstehen muss,

stieß sie in ihrer Erklärung der menschlichen Welt-Erfahrung auf diese unüberbrückbare Kluft. Sie ist nach wie vor unwegsam und wird es auch immer bleiben, weil die
Prämisse, von der die Wissenschaft ausging, vollkommen falsch ist. Wenn ein Mensch
einen falschen Weg einschlägt und nicht an seinem Ziel ankommen kann, ist es nur
vernünftig, dass er umkehrt und sich auf den richtigen begibt. Auch der Wissenschaft
bleibt nichts anderes übrig, wenn sie eine zufriedenstellende Erklärung finden möchte.
Sie muss den materialistischen Denkansatz zurücknehmen und mit dem mentalistischen,
also mit dem Geist, beginnen. Der springende Punkt, den es nicht zu übersehen gilt,
ist, dass die Sinnesreize ewig bis zum Gehirn vorstoßen könnten, aber niemals eine
Reaktion hervorrufen würden, wenn das Bewusstsein nicht bereits existierte. Auf dem
materialistischen wissenschaftlichen Erklärungsweg gibt es keine Hoffnung auf Erfolg,
solange die Erklärung starr an einer nicht-metaphysischen Richtung festhält, keine
Hoffnung, dass das Geheimnis des Bewusstseins in einem gereizten Nerv oder das Mittel der gegenseitigen Beeinflussung von Gedanke und Fleisch in gallertartigen Strukturen liegt. Das Geheimnis liegt da, wo es schon immer gelegen ist - im Geist allein - und
auch der Nerv und die gallertartige Struktur sind dort gelegen. Wenn wir diese Tatsache, dass unsere ganze Lebenserfahrung nur ein Spiel der Aufmerksamkeit ist, erst einmal begreifen, haben wir den Wesenskern des Mentalismus begriffen. Damit werden
wir uns intellektuell vom Materialismus befreit sehen.

138

Der mentalistische Knoten lässt sich nicht entwirren, ohne zu dem Schluss zu kommen, dass die sinnlichen Wahrnehmungsprozesse durchweg mental sind. In „Die Philosophie der Wahrheit - tiefster Grund des Yoga" führte der Autor das Argument absichtlich zu einer Kluft und sagte dann, dass wir dort, wie die Wissenschaft, zum Stillstand kommen müssen, außer wir lasssen die ursprüngliche Prämisse, dass wir es mit
materiellen Objekten zu tun haben, die schließlich zu einer mentalen Sinneswahrnehmung führen, fallen, und wechseln über zu einer neuen, die besagt, dass wir es stets nur
mit mentalen Objekten zu tun haben. Mit anderen Worten: Die Kluft existiert nicht,
außer in der Vorstellung der Wissenschaftler.

139

Die Theorie, dass wir die äußere Welt durch einen Empfindungsprozess wahrnehmen,
der dazu führt, dass im Gehirn oder auf der Oberfläche des Gehirns, wie auf der Oberfläche des Auges, ein Bild entsteht, erklärt nach wie vor nicht, wie wir imstande sind,

das Bild selbst wahrzunehmen. Das Gehirn kann es nicht sehen, denn es ist nicht imstande, Farben zu sehen - das vermag nur das Auge. Noch kann das Gehirn es fühlen, denn dann müsste es es berühren, was im Falle großer Bilder äußerer Objekte, die größer als es selbst sind, unmöglich wäre. Noch ist das Bild imstande, sich selbst anzusehen, zu fühlen oder zu erfahren. Die Kluft in dieser Theorie lässt sich einfach nicht überbrücken. Nur indem wir diese Theorie auf den Kopf stellen und anerkennen, dass unser Gewahrsein der Welt in Wirklichkeit von innen zu uns kommt, dass es aufgrund der Eigentümlichkeit des Geistes nur dem Anschein nach von außen kommt, können wir die richtige und wahre Erklärung finden.

2

Die Welt als Geist

Geist als Projektor

1

Wir sind nicht imstande, eine direkte Verbindung oder unmittelbare Wirkung zwischen einem Gedanken und einem Ding zu finden. Wir lehnen uns instinktiv dagegen auf, dass es eine geben könnte. Zu Recht; denn Dinge, die getrennt von den Gedanken an sie sind, gibt es nicht.

2

Platon war es, der richtigerweise darauf hinwies, dass Erfahrung, ganz im Gegensatz zu der Ordentlichkeit und Folgerichtigkeit logisch aufgebauter Erkenntnisse, in Wirklichkeit ein Gemisch aus im Wandel begriffenen Meinungen und widersprüchlichen Überzeugungen ist. Aus diesem Grunde muss unsere intellektuelle Analyse der Welt damit beginnen, dass wir das Gebiet der sinnlichen Wahrnehmumg von dem der logisch durchdachten trennen, als wären sie völlig verschieden. Indes dürfen wir nicht mit einer so künstlichen Trennung aufhören. Denn auf den höheren Stufen erklimmen wir einen Standpunkt, der sie wieder vereint. Der GEDANKE ist dann das DING, die ERSCHEINUNG auch das WIRKLICHE!

3

Wie falsch die Ansicht ist, dass die wirkliche Welt außerhalb und nur ihre Kopie innerhalb des Bewusstseins liege, wissen wir erst nach erschöpfenden, messerscharfen Überlegungen. Es gibt keine getrennte Welt für sich, die wir kopieren könnten, denn die Idee ist die Welt!

4

Wir haben keine direkte Kenntnis von einem äußeren materiellen Objekt; wir kennen nur unsere eigene Wahrnehmung direkt, der Rest ist ein Prozess unbewusster Schlussfolgerung. Die Vorstellung vom Menschen als eines Ganzen drängt sich uns erst auf, nachdem wir ein Gemisch von Sinneswahrnehmungen wie Länge, Form, Farbe und Fühlen erfahren haben. Ein wahrgenommener Gegenstand besteht aus der Unterscheidung und Verbindung von Sinneswahrnehmungen, zu denen die Annahme kommt, dass der wahrgenommene Gegenstand ein außermental, getrennt und unabhängig Existierendes sei. Dass ein Mensch sechzig Zentimeter von unserem Körper entfernt im Bereich der Objektivität steht, ist ein Schluss, den wir unbewusst ziehen, denn die einzige Erfahrung, die wir von ihm haben, sind diese Geschehnisse im Auge oder Ohr - Geschehnisse, die letztendlich im Geist liegen. Erst am Ende dieses ganzen Prozesses nehmen wir an, dass sich das Objekt in einer unabhängigen äußeren Welt befindet. Von diesen persönlichen Eindrücken ausgehend, macht sich unser Geist an die Arbeit und fabriziert den Schluss, dass ein äußerer Mensch vorhanden sei. Was wir wirklich sehen, ist etwas Mentales, wobei die Existenz des materiellen Menschen aus der der mentalen Erfahrung gefolgert wird. Wir sehen nicht unmittelbar einen getrennten, unabhängigen, äußeren, materiellen Menschen.

5
Dinge, die wir sehen und anfassen können, werden dennoch mental gesehen und angefasst.

6
Die erste Frage, die es zu stellen und richtig zu beantworten gilt, lautet: In welcher Beziehung steht unser Gedanke eines Dings zu dem Ding selbst?

7
Stünde ein Ding wirklich abseits vom Bewusstsein, so könnten wir niemals Kenntnis davon erlangen. Es muss zwischen den beiden irgendeine Beziehung bestehen. Dies zu leugnen und zu behaupten, Bewusstsein erhelle nur die getrennte Existenz des Objekts für uns, bedeutet, eine Theorie, die es nach wie vor erst noch zu beweisen gilt, unbewusst und selbstverständlich für richtig zu halten.

8
Wenn wir glauben, wir stünden im Begriff, die äußere Welt zu erfahren, sind wir in Wirklichkeit im Begriff, das inwendige Selbst zu erfahren.

9

Die Allgemeinheit glaubt, die richtige Reihenfolge sei: Als erstes existiert die Welt der Dinge für uns, und danach machen wir uns als zweites eine Idee von der Welt.

10

Wir alle glauben felsenfest an die Existenz dieser materiellen Welt, und zur Unterstützung unseres Glaubens berufen wir uns alle auf den gesunden Menschenverstand und die alltägliche Erfahrung. Der Idealismus dagegen entgegnet, dass eine Welt, derer wir uns bewusst sind, existiert, lässt sich nicht leugnen; aber dass diese Welt ihrem Wesen nach materiell ist, ist fraglich.

11

Nur wenn ein Objekt im Bewusstsein registriert wird, wird es in Wirklichkeit überhaupt gesehen. Nicht einmal die ganzen physischen Einzelheiten des Sehens stellen die wirkliche Erfahrung des Sehens des Objekts dar, denn das Sich-Gewahrsein des Objekts ist schlechthin keine physische Erfahrung.

12

Was wir zuerst kennen lernen, sind Gedanken und Sinneswahrnehmungen, Gefühle und wahrgenommene Gegenstände, Erinnerungen und Vorahnungen - also mentale Dinge.

13

Der Geist geht direkt mit seinen Objekten um und nicht durch die vermittelnde Wirkung von Ideen, denn Ideen stellen seine einzigen Objekte dar.

14

So groß ist die Macht unserer uns zur Gewohnheit gewordenen Anschauung, dass wir im Vorhandensein einer Sinneswahrnehmung in unserem Gewahrseinsfeld bedingungslos und selbstverständlich ein Anzeichen für das Vorhandensein eines äußeren, materiellen Dinges sehen.

15

Alle Erfahrung ist Gedanken-Erfahrung. Was wir als die Welt kennen, ist eine Reihe von Gedanken, nicht eine Anzahl von materiellen Dingen plus eine Anzahl von mentalen Gedanken. Bewusstsein durchdringt sie alle als ihr gemeinsames Element. Sie gehen aus ihm hervor, existieren darin und lassen es hinter sich, wenn sie vergehen.

16

Der Gedanke an ein Ding folgt unabänderlich der auf ein Ding gelenkten Aufmerksamkeit, aber er folgt so blitzartig darauf und sie beide sind so flüchtig, dass in uns fälschlicherweise der Eindruck entsteht, es handele sich um eine einzige bewusste Tätigkeit. So bleiben wir in Unkenntnis der Tatsache, dass es sich dabei um eine Reihenfolge handelt.

17

Jetzt sind wir imstande zu entdecken, dass unser alltägliches Selbst-Verständnis verworren ist und Gedanken und Ding, Geist und Körper durcheinander bringt. Ihr meint vielleicht, dass die These des Mentalismus in Widerspruch zu unserem natürlichen Glauben an die Festigkeit der materiellen Welt steht. Aber in Wirklichkeit widerspricht sie keiner der früher erwähnten Überzeugungen; sie berichtigt sie lediglich. Denn sie stellt nicht in Abrede, dass die Welt außerhalb des Körpers ist, noch dass sich alle greifbaren Dinge fest anfühlen. Sie behauptet nur, dass die Welt im Geist liegt und auch ihre Festigkeit nur im Geist vorhanden ist.

18

Infolgedessen sind der Füller, eine mentale Erscheinung, und unser Gewahrsein des Füllers, eine mentale Tätigkeit, nur in der Welt des Geistes getrennt und besitzen diese als ihre gemeinsame Basis.

19

Alles, was wir zu Recht sagen dürfen, ist, dass die Idee von der Welt in unserem Bewusstsein zugegen ist. In dem Augenblick, in dem wir sagen, die wirkliche, der Idee entsprechende Welt sei außerhalb, unabhängig und getrennt von uns, äußern wir eine Vermutung.

20

Wir stellen uns einen Tisch vor und nehmen unbewusst an, es gäbe ein getrenntes Objekt, das außerhalb von uns existiert und dem vorgestellten Bild entspricht, aber in

Wirklichkeit ist die Existenz des äußeren Tisches eine Annahme, denn wir kennen und haben nur den mentalen Tisch gekannt.

21

Existiert die Welt außerhalb und getrennt von dem Geist, der sie kennt? Diese Frage ist eine ganz andere als die nach der Beziehung der Welt zum Körper. Bei letzterer könnte niemand ihr Außerhalb- und Getrenntsein bestreiten. Indes ist die Frage, die wir wirklich stellen, nicht so einfach. Denn das lichtgeborene Weltbild, das sich auf der Netzhaut des Auges formt, das Gewahrsein berührter, gerochener oder geschmeckter Dinge, ist alles, wovon der Geist in Wirklichkeit Kenntnis besitzt. Er kann nicht und ist nicht berechtigt, von einer Welt zu sprechen, die möglicherweise außerhalb seiner Grenzen liegt.

22

Wie leicht verleitet uns die Festigkeit der Dinge dazu, an „Materie" zu glauben. Die Festigkeit ist freilich da, ist wirklich genug, aber die „Materie" nicht.

23

In Wirklichkeit haben wir niemals mehr als unsere Idee der äußeren Welt gesehen, niemals deren physisches Wesen gekannt, weil letzteres unsere eigene Einbildung oder mentale Projektion ist.

24

Was nützt es, zu behaupten, das Weltall habe seine eigene Existenz, sei völlig getrennt und geschieden von dem, was unser Geist ihm gibt, wenn wir doch niemals imstande waren, es zu kennen, und es offensichtlich niemals kennen können, außer durch unseren Geist? Jede derartige Behauptung stellt lediglich eine Annahme dar, die wir schlechterdings nicht begründen können.

25

Es gilt, die Welt im und nicht außerhalb des Bewusstseins zu suchen.

26

Es wird der Einwand erhoben, dass die Welt, selbst wenn sie für uns nicht existiert, wenn wir nicht an sie denken, doch für alle anderen menschlichen Wesen existiert. Die

Antwort darauf lautet: Wie existiert sie für jede dieser Unmenge von anderen Personen? Sie liegt ebenso viel in ihrem Denken wie in unserem.

27

Bereits im zwölften Jahrhundert schrieb Chan-jan, ein Chinese: „Objekte existieren nicht als ein vom Geist Getrenntes."

28

Mentalistisch ist die uralte indische Zerlegung der Manifestation in ein Selbst und ein Nicht-Selbst, das die Inder deswegen Maya nannten, weil es ein irreführendes Gewand trägt, durchaus verständlich. Denn das Weltall ist wirklich unser Denken daran, seine scheinbare Getrenntheit und Äußerlichkeit machen es als ein Gedanke nicht weniger zu einem Teil unserer selbst.

29

Lao Tses Definition der Intelligenz als die Fähigkeit, Dinge im Keim zu sehen, ist hervorragend, aber noch besser ist die Fähigkeit, Dinge als Ideen zu sehen.

30

Die Philosophie ist nicht dualistisch in ihrer Ansicht von Geist und Materie. Geist und Materie stellen, so sagt sie, nicht zwei getrennte Dinge, sondern ein Ding dar.

31

Die Vorstellung, im Bewusstsein gäbe es eine innere Darstellung einer anderen Welt, eine mentale Existenz dieser Welt, die einer physischen entspräche, ist nicht haltbar.

32

Die Aussage, dass wir nur unsere eigenen Sinneswahrnehmungen kennen können und die Welt nicht direkt erfahren, stellt den eigentlichen Ausgangspunkt der Lehre vom Mentalismus dar.

33

Die physischen Sinne versehen den Geist nicht mit einem Bild des Objekts, einfach deswegen, weil alle Objekte, auch die Sinne selbst, im Geist enthalten sind. Dies ist, ja könnte nur möglich sein, weil der einzelne Geist nicht vom universalen Geist getrennt ist. Wie es bei den Hindus heißt: Atman und Brahman sind eins. Aber damit begeben wir uns auf eine Diskussionsebene, die späteren Studien vorbehalten sein muss.

34
Unsere Gedanken lassen sich nicht von unserer Welt trennen. Die zwei treten zusammen ins Dasein.

35
Es besteht keinerlei Unterschied zwischen den Dingen deiner Erfahrung und den Gedanken, kraft welcher dir diese Dinge bekannt sind. Die Dinge sind in der Tat die Gedanken und umgekehrt.

36
Es kann keine Berührung mit einer Welt außerhalb des Bewusstseins zustandekommen. Dies ist ein wesentlicher Lehrsatz des Mentalismus.

37
Es wird von uns nicht verlangt, die Aktualität des Bodens unter unseren Füßen oder die Musik in unseren Ohren in Zweifel zu ziehen, sondern zu verstehen, dass sie unser Bewusstsein deswegen erreicht haben, weil wir sie dachten.

38
Was kennen wir über einen ununterbrochen dahinfließenden Strom von Augenblicken der Sinneswahrnehmung hinaus wirklich als unser Selbst?

39
Die aus kritischer Reflexion rührende Ansicht über ein Objekt deckt sich nicht mit der, die uns der gesunde Menschenverstand von ihm liefert. Erstere macht aus dem Objekt eine Idee, zweitere behält das Objekt als etwas Materielles bei.

40
Niemand kann bestreiten, dass die Idee von der Welt, die uns umgibt, im Geist ist. Aber die Vorstellung, dass es etwas anderes, jenseits der Idee selbst Liegendes gibt, kann in Zweifel gezogen werden.

41

Das Bewusstsein gibt sich seine eigenen Produkte, ein Vorgang, bei dem es eine ganze Welt herstellt. Der Geist macht und sieht das Bild.

42

Die Wand, die ich sehe, wird als etwas Getrenntes gesehen - als getrennt von meinem Körper. Dies stellt den äußeren Aspekt der Sinneswahrnehmung dar. Farbe, Größe und Form der Wand sind Sinneswahrnehmungen, die ich mental erfahre und die deswegen in mir sind. Dies stellt den inneren Aspekt der Sinneswahrnehmung dar. Um die Tatsache, dass eine Wand außerhalb meiner selbst ist, weiß ich nur durch etwas in mir Geschehendes. Dies mag paradox scheinen, aber die Wahrheit ist, dass ich die Äußerlichkeit der Wand nicht kenne, sondern auf sie schließe. Als Nächstes ist es vonnöten, den Mechanismus folgenden Gedankenganges genau zu untersuchen. Weil die getrennte und äußerliche Existenz einer Wand nur meine Mutmaßung ist, habe ich in Wirklichkeit einen Teil meiner mentalen Erfahrung in die äußere Welt projiziert. Ich habe eine Idee objektifiziert.

43

Dem Geist wohnt die Kraft inne, das Ding, das er sieht, nach außen zu projizieren.

44

Es scheint die Welt in Zeit und Raum zu schweben, aber in Wirklichkeit schweben alle drei im Geist.

45

Ein berühmter Musiker sagte einmal zu mir, die Kraft und Wirklichkeit der Musik läge nicht in den Sinnes-, sondern vielmehr in den geistigen Eindrücken, die sie hinterlässt, nicht in den Klängen, die das Ohr vernimmt, sondern in den Gedanken, die jene Klänge hervorrufen. Dem fügte er hinzu, dass ihre wesentlichen Merkmale von Zeit und Zahl mathematische - also mentale - sind.

46

Der Geist konstruiert seine eigenen Begriffe und seinen eigenen Raum, um sie darin aufzustellen und schließlich als etwas anderes als er selbst und als etwas außerhalb von ihm Liegendes zu betrachten. Dennoch sind sowohl die Unterschiede als auch die Äußerlichkeit Blendwerk.

47

In seinen "Principles of Psychology" (Band 2, Teil 7) gab Herbert Spencer die Wahrheit des Mentalismus zu. Er gab zu, dass die Welt, die wir kennen, mental konstruiert ist und mental existiert. Nachdem er so weit gekommen war, machte er aber einen Fehler, denn er sagte, unsere Erfahrung des Widerstandes, den uns Objekte in dieser Welt bieten, bewiese doch, dass sie auch unabhängig und außerhalb des Geistes existierten. Worin bestand Spencers Fehler, ein Fehler, den übrigens „alle objektiven Idealisten begehen"? Spencer drang nicht tief genug in die Bedeutung dieser zwei Worte „unabhängig" und „außerhalb" ein. Wie kann die Welt unabhängig existieren, wenn sie für uns nicht von Bedeutung ist, bevor wir sie tatsächlich erfahren? Sie muss unseren Körper berühren oder auf unsere Sinne einwirken, erst dann sagt uns ihre Existenz überhaupt etwas. Wenn dies geschieht, steigen in uns die Gefühle und Gedanken auf, die die Wissenschaft Sinneswahrnehmungen nennt. Ob es sich nun um Gefühle von Härte, Widerstand oder Schwere, Gedanken der Röte, des Duftes oder lauter Geräusche handelt, sie sind dennoch nichts anderes als unsere Gefühle und Gedanken. Wo ist hier die Unabhängigkeit? Die Objekte in der Welt sind lediglich unsere Bewusstseinsobjekte. Im Verhältnis zu unserem Körper mögen sie zwar unabhängig sein, aber im Verhältnis zu unseren Sinnen und infolgedessen zu unserem Geist sind sie es nicht. Die Sinneswahrnehmungen von Widerstand und Härte sind letzten Endes nicht weniger mental als jede der anderen Sinneswahrnehmungen. Erneut gefragt: Wo ist hier die Äußerlichkeit? Steht die Welt wirklich außerhalb des Geistes, der sie kennt? Das können wir nur bejahen, wenn wir einen Selbstwiderspruch in Kauf nehmen. Denn alles, was im Bewusstsein, alles, was mental ist, kann nur durch den Geist erklärt werden. Des Geistes eigene Tätigkeit ist es, die Widerstand erzeugt, ebenso wie Gerüche, Klänge und Ansichten. Dieselbe Tätigkeit ist es auch, die die räumlichen Beziehungen zwischen Objekten und daher den Gedanken ihrer Äußerlichkeit herstellt.

48

Die Annahme, der Geist sei zu einem bestimmten Zeitpunkt oder gar an einem bestimmtem Ort plötzlich im Universum erschienen, ist der Beginn allen Irrtums. Darin besteht der anfängliche Fehler aller materialistischen Systeme - ob es sich nun um wissenschaftliche, theologische oder metaphysische handelt. Ihnen allen zufolge soll Geist zu funktionieren beginnen, nachdem Materie schon lange auf dem Kricketspielplatz des Kosmos am Schlage war. Dieser Fehler führt natürlich zu unlösbaren Problemen.

Alle Formen der Vergangenheit haben in der Zeit und örtlich existiert, aber viele von ihnen existieren jetzt nur im Gedächtnis, also in Gedanken. Der Mentalismus sagt: „Sie waren immer nur in Gedanken."

Normalerweise ist unsere ganze Erfahrung auf das beschränkt, was die fünf Sinne uns liefern - auf die Klänge, Gerüche, Geschmacks- und Tasteindrücke und Farben, die die Objekte der Sinne sind. Alle diese mögen zweckdienlicherweise unsere „Sinneswahrnehmungen" genannt werden. Sie sind, was wir wirklich kennen, sind individuell die unsrigen, und alles, was wir jenseits von ihnen zu kennen glauben, - etwa getrennte und unabhängig existierende materielle Objekte - stellen bloße Annahmen und Schlüsse dar. Infolgedessen muss es in uns etwas geben, das unsere Sinneswahrnehmungen so projiziert, dass sie außerhalb erscheinen oder diese als ein von außerhalb Verursachtes auslegt, was auf dasselbe hinausläuft. Sowohl Projektion als auch Auslegung unterliegen den Bedingungen von Raum und Zeit. Die Dunkelheit, in der alle diese Tätigkeiten stattfinden, macht die Tätigkeiten selbst nicht zunichte. Die Welt existiert nicht außerhalb unseres Geistes.

Die Existenz der Welt ist nicht ein Beweis für die Existenz eines göttlichen Schöpfers, sondern für die konstruktive Fähigkeit des Geistes.

Die Stereoskopie ist ein ausgezeichnetes Beispiel, das uns verstehen hilft, dass Raum eine vor unseren eigenen Augen hergestellte Täuschung ist. Wenn wir zwei von verschiedenen Winkeln aus aufgenommene Fotografien desselben Objekts in einen einfachen stereoskopischen Apparat legen und durch dessen winziges Fenster betrachten, entsteht ein Bild, das nicht mehr flach und zweidimensional, sondern umfangreich und dreidimensional ist. Zur Länge und Breite der normalen Fotografie ist das neue Element der Tiefe hinzugekommen, wodurch sich das Objekt von seinem Hintergrund abhebt. Was ein greifbarer Raum zu sein scheint, ist hinter und vor dem Objekt ins Leben gerufen worden. Die Folge ist, dass sich das Bild überraschend gewandelt hat: Aus einer leblosen Wiedergabe ist etwas als lebhaft wirklich Erscheinendes geworden. Wenn ein so simpler Apparat so offensichtlich Raum für uns erzeugt, sollten wir die

Behauptung des Mentalismus, dass der menschliche Geist unbewusst seine eigenen Formen erschafft und sie in den imaginären Raum stellt, nicht für verstiegen halten.

53

Dieses ganze unermessliche und wunderbare Weltall ist letzten Endes nur ein Spiel des Geistes. Wir sind Gefangene unserer eigenen unwillkürlichen Schöpfung.

54

Wenn sie ihr Bestes leistet, am präzisesten ist und sich nach innen, auf sich selbst richtet, führt die notwendige Tätigkeit der menschlichen Vernunft zu dieser unwiderstehlichen Schlussfolgerung, dass die ganze Erfahrung dieser Welt nur das Endprodukt eines Prozesses des menschlichen Geistes ist.

55

In Wirklichkeit misst nicht die Uhr oder die Sonne die Zeit für uns, sondern der Geist, durch Gefühle und Stimmungen. Zeit, Raum, Ursache und Form sind allesamt subjektiven Ursprungs.

56

Ist es möglich, dass der bloße Vorgang des Denkens genug ist, in unserem Feld des Gewahrseins dieses unermessliche und wunderbare Weltall herzustellen? Um zu verstehen, dass die Antwort positiv ausfallen mag, brauchen wir zum Beispiel nur die Erlebnisse eines Träumenden, Schriftstellers und Hypnotisierten eingehend zu untersuchen.

57

„Der Geist, durch eure Unwissenheit erzeugt, stellt sich das ganze Weltall vor", heißt es in einem alten Sanskrit-Text, dem "Sankshepa Sarirake" von Sarvajanatma Muni.

58

Die den menschlichen Mentalismus gestaltenden Formen von Zeit und Ort, das Ego und seine Erweiterungen, die Strukturen des Denkens, gehören zu dieser Maya, dieser alchemistischen, verwandelnden Geistes-Kraft.

59

Wie können wir Bewegung ohne Raum haben? Wenn Raum aber im Geist ist, muss auch Bewegung darin sein.

Eure Schwierigkeit mag selbst verschuldet sein, denn ihr mögt euch die spirituelle Welt als etwas vorstellen, das zwar unendlich viel feiner ist als die physische Welt, aber dennoch auf einer Raum/Zeit-Ebene existiert - als etwas außerhalb von euch Liegendes, dessen Bestimmung darin liegt, dass ihr in es eindringt. Aber sie lässt sich, wie alle Traum-Welten, nicht von eurem Geist trennen. Sie ist nur frei von den Raum/Zeit-Merkmalen, die der derzeitigen Ebene mentaler Erfahrung eigen sind.

Was ich in meinem Geist erlebe, wird in den Raum hinaus projiziert. Aber der Durchschnittsmensch glaubt in seiner Unwissenheit, dass genau das Gegenteil geschieht.

Die Welt, die du hast, ist von deinem Geist geschaffen. Dies trifft sowohl auf die Stufe nach dem Tod als auch auf die gegenwärtige zu. Ideen manifestieren sich in dieser Welt. Die Ideen eines Architekten manifestieren sich also als ein Palast.

Wir erfahren die Welt als etwas außerhalb von uns Liegendes, aber nicht weil wir es wollen, sondern weil wir es müssen.

Die Welt scheint „da draußen, in der Ferne zu liegen", aber in Wirklichkeit ist sie hier, im Bewusstsein.

Die scheinbare Wirklichkeit körperlicher Bewegung ist nicht weniger, aber auch nicht mehr als die scheinbare Wirklichkeit geistigen Gewahrseins. Bewegung setzt die Existenz von Raum voraus, in der sie stattfindet. Wo ist dieser Raum? Er ist in uns, in unserem Geist. Jede Bewegung des Körpers ist ein Stück Gewahrsein des Geistes.

Wenn die Vergangenheit eine Erinnerung und die Zukunft ein Traum ist, so sind beide Gedanken. Und wenn die Vergangenheit einst die Gegenwart war und die Zukunft eines Tages die Gegenwart sein wird, so kann die heutige Gegenwart doch auch nur ein Gedanke sein?

67

Alle Fragen über die Schöpfung des Weltalls setzen die Vorexistenz von Zeit und Raum voraus, denn unbewusst erwarten sie, dass das Weltall zu einem bestimmten Augenblick und an einem bestimmten Ort begonnen hat, was wiederum einen früheren Beginn nahe legt und so weiter, in einer endlosen Reihenfolge. Diese Fragen werden von selbst hinfällig: Sie können nicht gestellt und nicht beantwortet werden. Jede Erfahrung der Welt beinhaltet Gedanken an sie: Das bleibt wahr, wenn man zurückgeht in ihrer Vergangenheit oder vorwärts geht in ihrer Zukunft. Gedanken entstehen oder erscheinen im BEWUSSTSEIN. Das Weltall lässt sich nicht von diesem Bewusstsein vom Weltall trennen. Dieses - getrennt von jedem Ding - sollte Gegenstand unserer Fragen sein!

Geist als Bilder-Schöpfer

68

Der Unterschied zwischen dem Stuhl-Gedanken und dem Tisch-Gedanken, dem Rot-Gedanken und dem Grün-Gedanken, die unzähligen Verbindungen unter den Ideen - all dies lässt sich durch die Tatsache erklären, dass die erste Geistesfähigkeit darin besteht, Bilder zu erschaffen. Im Menschen kann diese Fähigkeit absichtlich und freiwillig ins Leben gerufen werden, was wir während des Wachseins nur allzu oft tun; oder spontan und unfreiwillig, was wir beim Träumen stets tun. Sobald der Geist aus dem Tiefschlaf auftaucht, beginnt er, sich die Wach-Welt bildhaft vorzustellen. Was beim Menschen im Kleinen abläuft, läuft auch beim Universalen Geist (GOTT, wenn ihr wollt) auf einer kosmischen Stufe ab. Seine erste Tätigkeit besteht darin, Bilder zu erschaffen.

69

Der Geist existiert und entwickelt sich kraft seiner eigenen latenten Hilfsquellen und benötigt nichts von außerhalb. Es gibt nichts außerhalb liegendes. Dennoch ruft seine Bilder erzeugende und schöpferische Fähigkeit eine Umwelt ins Leben, die außerhalb zu liegen scheint und jene Mittel hervorbringt.

70

Zwei denselben Füller betrachtende Personen werden zwei verschiedene Gruppen von Sinneswahrnehmungen erfahren, und deswegen muss das, was sie tatsächlich sehen, unweigerlich verschieden sein. Denn jede Person nimmt ihre eigene mentale Konstruktion wahr, obwohl der Bezug offensichtlich der gleiche ist.

71

Die bei Sonnenuntergang rosa schimmernde Schneewüste des Himalaya und der im Mondlicht phosphorfarben gleißende Marmor des Taj Mahals bieten wahrlich einen Anblick von atemberaubender Schönheit. Aber worauf es nach unserer Abreise wirklich ankommt, ist nicht der Ort oder das Kunstwerk, sondern die Gefühlsregung, die ihr Anblick hervorrief, die unauslöschliche Erinnerung und die Geschmacksverfeinerung. Diese sind rein mentale Dinge. In solchen erhabenen Augenblicken des Verstehens, der ästhetischen Erbauung, entdecken wir, dass das eigentliche Wesen der Schönheit bereits in uns steckt, eine innere Tatsache ist, die durch einen äußeren Reiz für einen Augenblick lebendig wird.

72

Der Geist gestaltet seine Ideen und Bilder. Daher wäre „mentale Gestaltung" ein richtiger Begriff, der anstelle „mentale Konstruktion" verwendet werden könnte.

73

Ich lebe in einer Welt des GEISTES. Die materiellen Formen, die ich sehe, erscheinen nur so, als ob sie nicht geistig wären.

74

Wenn Materie überhaupt existiert, dann nur als die nach außen projizierende Fähigkeit des Geistes.

75

Wenn wir die Illusion der Materie durchschauen, entdecken wir, dass unsere Umgebung ebenso mental ist wie der Mensch selbst.

76

Das Ego, das Bewusstsein vom persönlichen und physischen „Ich", ist das, dessen wir uns am lebhaftesten gewahr sind. Dieser Wesenskern ist der geistige und nicht der körperliche Teil von uns. Aber wir sind ein Teil des Weltalls. Infolgedessen ist auch der Wesenskern des Weltalls geistig und ist nicht der körperliche Teil, den wir überall um uns sehen und erleben.

77

Materie ist bloß etwas, das wir uns einbilden. Ursächlichkeit ist bloß Reihenfolge und Koexistenz.

78

Intellektuell können wir nicht erklären, wie sich Sinneswahrnehmungen von der physischen Welt zu Ideen verwandeln, wie der Sprung von Nervenschwingungen ins Bewusstsein stattfindet und wie aus einer Neurose eine Psychose wird. Niemand hat dies jemals erklärt, noch wird ein Wissenschaftler es jemals erklären können. Dieser schwierigen Frage kann nur die Wahrheit ein Ende setzen, indem sie darauf hinweist, dass Sinneswahrnehmungen in Wirklichkeit niemals stattfinden, sondern das SELBST nur Ideen von ihnen projiziert. Genauso wie ein Mensch eine Fata Morgana sieht und sie nur aufgrund seiner mentalen Projektion fälschlicherweise für wirkliches Wasser hält, erachten die Menschen die Welt als wirklich, wenn sie in Wirklichkeit nur ihre eigenen mentalen Ideen auf sie übertragen.

79

Sein Geist ist viel mehr Eigentum des Menschen als es irgendetwas anderes je sein könnte.

80

Alle anderen auf der ganzen Welt mögen scheinbar die gleiche Erfahrung von der Existenz der Welt teilen wie wir, aber in Wirklichkeit ist das niemals der Fall. Jedermanns Erfahrung ist gänzlich individuell und wird nur in ihm, in seinem Bewusstsein, gelebt.

81

Wir müssen dieses Prinzip, dass die einzigen Objekte, die wir kennen, die einzige Welt unserer Erfahrung, nicht getrennt vom Geist existieren, ein für alle Mal verstehen. Sie existieren äußerlich nicht aus eigenen Kräften, sind nicht dazu imstande. Das, was sie in den Raum projiziert, ist reine Illusion, oder Maya, wie die Inder es nennen. Wir müssen hinter ihre illusorische Unabhängigkeit blicken, in den Geist, dem sie entspringen.

82

Analysiert euer Gewahrsein der physischen Welt! Wenn eure Analyse tief genug schürft, könnt ihr den Schluss nicht vermeiden, dass es sich dabei in Wirklichkeit um eine Reihe von Veränderungen oder eine Gruppe von Zuständen eures Bewusstseins handelt. Mit anderen Worten, Materie ist etwas, das in meinem Bewusstsein dargestellt wird, gleichgültig ob jetzt oder irgendwann in der Vergangenheit oder Zukunft, auch wenn das Dargestellte den Eindruck von Äußerlichkeit erweckt.

83

Ich sehe etwas, es mag ein Pfosten oder es mag ein Mensch sein. Eine dieser Möglichkeiten wird nun durch den Tätigkeitssinn mit dem Ahamkara (Ich-Macher) assoziiert und dann weiß ich - ich sehe einen Pfosten.

84

„Ihr seid nur Gedanken", sagte der philosophische Yogi, den Alexander der Große interviewte. Er bewies seine Behauptung noch, indem er den König hypnotisierte und glauben machte, er sei ein armer, gegen bittere Not ankämpfender Mensch. Ob diese Anekdote sich unter den griechischen Aufzeichnungen von Alexanders Abenteuern befindet, ist mir nicht bekannt, aber ich bin unter den indischen Traditionen über Alexander den Großen darauf gestoßen.

85

Wenn wir etwas tun, aber dem, was wir tun, keine Aufmerksamkeit schenken, sondern im Gegenteil mit unseren Gedanken ganz woanders, etwa bei einem Thema sind, das uns große Sorgen oder Freude bereitet, können wir uns später oft nicht erinnern, ob wir es nun getan oder nicht getan haben. Dies zeigt doch, dass der Mensch, wenn ihm das Weltall - wie der Mentalismus behauptet - weder von dem an der Oberfläche gelegenen Teil seines Geistes noch von seinem Alltagsbewusstsein gegeben wird, in der Tat einen tieferen, unbewussten Geist besitzt, der es ihm darreicht.

86

Wenn die Welt eine Idee ist, ist auch das die Welt wahrnehmende Ego selbst eine Idee.

Der erste Schritt, diese falsche Selbstidentifizierung einzustellen, besteht in der Erkenntnis, dass der Körper nur ein Bewusstseinszustand und das Ego nur eine Idee ist.

Das Leben, das überall sichtbar ist, die Formen, in denen es sich beständig verkörpert, stellen die Auswirkungen der geheimnisvollen Bewegung dar, die der kinetische Aspekt des ÜBERSELBST ist.

Der Mentalismus sagt uns, dass nicht nur Materie, sondern auch Bewegung ein unwirkliches Schauspiel ist. Die Ereignisse und Bewegungen auf einem Kinofilm wirken sich überhaupt nicht auf die weiße Leinwand im Hintergrund aus, noch bewegen sie sie. Nehmt Materie und Bewegung aber weg, so wird aus dem ganzen Weltall nichts Substantielleres als ein kosmischer Kinofilm.

90

Die Sinneswahrnehmungen des Sehens, Hörens, Berührens, Riechens und Schmeckens von Dingen machen zusammen unsere Erkenntnis von der uns umgebenden Welt in Raum und Zeit aus. Diese Erkenntnis hängt infolgedessen von egozentrischer persönlicher Erfahrung ab. Dies lässt sich leicht beweisen, indem man die Aussage, die ein hypnotisiertes Subjekt über ein Objekt macht, mit dem vergleicht, was eine Person im Normalzustand darüber aussagt.

Jedes gegebene Ding, das gesehen, gerochen, gehört, gefühlt oder geschmeckt wird, wie auch jeder darstellende Gedanke, jede Idee, jeder Name oder jedes Bild ist gänzlich mental. Die Großstadtstraßen und einsamen Gebirgswälder sind ausnahmslos alle reine Konstrukte der Vorstellungskraft.

Wer die Fähigkeit des Geistes, seine eigene Welt zu erschaffen, in Frage stellt, sollte authentische Beispiele für diese Fähigkeit in Erwägung ziehen, etwa die, die uns die Kunst des Hypnotiseurs liefert. Letztere hat für ihr Opfer aus Wasser Wein gemacht, aus eisiger Kälte Wärme und aus Willen Lähmung. Bei all diesen Verwandlungen handelt es sich zwar um Hirngespinste, aber für den Hypnotisierten sind sie deswegen nicht unwirklich.

Der Geist schöpft diese Bilder aus eigener Kraft, ihre Gesamtheit stellt das Weltall seiner Erfahrung dar.

94

Aus unserer eigenen Vergangenheit, die einst so wirklich und lebendig greifbar war, ist nur ein verblasstes, trübes Panorama mentaler Bilder geworden. Die „Materie", aus der sie gemacht war, ist jetzt nichts mehr als „Gedanken-Stoff".

95

Der Stuhl, den wir auf den ersten blitzartigen und einfachen Blick sehen, wurde in Wirklichkeit aus verschiedenen Einzelelementen im Geist aufgebaut.

96

Stimmungen lösen einander ab - mal sind es heitere, mal sind es traurige - aber wer ist der sie Erlebende? Das Ego. Die erste Stufe der Philosophie besteht darin, das Geheimnis des Mentalismus zu lernen. Betrachtet jede Stimmung als ein Bündel von Gedanken. Die zweite Stufe besteht darin, den Erlebenden als ein Objekt dieser Gedanken zu betrachten.

97

Dies stellt eine höchstrangige Erkenntnis dar, dass alles, was uns umgibt und in uns ist, jedes Stückchen Natur und Geschöpf, unsere Lebenserfahrung mit einem Körper und unsere Todeserfahrung ohne einen Körper, nur Bewusstseinsformen sind.

98

Meine Erfahrung eines Dings kommt von den Sinnen des Körpers. Sehen: Die Augen teilen mir seine Gestalt und Farbe mit. Berühren: Die Haut teilt mir seine Härte oder Weichheit, Festigkeit oder Flüssigkeit mit. Riechen und Schmecken mögen zusätzliche Auskünfte geben. Diese Wahrnehmungen machen das Ding für mich aus. Aber sie würden nicht existieren, wenn sie das Bewusstsein nicht als Gedanken erreichen könnten. Das Ding existiert, weil mein Bewusstsein existiert. Würde dieses Bewusstsein nicht alleine vor dem Gedanken existieren, so wäre meine Erfahrung unmöglich. Es ist primär. Es existiert sogar zwischen zwei Gedanken und, was noch wichtiger ist, es besteht sogar zwischen zwei sensorischen, mit dem physischen Körper verbundenen Gedanken weiter, wie etwa zwischen Sehen und Berühren. Aber das Gehirn ist ein Teil des Körpers. So ist Geist also nicht das gleiche Ding, sondern existiert als eine unabhängige

Wesenheit, wie eng die Arbeitsbeziehung von Gehirn und Geist auch sein mag. Dieser Geist hat weder Gestalt noch Farbe, während das Gehirn beides aufweist. Da er formlos ist, vermag ihn niemand zu sehen oder zu fassen, dennoch ist er da. Lassen wir nun den Begriff Geist und den Begriff Bewusstsein fallen und ersetzen beide mit dem Begriff Geist im Sinne von heiligem Geist. Hier scheint die psychologische Analyse der Erfahrung in den Bereich der Religion vorzustoßen. Denn Geist ist ein wirkliches Ding, nicht ein Nicht-Ding. Er existiert aus eigenem Recht. Mehr noch, alle Erfahrung ist ununterbrochene spirituelle Erfahrung, was immer der Mensch getan hat, um sie herabzusetzen.

Jeder Mensch weiß, dass er sich seiner, anderer und der Welt gewahr ist. Aber dieses Gewahrsein existiert auch auf eine unbegrenzte, ununterbrochene Weise, die er nicht kennt. Aber insofern er diese begrenzte Art von Bewusstsein besitzt, stammt er von IHM ab, nimmt er am heiligen Geist teil, ist er ein Teil davon.

99

Es wäre absurd, die Wirklichkeit, die lebendige Gegenwart von allem, was uns zu jeder Sekunde des Tages widerfährt, zu leugnen. Sie sind da und als Erfahrungen sind sie wirklich, und wir wären in der Tat Narren, sie in Abrede zu stellen. Auch verlangt der Mentalismus das nicht von uns. Er besagt vielmehr folgendes: Wenn wir die Wirklichkeit dieser ganzen Erfahrungen analysieren, wenn wir ihren Anfang und ihr Ende, ihre Existenz und Kontinuität aufzuzeichnen versuchen, stellen wir fest, dass ihr Sitz im Bewusstsein ist, dass sich dieses Bewusstsein in tiefschürfender Reflexion von seinen Projektionen - den Gedanken, Szenen, Objekten und Ereignissen, den Menschen und der Welt - trennen lässt, kurzum, dass alles, auch wir selbst, im Geist sind.

100

Bei der Tatsache, dass wir in Wirklichkeit nicht die Dinge selbst erleben, sondern das Bewusstsein von dem, was wir sehen und fühlen, handelt es sich nicht um eine bloße Spekulation, sondern um einen allgemeinen wissenschaftlichen Sachverhalt, um einen Punkt der anerkannten Physiologie der Sinne, um ein bekanntes anatomisches Forschungsergebnis. Am Ende sind alle unsere Tatsachen mental, kennen wir unsere ganze Umwelt nur als unsere eigenen Gedanken.

101

Die Geisthaftigkeit des ganzen Daseins ist weder eine Theorie noch eine Religion. Sie stellt eine unstrittige Wirklichkeit dar.

102

Läge die Welt nicht von Anfang an im Geist, so würden wir niemals wissen, dass es überhaupt eine Welt gibt.

103

Genauso wie elektrischer Strom auf ein zweites Ding, auf Widerstand, stoßen muss, bevor er als Licht, Klang, Wärme oder Magnetismus erscheinen kann, so muss Geist auf eine Idee stoßen, bevor er als Bewusstsein, wie wir Menschen es kennen, erscheinen kann. Bis dahin muss er in der Leere des Tiefschlafs oder der Latenz des Unbewussten ruhen.

104

Ernsthaftes, peinlich genaues Denken kann die Existenz einer Welt, die außerhalb und getrennt von seinem Bewusstsein liegt, unmöglich zulassen und niemals beweisen. Die Überzeugung, mit der wir alle konventionell einräumen, dass sie außerhalb davon existiert, ist reiner Aberglaube.

105

Die Welt wird uns in Wirklichkeit niemals von der Erfahrung gegeben, noch kennt der Geist sie jemals wirklich. Was gegeben wird, ist Idee, was gekannt wird, ist Idee, und sie zu transzendieren ist nur möglich, wo eine klare Analyse die IDEE zur WIRKLICH-KEIT verwandelt.

106

Solange wir das Ego darin aufnehmen, müssen wir Objekte in unserem Bewusstsein aufnehmen - dem ist nicht abzuhelfen.

107

Wir denken ein Ding nicht, weil es existiert, sondern es existiert, weil wir es, wenn auch unwillkürlich, denken. Dieser Gedanke an das Ding ist ein Teil unseres eigenen Bewusstseins, er liegt nicht außerhalb von uns.

108

Schon das Ansinnen, es gäbe eine äußere Welt, die gänzlich außerhalb unseres Bewusstsein liege und vollkommen unabhängig davon sei, ist absurd. Man kennt nur gewisse Wandlungen des Gewahrseins, niemals Wandlungen äußerer Dinge. Der Geist kann nur individuelle Bewusstseinsveränderungen kennen. Seine ganzen Beobachtungen, jeder seiner Schlüsse, alles, was er kennt, liegt in diesem Bewusstsein eingeschlossen und niemals außerhalb davon.

Eine Kenntnis von einer Sache, gleich welcher, ist einfach ein Denken der Sache. Dieses darf freilich nicht mit einem richtigen Denken der Sache verwechselt werden. Es handelt sich um einen bewussten mentalen Zustand, und selbst andere Menschen sind nur Erscheinungen innerhalb dieses Zustands, Geschöpfe im kosmischen Traum. Diesen Überlegungen bis zu ihrem unvermeidlichen Ende zu folgen, erfordert die höchste Art von Mut und Offenheit, denn als letzte Schlussfolgerung bedingen sie den Grundsatz, dass, insofern Erkenntnis nur Ideen im Geist sind, auch das ganze Weltall nicht mehr als eine unermessliche Idee eines eigenen Geistes darstellt. Denn das eigentliche Wesen der Erkenntnis ist inwendig, und daher kann der individuelle Geist nicht eine Wirklichkeit kennen, die außerhalb von ihm liegt. Er glaubt, er beobachte eine außerhalb gelegene Welt, aber in Wirklichkeit beobachtet er nur seine eigenen mentalen Bilder dieser Welt.

109

Es handelt sich um eine fruchtbare Idee. Hier ist eine ganze Philosophie zu einem einzigen kurzen Satz geronnen: Die Welt ist eine Idee.

110

Außer wir stehen persönlich mit der Welt in Kontakt, ist sie nicht für uns vorhanden. Die Beziehung endet, sobald unser Ego isoliert ist. Ohne es, ohne ein betrachtendes Subjekt, existiert die Welt einfach nicht als ein Objekt. Keiner, der im Ego-Bewusstsein lebt, kann wissen, was die Welt an und für sich ist.

111

Alle Erfahrung ist Erfahrung in der Welt des Bewusstseins. Es gibt keine andere.

112

Insofern sie in der Erfahrung eines Geschöpfes erscheint, ist die Welt nur ein Gedanke im Geist dieses Geschöpfes. Alle Geschöpfe können den Gedanken durch Tiefschlaf verscheuchen, aber nur ein menschliches Geschöpf mag ihn durch Yoga bannen.

113

Die einzige Welt, die wir kennen, die einzige, die wir je kennen können, ist die in unserem Geist. Der erste Beweis dafür ist: Wenn die Welt den Geist im Tiefschlaf verlässt, existiert sie überhaupt nicht für uns. Der zweite lautet: Wenn die Welt beim Erwachen wieder im Geist auftaucht, tauchen auch die Sinneswahrnehmungen, die uns von ihrer Existenz berichten, wieder darin auf.

114

Der Hügel oder Stern ist eine Sinneswahrnehmung in eurem Geist. Ihr könnt jetzt nicht genau sagen, wann euer Geist zu existieren begann oder wann er zu existieren aufhören wird, ihr könnt nur Mutmaßungen darüber anstellen.

115

So groß ist die metaphysische Bedeutung des Gedächtnisses, dass sie uns den Schlüssel zur Existenz liefert. Denn was ist die einst so wirklich scheinende Welt der jetzt schattenhaften, durch die zauberhafte Fähigkeit der Erinnerung erneut ins Leben gerufenen Vergangenheit, außer eine Reihe und Ansammlung von mentalen Bildern, die aus dem gleichen Stoff sind wie ein Traum? Existierte sie damals nicht wie ein gemeinsamer Traum nur im Bewusstsein aller ihrer Geschöpfe? Rühren uns die Plätze, Dinge und Personen nicht wie seltsame Träume an, wenn wir sie uns wieder ins Gedächtnis rufen? Deswegen müssen wir uns aus der Vergangenheit, aus den Ketten der Zeit, befreien, bevor wir die wesentliche Geisthaftigkeit unserer ganzen Erfahrung entdecken können.

116

Alles, was in der menschlichen Erfahrung wirklich ist, ist die Erfahrung des Geistes; alles, was im Geist aufgenommen wird, sind Ideen; alle Ereignisse, gleich welcher Art, sind mentale Ideen.

117

Da sprechen die Menschen von der Festigkeit ihrer materiellen Existenz und dennoch verschwand ein ganzer Erdteil - Atlantis - in einem Tag.

118

Was ihr erlebt, ist nichts anderes als euch selbst, denn das Erlebte ist nichts anderes als euer Denken und eure Sinneswahrnehmung.

119

Wenn wir einem Trieb nachgeben oder uns einer Sache, an der wir hängen, widmen, warum tun wir das eigentlich? Wir tun es deswegen, weil wir nach einem Bewusstseinszustand trachten, in dem wir glücklich sind, zu welchem das Ding, das wir uns verschafft haben, oder die verwirklichte Situation, so glauben wir, führen würde. Was wir wirklich begehren, liegt im Geist.

120

Die Lehre des Mentalismus beginnt und endet mit der kühnen Erklärung, dass alle Erfahrung und sogar alles Sein im Geist liegt.

121

Wie kann ein Gedanke getrennt von seinem Denker existieren? Man kann es sich vorstellen, aber die Philosophie befasst sich nicht mit Vorstellungen, sondern nur mit bekannten Tatsachen. Die Idee, dass Gedanken im Raum ausgebreitet sind und andere auf sie eingehen, fußt auf der Illusion, dass der Geist im Körper oder Gehirn ist, wo doch genau das Gegenteil der Fall ist. Hat irgendeiner den Geist jemals gemessen und gezeigt, wo er anfing und wo er aufhörte? Der eigentliche Begriff der Welt ist in unserem Geist! Daher können wir nicht sagen, Gedanken sind außerhalb des Geistes, nur weil wir glauben, dass sie jemanden berühren, der hunderte von Kilometern weit weg ist. Gedanken und Denker sind ebenso wenig getrennt wie Träume und Träumer.

122

Wir haben nur mit unseren eigenen Gedanken von der Welt Kontakt, dennoch sind diese Gedanken die wirklichsten Erfahrungen, die wir je machen können.

123

Eine hinreichende Erklärung der materiellen Welt ohne Hinweis auf den Geist ist ganz und gar unmöglich, und dieser Hinweis muss zuerst kommen, nicht zuletzt, denn der Geist ist es, der uns berichtet, dass die Welt existiert.

124

Wenn Naqshbandi Derwisch Mullah (Ausleger und Erklärer der Lehre) zu einer sich um ihn drängenden Menschenmenge sagt: „Ihr seid meinetwegen hier", so kann, was er damit meinte, nur in einem mentalistischen Sinne verständlich werden.

125

Wir können unsere Umwelt nur deswegen denken, weil sie substantiell letzten Endes so mental ist wie unser allgemein anerkanntes Denken.

126

Welche Tatsache ist sicherer, welcher Teil des menschlichen Lebens unentrinnbarer, als das Bewusstsein? Was würde ohne das Gewahrsein aus unserer Erfahrung der Welt werden, das ja deren Grundlage ist?

127

Geist ist die Grundlage unserer ganzen Existenz. Er ist immer zugegen, selbst wenn wir uns dessen, wie z.B. im Tiefschlaf, nicht persönlich bewusst sind. Jede materialistische Verneinung seiner Selbst-Existenz ist nur deswegen möglich, weil der Geist, der sie äußert, zugegen ist.

Geist als wissendes Subjekt

128

Was ist GEIST? Er ist das in uns, was denkt, gewahr ist und weiß.

129

Es gibt eine natürliche Fähigkeit, die jedem menschlichen Wesen und jedem Tier ge-mein ist - eine Fähigkeit, die den eigentlichen Wesenskern seines Selbstseins ausmacht. Dabei handelt es sich um das Bewusstsein. Der wichtigste aller Bewusstseinszustände ist Erkenntnis.

130

Die einzig wirkliche Existenz ist die des Geistes. Normalerweise kennen wir aber nur das, was der Geist projiziert und wieder zurückzieht, seine Phasen und Zustände, seine Bewusstseinsträger und Pausen.

131

Geist ist jene Eigenschaft oder Fähigkeit im Menschen, die es ihm ermöglicht, sowohl seiner selbst als auch seiner Umwelt gewahr zu sein.

132

Durch die Erkenntniskraft, den Geist, sind wir uns einer Außenwelt bewusst. Die un-terschiedlichen Ideen, die wir uns von der Welt bilden, sind einfach Geisteszustände. Diese Ideen sind nicht und können nicht ein vom Geist selbst Getrenntes sein. Wären sie es, so müssten wir ihrer so bewusst werden, wie wir der Welt bewusst sind, nämlich durch andere Ideen, durch andere Geisteszustände.

133

Es gibt einen Bereich des Geistes, der nicht in unmittelbarer Reichweite des Intellekts liegt. Weil dieser Bereich so viele niedrigere, aber unterdrückte Wünsche enthält, ha-ben ihn einige Psychologen das Unterbewusste genannt. Weil er so viele lobenswerte, indes vage Bestrebungen enthält, haben die meisten Frommen ihn die SEELE genannt. Und weil man ihn meistens nicht beachtet, haben ihn andere Psychologen den unbe-wussten Geist genannt. Alle drei Gruppen haben Recht, indes ist jede beschränkt in dem, was sie sieht und versteht, als ob sie in der Dämmerung herumtappend nach Erkenntnis suchte.

134

Nicht, dass ein Mensch über verschiedene Geister verfüge, vielmehr verfügt ein jeder über verschiedene Eigenschaften ein und desselben Geistes.

135

Was wir sind, ist das, wessen wir uns bewusst sind. Der Geist erschafft seine eigene Wirklichkeit. Das Bewusstsein ist König.

136

Wie kommt es, dass sich so viele der eigenen höheren Existenz in keiner Weise bewusst sind? Die Antwort lautet, dass ihre Fähigkeit, bewusst zu sein, selbst diese spirituelle Existenz ist. Alles, was sie wissen, wissen sie kraft des Bewusstseins, das ihnen innewohnt. Das in ihnen, was etwas weiß, ist ihr göttliches Element. Die Fähigkeit der Erkenntnis - ob es nun ein Gedanke ist, der erkannt wird, oder ein Komplex von Gedanken, wie z.B. Erinnerungen oder ein Ding wie eine Landschaft - ist eine göttliche Fähigkeit, denn sie stammt aus dem höheren Selbst, das sie besitzen.

137

Der Geist legt seine eigene Erfahrung auf eine spezielle Weise aus, weil er so strukturiert ist, dass er sie nicht anders auslegen könnte. Indes sind diese Grenzen nicht ewig und absolut. Wenn sie sich, wie beim Traum, Yoga, Tod oder der Halluzination abrupt auflösen, wird die Erfahrung auf eine neue und andere Weise ausgelegt.

138

Zu fühlen und zu wissen, sind Attribute des Bewusstseins, nicht vernunftloser Materie.

139

Dass die Geister von Individuen existieren, wissen wir nur schlussfolgernd oder analogisch und nicht aufgrund direkter Wahrnehmung. Unser Gesellschaftsleben gründet auf dieser Erkenntnis, und danach handelnd, finden wir, dass sie im Großen und Ganzen wahr ist.

140

Genauso wie wir zuerst erklären, dass Wasser eine Flüssigkeit ist, später aber die Entdeckung machen, dass es eine gasförmige Verbindung ist, so wird uns in einer Vision zuerst enthüllt, dass die ganze Welt Licht ist und später, in der Erkenntnis, dass sie GEIST ist.

141

Denken ist eine mental vollzogene Handlung und deutet, wie alle Handlungen, auf die Existenz von jemandem hin, der bereits existiert, oder auf etwas, das nicht von der Denkhandlung abhängig ist.

142

Der Schriftsteller Georg Moore interessierte sich nicht besonders für Metaphysik und befasste sich meistens nicht mit diesem Thema. Dennoch enthielt ein von ihm geschriebener Satz das wichtigste und bedeutendste metaphysische Prinzip. Er lautete: „Mein eigener Geist allein ist alles, was ich kenne."

143

Ohne einen Denker kann es keinen Gedanken geben. Sobald wir nach dem zu suchen beginnen, was denkt, beginnen wir einem Weg zu folgen, der zur SEELE führt.

144

„Ich sehe" und „ich weiß" sind zwei ganz normale Redewendungen. Aber welche ungeheure metaphysische Bedeutung hinter ihnen steckt!

145

Wenn der Mensch sich selbst zu beobachten beginnt, weil er wissen will, was oder wer er ist, ist das, was er zuerst bemerkt, keinesfalls das, was er später, am Ende, wird bemerken müssen - das Bewusstsein.

146

Kraft des Lichtes des Geistes ist der Mensch imstande, zu wissen, zu denken und zu fühlen.

147

Wenn der Mensch erkennt, dass er über die Fähigkeit zu denken und Ideen herzustellen verfügt, über die Fähigkeit, die Worte oder Bilder zu entdecken, in die er diese Ideen kleiden kann, sollte er daran denken, dass all dies nur wegen der Vorrangstellung des Geistes möglich wird. Geist-Bewusstsein existiert bereits, und daher können sie exstieren. Ohne dessen vorhergehende Existenz könnten sie nicht ins Dasein treten.

148

Dieser tiefe, unbekannte Geistesgrund bestimmt das sich an der Oberfläche abspielende Leben des Geistes und stellt den Schlüssel zu dessen bewussten Richtungen dar; daher sollte er Hauptgegenstand unserer Studien sein.

149

Das, was es uns möglich macht, die Außenwelt zu erkennen und des inwendigen Selbst gewahr zu sein, ist GEIST.

150

Ist der Mensch nicht mehr als ein Nervenbündel, Fleisch und Knochen? Das Denken wirft diese Frage auf und nur das Denken vermag sie zu beantworten. Kein Fleischerladen, sei er noch so vollgestopft mit Nerven, Fleisch und Knochen, wird sie jemals beantworten. Nur das Prinzip des Denkens im Menschen, das eine Emanation seiner Seele ist, kann sich selbst erklären.

151

Geist ist es, was Gedanken verständlich, Dinge erfahrbar und den Denker (den Erfahrenden) selbst-bewusst macht. GEIST - der rätselhafte, unbekannte Hintergrund unseres Lebens.

152

Wir kennen das Selbst nicht direkt, sondern nur durch die Gedanken, die es hervorbringt. Es ist unmöglich, es intellektuell zu untersuchen, und es ist ebenso unmöglich, es bei unseren Untersuchungen auszuschließen.

153

Dinge existieren nur in der Rolle bekannter Dinge. Wenn sie für unsere Sinne abwesend sind, sind sie in unseren Gedanken zugegen. Wenn sie für unser Bewusstsein abwesend sind, müssen sie dem universalen Bewusstsein gegenwärtig sein. Alles als etwas Bekanntes charakterisierte kann nicht das Prinzip des Erkennens selbst sein.

154

Denken ist nur möglich, wo es ein Objekt gibt, über das nachgedacht werden kann, ob es nun ein materielles oder eine bloße Idee ist. Wir können nicht denken, außer es ist etwas in unserem Geist. Dies bedeutet, dass jede Denkhandlung zwei Elemente aufweist, das Denken selbst und das Objekt oder die Idee, über das nachgedacht wird. Aufgrund der psychologischen Beschaffenheit des Menschen sind diese Elemente so miteinander verbunden, dass das Erste nicht ohne das Zweite existieren kann.

Das Gleiche trifft auf die Handlung des Sehens zu. Wir können nichts sehen, außer es ist irgendein Objekt, etwas, das gesehen werden kann, zugegen. Daher hängt das Sehen von zweierlei ab, vom Sehvorgang selbst und vom gesehenen Objekt. Beide sind so eng miteinander verknüpft, dass der eine nicht existieren könnte, wenn es das andere nicht gäbe.

Nach hinreichendem Nachsinnen mögen diese Darlegungen leichter zu verstehen sein. Dass aber auch ihr Gegenteil stimmt, wird viel schwieriger zu verstehen sein. Das heißt, kein Objekt und keine Idee kann existieren, ohne dass daran gedacht wird, noch kann etwas Wahrnehmbares existieren, ohne dass etwas oder einer es sieht. Kurzum, die hier miteinander verbundenen Faktoren bedingen sich gegenseitig.

Es ist unmöglich, dass ein denkbares Objekt oder eine denkbare Idee in einem Zustand existiert, in dem das Denken selbst unmöglich ist. Es ist unmöglich, dass ein sichtbares Objekt in einem Zustand existiert, in dem das Sehen unmöglich ist. Da alles Materielle entweder denkbar oder sichtbar oder beides ist, folgt, dass das ganze materielle Weltall sein Sein im Gesehen-Werden und Wahrgenommen-Werden hat. Es ist nur eine Erscheinung im Geist des Denkers oder vom Wahrnehmenden abhängig. Keine Idee, kein Objekt könnte eine vorstellbare Existenz haben, wenn der Wahrnehmende selbst niemals eine hätte. Etwas Lebendiges und Bewusstes, das an sie denken und ihrer gewahr werden kann, muss zuerst durch ihre Beziehung zu diesem existieren. Sie können unmöglich losgelöst von einem bewussten Geist leben.

Stellen wir uns einen universalen Zustand vor, in dem kein Körper vorhanden wäre, kein Geist, der an etwas denken, etwas wahrnehmen oder sich etwas bewusst sein könnte, so sind wir schlechterdings außerstande, eine Farbe oder ein Objekt oder einen Klang in diesem Zustand aufzustellen.

Dies trifft zu, ob wir es nun auf bloße Ideen oder auf harte und schwere Dinge, die wir sehen und fühlen, etwa auf Häuser und Bäume, anwenden. Ohne vorangehende Reflexion und Meditation ist dieser Punkt unverständlich, denn er scheint in Widerspruch zur alltäglichen Erfahrung und zum gesunden Menschenverstand zu stehen. Kurz gesagt, Materie ist eine mentale Sinneswahrnehmung und nicht die Ursache einer mentalen Sinneswahrnehmung.

155

Welcher Gedanke, welche Idee, welches Bild oder Erinnerung auch immer in uns aufsteigt, sie ist nicht von unserem Geist und infolgedessen nicht von uns getrennt. Und weil jedes Objekt, Ding oder Lebewesen in der Welt um uns nur ein Gedanke, eine Idee, ein Bild oder eine Erinnerung für uns ist, ist es auch nicht von uns getrennt.

156

Jeder, der imstande ist, sich eine wirkliche Trennung zwischen Gedanke und Sein vorzustellen oder sie zu empfinden, hat ewas fertig gebracht, wozu ich schlechthin nicht imstande bin. Im Gegenteil, ich sehe mich stets gezwungen, mir vorzustellen oder zu empfinden, dass eine wesentliche und unvermeidliche Verbindung zwischen ihnen besteht.

157

Niemals kennen wir Dinge für und in sich selbst, sondern nur für und im Geist.

158

Geist kann nur das, was von gleicher Art wie er selbst ist, kennen, nämlich Gedanken.

159

Hätte ein Objekt meiner Erfahrung nichts mit meiner Idee des Objekts gemein, so könnte es nicht einmal in diesem vermeintlichen Bezug von Ursache und Wirkung stehen. Steht es in diesem Bezug, welches Ding haben sie dann gemein? Es gibt keine Antwort auf diese Frage, außer die mentalistische.

Raum ist einfach die Art und Weise, auf die unser Geist die Welt sieht. Raum ist rein mental und nichts wirklich außerhalb von uns Liegendes. Die logische Folge davon ist, dass alle Dinge, weil im Raum existierend, auch im Geist existieren müssen. Aber der Geist kann nur mentale Besucher empfangen; nicht-mentale Stoffe aufzunehmen, ist er zu fein. Der Geist kann nicht empfangen, was von völlig anderer Art ist als er. Infolgedessen müssen alle Dinge als Ideen an ihn herantreten.

161

Der Geist kann sich nur mit verwandten Objekten befassen, die aus seiner eigenen Substanz gestaltet sind, also nur mit Gedanken und Ideen. Wo er also materielle Objekte kennt, müssen diese in Wirklichkeit Ideen sein.

162

Geist und Materie sind nicht vergleichbare Größen. Geist kann nur mit etwas Beziehung anknüpfen, das mit seinem subtileren Wesen verwandt ist, nicht mit etwas, das, wie es von der Materie heißt, von ganz anderer Art ist. Das, was der Geist kennt, muss in Bezug zum GEIST selbst von Bedeutung sein. Zwischen Geist und Materie muss es eine Artgemeinschaft geben, eine gemeinsame Identität von Substanz. Die Welt als ein Gekanntes kann ihrem Wesen nach unmöglich außer-mental sein. Daher müssen die Wesensmerkmale von dem, was der Geist kennt, mental sein - das heißt, sie machen unsere Ideen aus.

163

Mit dem, was von gleichem Wesen ist wie er selbst, mit dem, das ihm entspricht und dem, was auch mental ist, vermag der menschliche Geist eine Verbindung herzustellen - das heißt, er vermag sich dessen gewahr zu werden. Dass materielle Dinge direkt an das nicht-materielle Bewusstsein des Menschen herantreten, ist unmöglich.

164

Wären unser Bewusstsein von der Welt und die Welt selbst nun doch so grundverschieden, dann könnte es unmöglich jemals zu einem wirklichen Kontakt zwischen ihnen kommen. Aber es kommt dazu, und zwar deswegen, weil die Welt nichts geringeres ist als eine Idee des Geistes.

165

Wenn du gewillt wärst, gründlich genug zu denken, würdest du der Behauptung beipflichten müssen, dass du nur die Idee eines Dinges und nicht das Ding an sich kennen kannst.

166

Zwei ganz verschiedene, in keiner Weise verwandte Dinge können nicht zusammenarbeiten oder sich gegenseitig beeinflussen. Dies ist der springende Punkt des mentalistischen Arguments.

167

Der menschliche Geist befasst sich allzeit mit menschlichen Auffassungen von Dingen, meint dabei aber, er befasse sich mit den Dingen selbst.

168

Zwei Lippen äußern ein einziges Wort. Der Erfahrende und das erfahrene Objekt sind ein einziger Stoff.

169

Geist ist das erkennende Subjekt und Geist ist das erkannte Objekt. Im ersten Fall nimmt er die innere Form des Selbst-Bewusstseins an, im zweiten die äußere Form der erfahrenen Welt.

170

Analysieren wir die Erfahrung von der menschlichen Erfahrung selbst, so stellen wir fest, dass sie sich auf den Kenner und das Gekannte, auf den Geist und seine Denkvorgänge zurückführen lässt. Letzten Endes sind alle Versuche, das physische Objekt von den Sinneswerten und diese von den Wahrnehmungen zu trennen, künstlich.

171

Der Geist kann sich nicht außerhalb von sich selbst projizieren, um zu beobachten, was er ist. Er kann sich nur durch das, was er weiß, tut oder wünscht wahrnehmen, nur wenn seine Existenz in einer gegebenen Situation zum Ausdruck kommt.

Das sichtbare Objekt, das das Objekt sehende Auge und die Handlung des Sehens selbst sind alle Teil einer mental entworfenen Szene. Alle sind Ideen.

Die philosophische Bedeutung der Einstein'schen Entdeckungen - dass das Wesen der Welt vom Wesen der Beziehung zwischen der Welt und dem die Welt Sehenden abhängt, dass wir in Wirklichkeit nicht von einem Objekt sprechen können, ohne auch von dessen Beobachter zu sprechen, und dass das Kennzeichen dieser Abhängigkeit Zeit ist - entspricht ganz unserer eigenen Lehre. Alles, was wir sehen, wird vom Geist gesehen. Vom Geist getrennt, wissen wir nichts von der Existenz des Sichtbaren, und vom Geist getrennt, könnte der Zeitgedanke nicht für uns auftauchen. Kurz gesagt, jedwedes existierende Objekt ist gänzlich abhängig von seinem Subjekt - vom GEIST.

Erfahrung ist eine Einheit und kann nicht in Geist und Materie gespalten werden. Wir können die Welt unter keinen Umständen von dem Geist trennen, der sie kennt. Die zwei sind allzeit verbunden. Mit dem Einwand, dass es diese Verbindung zwar innerhalb, aber nicht außerhalb der Handlung des Erkennens geben müsse, spricht man Worte aus, die sich in Luft auflösen, sobald man ihre Bedeutung analysiert. Denn die einzige Welt, von der menschliche Wesen jemals sprechen können, ist die, über die sie nachdenken können und die demzufolge eine Idee in ihrem Geist ist.

Weil ich ein bewusstes Wesen bin, bin ich mir physischer Sinneswahrnehmungen und mentaler Gedanken gewahr; aber das Bewusstsein, das die Existenz dieses Gewahrseins möglich macht, existierte selbst vor den Sinneswahrnehmungen und vor den Gedanken, und das trifft ebenso auf Neugeborene wie auf Sterbende zu. Eben das nimmt der materialistische Anatom, der den Körper zerlegt, nicht zur Kenntnis. Dies ist das vergessene Selbst der sagenhaften Zehn, die in der indischen Mythologie einen Fluss überqueren, und dies ist das großartige Geheimnis, das der Mentalismus uns enthüllt.

Der zehnte Mann in dem hinduistischen Märchen, der, als er prüfte, ob alle, mit denen er den Fluss durchquert hatte, sicher angelangt waren, sich selbst zu zählen vergaß; der hebräische Rabbi, der im Sterben liegend sagte: „Wenn sich herausstellt, dass es keine Zunkunft gibt, wie soll ich da lachen?" und der Wissenschaftler, der die Existenz des Geistes leugnete, weil das fleischliche Gehirn Bewusstsein herstelle - sie alle drei veranschaulichen, wie leicht es ist, bei der Betrachtung des Objekts das Subjekt zu vergessen.

177

Das Objekt, mit dem die Sinne direkt in Berührung kommen, wird als eine Sache betrachtet; die mentalen Eindrücke, die in uns entstehen, während wir an das Objekt denken, werden als eine zweite und ganz verschiedene Sache betrachtet. Dies stellt eine sehr einfache und allem Anschein nach einleuchtende Sicht des Sachverhalts dar. Der Durchschnittsmensch, und darunter verstehe ich einen nicht über metaphysische Dinge reflektierenden Menschen, hält diese Darlegung und ihre Unterteilung der Natur in Mentales und Materielles für unanfechtbar. Analysieren wir aber die Art und Weise, auf die wir Objekte wahrnehmen, so stellt sich heraus, dass der Wahrnehmende und das Wahrgenommene in der Handlung des Wahrnehmens untrennbar sind. Wir sind nicht imstande, eine Dualität von Idee und Ding nachzuweisen, sondern nur deren Einheit.

3

Das Individuum und der Welt-Geist

1

Es behandelt die Philosophie die Welt nicht als einen Schatten. Solange wir uns selbst nicht als Schatten behandeln, können wir die Welt nicht als solchen behandeln, da wir als endliche Wesen Teile der Welt sind. Auch beraubt die Philosophie den Menschen nicht seiner Wirklichkeit. Sie verlagert nur den Schwerpunkt, ohne dass er dabei irgendetwas verliert.

2

Wir können an Dinge nur als wirklich existierende denken und nicht auf eine andere Weise. Daran ändert sich nichts, ob wir nun reflektierend innehalten und ihre Geisthaftigkeit begreifen oder ob wir, wie gedankenlose Millionen, glauben, dass die Erscheinung von Materie deren einzige Wirklichkeit darstellt und uns mit diesem Glauben begnügen.

3

Ihr zweifelt ganz zu recht, ob es nützlich ist, sich auf ein endloses Studium der komplizierten Klassifikationen eurer Umgebung einzulassen, wenn diese unwirklich ist. Aus der Sicht des höchsten und letzten Weges ist ein solches Studium Zeitverschwendung, und deshalb lässt man sich nicht darauf ein. Das Ziel dieses Weges besteht in der Erkenntnis der höchsten und letzten Wirklichkeit, eine Erkenntnis, die mit einem spontanen Verständnis aller ihrer unwirklichen Spiegelbilder einhergeht. Indes gilt es, das Wort „unwirklich" mit Vorsicht zu gebrauchen. Die Welt ist nicht unwirklich, sondern ihr Verständnis durch die Sinne. Jedes Objekt, das getrennt und als eine unabhängige Entität betrachtet wird, ist unwirklich, aber wenn es als das betrachtet wird, was es in seiner formlosen Essenz ist, ist es wirklich. Einfacher gesagt: Alles Sichtbare ist nur eine Idee im Geist. Ideen kommen und gehen und sind nur in diesem Sinne unwirklich; aber der Stoff, aus dem sie gemacht sind - der GEIST - kommt und geht nicht und stellt die höchste und letzte Grundlage aller Ideen und infolgedessen ihre höchste und letzte Wirklichkeit dar. Ihr versucht zu verstehen, was dieser GEIST ist.

Es mag euch jetzt vielleicht langsam klar werden, dass die ganzen theosophischen Lehren über die sieben Körper des Menschen, die fünf Tattvas (kosmischen Kräfte) und Prakriti (die ursprüngliche Materie) Lehren für Anfänger sind, die die großartige Wahrheit, dass alle diese nur Ideen sind und man nur den GEIST zu erkennen suchen sollte, nicht verstehen können. H.P. Blavatsky verbreitete diese Lehren, weil sie wusste, dass der Westen im 19. Jahrhundert nicht metaphysisch, sondern wissenschaftlich gesinnt und die Wissenschaft zu jener Zeit erschreckend materialistisch war. Konnte sie etwas anderes tun, als diese weniger anspruchsvollen Lehren zu verkünden? Sie selbst schreibt in einem ihrer Bücher, sie hätte den Schlüssel nur drei- oder viermal im Schloss zum Geheimnis des Weltalls umgedreht. In der Mitte des 20. Jahrhunderts ist nun der Zeitpunkt gekommen, die restlichen Drehungen auszuhändigen, die die höhere philosophische Wahrheit bekannt machen werden, auf die die Menschheit heute besser vorbereitet ist.

4

Zu sagen, die Welt existiere nicht, fördert weder die Sache der Wahrheit noch hilft es dem nach Wahrheit Suchenden. Ihre Existenz zu bekräftigen, diese Bekräftigung indes mit dem Nachsatz „nicht materiell, sondern nur mental" zu qualifizieren, bedeutet, die Erfahrung richtig zu beschreiben. Der Traum existiert im träumenden Geist als eine Reihe von Gedanken, wiewohl seine Welt nicht physisch ist.

5

Alles, was uns die Sinne über Dinge und Menschen, Szenen und Ereignisse berichten, ist mit Sicherheit in unserer Erfahrung vorhanden und wird keinesfalls in Abrede gestellt: Auf eine so törichte Abrede erhebt der Mentalismus nachdrücklich nicht Anspruch.

6

Das Wesen der Welterfahrung, wie Bewegen, Sprechen oder Lesen, muss schließlich als mental oder geistgeschaffen verstanden werden. Eure Erfahrung von Tätigkeiten oder Formen wandelt sich nicht, nur euer Verständnis von ihr. Es handelt sich im Grunde um eine geistige Tätigkeit und es sind geistige Formen. Denn gleich, was sie tun, und gleich, wie sie sich verhalten oder sich zu verhalten scheinen, alles, was ihr über sie wissen könnt, kann nur mit dem Geist verstanden werden. Sie haben offensichtlich ihre eigene Existenz und ihre eigene Tätigkeit, selbst wenn ihr nicht zugegen seid, um sie zu beobachten. Wir müssen unseren gesunden Menschenverstand nicht über Bord werfen, selbst wenn wir lernen, philosophisch zu denken.

7

Aber all das bedeutet nicht, dass die Philosophie verlangt, wir sollten dem Zeugnis unserer Sinne misstrauen. Dieses ist richtig genug für alle praktischen Alltagszwecke. Sie verlangt nur, dass wir die Bedeutung aller Sinneserfahrung tiefer ergründen.

8

Als mentale Erfahrung existiert die Welt gewiss, aber das stellt nicht die höchste Art von Erfahrung dar. Wir dürfen hoffnungsvoll nach einer anderen suchen, die die derzeitige übersteigt. Auch ist es nicht notwendig, auf den Tod zu warten, um sie zu finden.

9

An den Naturgesetzen ändert sich nach wie vor nichts, selbst wenn wir die Entdeckung machen, dass die NATUR mental, nicht materiell ist.

10

Zu behaupten, die Welt sei nicht vorhanden, existiere nicht und einer, der erleuchtet ist, nehme sie nicht wahr, verwirrt Anfänger nur. Darüber hinaus ist es semantisch unvollständig. Schüler wären aufnahmefähiger und würden klarer verstehen, wenn man ihnen sagte, dass die Welt sehr wohl existiert, aber nur wie ein Traum, als eine Idee im Bewusstsein und als dessen Erfahrung.

11

Von der Existenz eines Dinges in der Welt nimmt der Mentalismus doch nichts weg, es bleibt alles davon übrig!

12

Eine Lehre, die die Existenz der Welt nicht einräumt, ist nicht nur praktisch unbrauchbar, sondern auch ein Zeitverschleiß für alle, die sich mit ihr befassen.

13

Der Mentalismus ist nicht so dumm, dass er die Existenz unserer vertrauten Welt leugnet, die wir täglich erfahren. Er leugnet nur, dass wir sie unabhängig vom Geist oder außerhalb des Geistes erfahren.

14

In der höheren Philosophie wird die Existenz der Welt nicht wie von den Anhängern des indischen Vedanta oder der Christlichen Wissenschaft geleugnet. Die Welt ist nicht weniger wirklich als die Menschheit. Nur muss man verstehen, dass sie eine Manifestation des GEISTES und keine Illusion ist. Da GEIST die EINE WIRLICHKEIT ist, folgt daraus, dass die Welt nicht unwirklich sein kann. Die von ihr angenommene Gestalt ist freilich vergänglich, nicht aber deren Wesen.

Was die Manifestation der Welt betrifft, wird auch die Ursächlichkeit nicht in Abrede gestellt, sondern anerkannt. Indes lässt sich diese nicht von der zeitlichen Reihenfolge trennen. Wenn der GEIST-AN-SICH auf meditative Wege in seinem nichtmanifesten, in seinem zeitlosen Zustand erkannt wird, verschwindet die Ursächlichkeit.

Gewiss ist der menschliche Geist, so wie wir ihn normalerweise kennen, nicht fähig, so viele wunderbare Vorgänge in der Natur zu erfinden. Die Welt ist die Erfindung des UNIVERSALEN GEISTES. Aber letzterer wirkt im und durch den menschlichen Geist. Was er überreicht, ist ein allen Menschen Gemeinsames. Aber er tritt nur im Bewusstsein an die Menschheit heran, ist also eine Idee. Aufgrund unserer individuellen Einzigartigkeit ist die Idee für alle nicht ganz die gleiche; jeder bekommt sozusagen nur einen Aspekt. Indes würde selbst das Verschwinden der Menschheit von der Erde nicht das Verschwinden aller Naturerscheinungen beinhalten, denn dies kann nicht geschehen, wenn andere Wesen, etwa Tiere, existieren.

15

Der Mentalismus schrumpft unsere Erfahrung der Welt zu einem Schatten. Er lässt uns die Wirklichkeit, von der wir so überzeugt sind, behalten, weist aber auf eine höchste und letzte Wirklichkeit hin, von der sich diese Überzeugung ableitet.

16

Wie kann ein Mensch die Gegenwart der Welt, in der er lebt, sowie des Körpers, in dem er denkt, vernachlässigen und sich Philosoph nennen? Wie kann er es wagen zu behaupten, sie beide seien nicht vorhanden?

17

Ein ausgeglichen Denkender kann die Gegenwart der Welt als eine Tatsache der Erfahrung akzeptieren, ohne an die grobe materialistische Theorie zu glauben, die deren physische Gegenwart zur einzigen Wirklichkeit erhebt. Er kann ihre Wirklichkeit im Bewusstsein (Geist) und nicht in der Materie finden, ohne in das gegensätzliche Extrem zu verfallen und diese Gegenwart von sich zu weisen, und ohne diese Erfahrung in Abrede zu stellen.

18

Meine Mitmenschen sind selbst nur Ideen, ebenso wie die unbelebten Objekte, vor deren Hintergrund ich sie sehe. Denn auch sie kenne ich nur als Berichte meines Geistes. Sogar ihre fleischlichen Hüllen, in denen sie individuell vor meinen Augen Gestalt annehmen und verkörpert sind, sind nur Sinnes-Bilder, deren Lebensraum völlig subjektiv ist.

19

Wenn sie auch nur Energiewellen sind, so sind sie doch erkennbar als Menschen und Bäume; wenn sie auch nur Ideen im Bewusstsein sind, so werden sie dennoch für wirkliche Menschen und greifbare Bäume gehalten.

20

Gewiss wird der Körper eines Menschen, außer er ist blind, taub, stumm, ohne Haut oder medikamentös betäubt, die Eindrücke, die die Außenwelt auf ihn macht, verzeichnen. Das heißt, der Mensch wird die Existenz der Welt zur Kenntnis nehmen, ob er nun Philosoph ist oder nicht. Für einen Mentalisten ist das Wesen dieses Gewahrseins eine andere Sache, aber die Tatsache besteht nach wie vor.

21

Lehren, die uns zu überzeugen suchen, dass die Welt um uns nicht wirklich existiert, werden uns - das darf man wohl sagen - kaum helfen, wirksame Staatsbürger zu werden.

Die Traum-Analogie

22

Dass das Leben eine Art von Traum ist, deutet bereits die Religion an. Es wird in der Meditation erlebt und stellt eine von der Philosophie richtig verstandene Erkenntnis dar.

23

Das irdische Leben ist nur ein Traum, ausgelebt in einer geträumten Umwelt und einem geträumten physischen Körper. Traum-Erlebnisse sind nur Ideen; während des Schlaf-Traums sieht, hört, berührt, schmeckt und riecht der Mensch ebenso wie während des Wach-Traums. Wachsein ist also nur die Erfahrung von verkörperten Ideen, aber doch eben Ideen.

Gottes kosmischer Traum: Alle universalen Tätigkeiten sind nur Gottes verschiedene Ideen - göttliche Ideenbildung körperlich gemacht und auf die Leinwand des menschlichen Bewusstseins geworfen. Die kosmische Illusion prallt auf die Sinne des Menschen und wird inwendig vom GEIST gesehen, durch Bewusstsein, Sinneswahrnehmung und Körperorgane.

24

Die Welt ist weder eine Illusion noch ein Traum, sondern beiden nur analog. Es stimmt, dass die Mystiker oder Yogis sie als solche erleben. Dies stellt einen Schritt hin zur Erlösung dar, darf aber nicht fälschlicherweise für die Erlösung selbst gehalten werden. Beim Übergang zur höheren und philosophischen Stufe werden sie entdecken, dass alles GEIST ist, ob letzterer schöpferisch tätig oder latent passiv ist; dass die Welt in ihrem essentiellen Stoff dieser GEIST ist, wiewohl seine speziellen Formen vergänglich und sterblich sind; und dass infolgedessen nicht wirklich ein Unterschied zwischen irdischer und göttlicher Erfahrung besteht. Diejenigen, die an Formen, an Erscheinungen gekettet sind, konstruieren einen solchen Unterschied, weil sie annehmen, dass Geist und Materie, Nirvana und Samsara, Brahman und Maya und so weiter einander widersprechende Gegenteile seien. Aber diejenigen, die Einsicht entfaltet haben, nehmen den essentiellen Stoff jedes Dinges und dessen Formen wahr; daher sehen sie alles als EINS. Es ist so, als ob ein Träumer wüsste, dass er träumt und deshalb verstehen würde, dass die ganzen Traum-Szenen und Gestalten nichts anderes sind als ein und derselbe Stoff - sein Geist - er die Traum-Erfahrung aber nicht verlöre.

25

In drei Formen lassen sich die üblichen Einwände gegen den Mentalimus zusammen-
fassen: (1) Ein Ding hört nicht zu existieren auf, wenn wir nicht mehr an es denken;
Australien steht nach wie vor im Atlas, selbst wenn wir nicht über Australien nachdenken. (2) Die Tatsache, dass wir nicht an ein Ding denken, verhindert nicht, dass ein
solches Ding ins Dasein tritt. (3) Unser Gewahrsein von Dingen ist im Allgemeinen
ganz unfreiwillig; wir entscheiden uns nicht, sie ins Dasein zu denken - sie sind einfach
da. Auf diese und alle anderen Einwände erwidert der Mentalismus einfach: Betrachtet
euer Leben als einen Traum! Dadurch wird allen möglichen Einwände die Grundlage
entzogen, auf der sie fußen. Sie scheinen richtig, solange wir in das Blendwerk des
Träumens verstrickt sind, aber sobald wir aus dem Traum selbst erwachen, erkennen
wir, dass sie falsch sind.

26

Jemand, der weiß, dass er träumt, ist bereits halb aufgewacht aus der Illusion dieser
Welt.

27

Mark Aurel verglich das Leben auf dieser Welt nicht nur mit einem Traum, sondern
sogar mit einem Delirium! Dennoch war er ein praktisch überaus erfahrener Mann, ein
siegreicher Soldat und römischer Kaiser. Und während der griechische Dichter Pindar
und der griechische Dramatiker Aristophanes den Traum nur als Metapher zur Beschreibung unseres physischen Lebens gebrauchten, benützte Plotin ihn als Sachverhalt.

28

„Mach mir doch nicht weiß, dass die Bombe, die mein Haus zerstört, nur eine Idee ist!"
Antwort: Auch hier mögen wir zur Veranschaulichung eines schwierigen Punktes das
Traumbeispiel zu Hilfe zu rufen. Der Tiger, der dich in einem Traum verletzt, ist zugestandenermaßen eine Idee. Sowohl der Tiger als auch die Bombe sind deinem Geist
lebhaft vor Augen - aber beide sind mental. Wie kommt es, dass uns ein amputierter
Fuß nach wie vor schmerzt, wiewohl der äußere materielle Fuß nicht mehr da ist? In
beiden Fällen haben wir es offensichtlich mit Wirkungen des Geistes zu tun.

29

Genauso wie der Träumende selbst unwissentlich die Dinge erschafft, die ihm erscheinen, so erfährt der Wache nur seine eigenen Gedanken von der Welt. Wenn diese Gedanken nicht da sind, sind weder er noch seine Welt da. Er und seine Erlebnisse sind Inhalte des Geistes. Es ist nicht so, dass er - wie allgemein angenommen - einen Geist hat, sondern dass er - der Ego-Gedanke - im Geist und niemals davon getrennt ist. Die Welt erscheint vor dem wachenden Träumer, genauso wie sie vor dem schlafenden Träumer erscheint, nur erscheint sie zusammenhängender, beständiger und logischer. Letzten Endes ist das Geheimnis des Weltalls das Geheimnis des Geistes. Die sinnvolle Frage, mit der sich Wissenschaftler beschäftigen sollten und letzten Endes beschäftigen werden müssen, lautet: „Was ist GEIST?" Ihn Gehirn oder Fleisch zu nennen, ist eine irreführende Antwort.

30

Eure physischen Sinne sagen euch, die Welt ist absolut wirklich. Eure intellektuelle Reflexion und intuitive Erfahrung sagen euch, sie ist wie ein Traum.

31

Das Leben ist ein Traum, ein unendlicher Traum, ohne Anfang und ohne Ende.

32

Als junger Mann konnte Swami Vivekananda die Welt nur als einen Traum sehen. Auf einem Spaziergang in Kalkuttas öffentlichem Park stieß er einige Male mit dem Kopf gegen das Geländer, um zu sehen, ob es wirklich oder bloß ein geistiges Trugbild sei. Auf diese Weise wurde ihm ein kurzer Einblick in die Nicht-Zweiheit zuteil.

33

Dass Schmerz das mentale Endergebnis eines körperlichen Vorgangs ist, stellen Materialisten nicht in Abrede, wohl aber, dass das mentalistische Wesen des Schmerzes unabhängig von diesem Vorgang existieren kann. Wir müssen sie dazu bewegen, sich ihre Träume und speziell ihre Alpträume anzusehen.

34

Aus dem Welt-Traum aufzuwachen und seinen Traumgenossen mitzuteilen, dass dessen Wirklichkeit nur eine Vorstellung ist, bedeutet, seine Stimme so vergeblich zu erheben, wie der Prediger in der Wüste.

35

Einem Träumenden bereiten die schrecklichen Trugbilder seines Alptraums so lange Schmerzen und Leid, solange er glaubt, sie seien wirklich. Wenn er sich aufrüttelt und erwacht, stellt sich heraus, dass sie in Wirklickeit Halluzinationen sind. Des Schülers langwierige, die ganze Suche während Bemühungen, sich selbst zu erwecken, sind erfolgreich, wenn er intellektuell und gefühlsmäßig weiß, dass das Wach-Leben selbst wie ein Traum ist, letzten Endes nur ein immer und immer wieder aufgegriffener Gedanke.

36

Das Leben ist nur ein Traum. Nichts, was wir in Erfahrung bringen, vermag an dieser harten Tatsache etwas zu ändern. Indes können wir bewusste Träumer sein.

37

Die Menschen schrecken instinktiv vor der Vorstellung zurück, dass ihr ganzes Leben, ihr Hab und Gut, ihre Familie und Ambitionen - dass all dies wie ein Traum ist, reine Ideen. Das Ego zuckt zusammen unter dem Schlag, der seiner eigenen Wirklichkeit dadurch versetzt wird. Das Fleisch lehnt sich auf.

38

Wenn das Leben wie ein Traum scheint, - was es für ihn ist - so scheint sogar der Träumer selbst ein Teil des Traums zu sein.

39

Es stimmt, nur ein überaus intelligenter Mensch vermag die mentalistische Lehre in ihrem ganzen Umfang zu verstehen. Aber es stimmt auch, dass die einfache Feststellung „Das Leben ist wie ein Traum" auch von jedem durchschnittlich Intelligenten verstanden werden kann.

40

Wie ein Träumer sehen wir eine Welt um uns und handeln in ihr, nur sind wir so hypnotisiert, dass wir an die Wirklichkeit unserer Erfahrung glauben, solange der Traum selbst währt. Und wie der Träumer bleiben wir im Grunde unberührt von dieser ganzen trügerischen Erfahrung, denn wir sind nach wie vor das ÜERSELBST, nicht das hypnotisierte Ego.

41

Euer Versuch, einen tieferen Sinn im Leben des Weltalls (und infolgedessen auch im eigenen) zu finden, braucht euch nicht daran zu hindern, dem ganzen - Suche, Selbst und alltägliches Schauspiel - mit fröhlicher Gelassenheit zu begegnen. Denn ihr mögt euch an der Vorstellung orientieren, dass das Leben wie ein Traum ist, dass die Welt und ihre Geschichte einen Strom von Ideen durch euer Bewusstsein darstellt und alle Persönlichkeiten, auch eure eigene, Teile der Unterhaltung sind.

42

Am Ende macht ihr die Entdeckung, dass der Mensch als GEIST seine eigene Welt der Objekte erschafft. Um dies zu verstehen, braucht ihr nur eure Träume ins Auge zu fassen. Ihr seid euch nicht bewusst, sie erzeugt zu haben, doch aus was sonst sind sie aufgetaucht, wenn nicht aus reinem Bewusstsein? Dies zeigt, dass der Geist über die Kraft verfügt, Szenen, Menschen und so weiter herzustellen. Freilich beziehe ich mich hier auf das, was man den Unbewussten Geist nennt.

43

Viele haben die Traumhaftigkeit der Welt während der Meditation oder sogar zu anderen Zeiten erfahren. Da Träume nur Gedanken sind, bedeutet dies, dass sie die Wahrheit des Mentalismus zu spüren bekamen. Aber die Welt ist nur wie und nicht wirklich ein Traum. Wenn ihr noch feiner über den Grund meditiert, stellt ihr fest, dass die Welt in Wirklichkeit die reflektierte Substanz GOTTES ist, die Selbst-Veräußerlichung des KOSMISCHEN GEISTES. Dort ist sie ihrem Wesen nach göttlich. Ihre Form ist im Wandel begriffen und eine Erscheinung, aber ihr höchster und letzter Stoff ist in Wirklichkeit GOTT. In diesem Sinne ist das Leben hier auf dieser Erde göttlich. Sobald ihr das begreift, findet ihr eine neue Grundlage für euer Verhalten, eine tiefere Inspiration für eure Tätigkeit. Ihr könnt nicht nur Träumer oder Höhlenbewohner sein, könnt euch nicht einfach treiben lassen. Ihr müsst handeln. Aber jetzt werden Handlungen von diesem tieferen inwendigen Selbst inspiriert und ausgeführt werden, und deswegen werden sie unpersönlich und altruistisch sein.

44

Es gibt nur einen Geist, und alle Bezeichnungen - wie kosmischer Geist, Über-Geist etc. - sind nur mangelhafte und unvollständige Begriffe jenes höchsten einen Geistes, die von der Philosophie entwickelt wurden, um Schülern zu helfen, eine höhere Stufe zu erklimmen. Indes sind diese Begriffe keineswegs falsch. Sie stellen vielmehr Aspekte des gleichen höchsten und letzten, nur von verschiedenen Standpunkten aus betrachteten Geistes dar. Und da diese Standpunkte nicht die höchsten sind, spiegeln sie nicht die endgültige Wahrheit wider. Aus diesem Grunde ist es vorteilhaft, sich mit dem höchsten Standpunkt vertraut zu machen und sich stets vor Augen zu halten, dass es nur einen Geist, eine Wirklichkeit, ein Prinzip, eine Substanz, ein Sein gibt. Alle Dinge sind Formen oder Gestalten, die dieser Geist vorübergehend anzunehmen scheint. Der Schlüssel zum Verständnis dieser zugestandenermaßen schwierigen Punkte liegt darin, an das während des Traumes wahrgenommene Weltall zu denken und dann daran, dass das Weltall selbst, seine Meere und Erdteile, Völker und Tiere, Geschehnisse in der Zeit und Entfernungen im Raum, nicht vom Geist der träumenden Person getrennt existiert. Selbst wenn in diesem Weltall Millionen von Menschen leben, so sind sie nichts anderes als Ideen, die durch den Geist des Träumenden ziehen. Ihr höchster und letzter Stoff oder ihre höchste und letzte Wirklichkeit ist Geist, wiewohl der Träumende sie für so wirklich hält, wie Wasser, Feuer, Gas und die mehr chemischen Elemente. Als Nächstes gilt es, das im Wachsein wahrgenommene Weltall auf dieselbe Weise zu betrachten, allerdings mit einen Unterschied. Weil das Ego eine der geträumten Figuren in den Wach-Träumen ist, muss es zunichte gemacht werden, wenn der Traum durchbrochen und in Erfahrung gebracht werden soll, dass es sich um einen Traum im universalen Geist handelt.

45

Wo uns klar wird, dass der Geist während des Schlafs eine ganze Heerschar von Geschöpfen aus dem eigenen Selbst webt, verstehen wir ein bisschen von der Bedeutung der These, dass die ganze Welt nur eine mentale Schöpfung ist.

46

Erst wenn wir aus einem Traum erwachen, beginnen wir seine Bedeutung zu begreifen, aber davor mögen wir uns völlig von ihm täuschen lassen. Erst wenn wir aus dem Traum des Materialismus erwachen, beginnen wir einzusehen, dass er uns vollkommen hinters Licht geführt hat.

47

Wird sich die praktische Existenz des Menschen denn nicht gefährdet sehen, wenn man die mentalistische Wahrheit entdeckt, dass diese Existenz wie ein Traum ist? Die bereits Einseitigen werden noch einseitiger werden. Die in ihren materialistischen Einstellungen Festgefahrenen werden verunsichert werden und ins Wanken kommen. Aber die aufgrund ihrer intellektuellen und emotionalen Geschichte darauf Vorbereiteten werden imstande sein, ihr weltliches Leben sinnvoll zu gebrauchen, ohne sich davon beherrschen zu lassen.

48

Der amerikanische Schriftsteller Mark Twain schrieb ein Buch, nach dessen Beendigung er unmittelbar starb - sogar noch bevor es gedruckt und veröffentlicht werden konnte. Der Titel des Buchs lautete "The Mysterious Stranger" (Der geheimnisvolle Fremde). In diesem Buch stellte Twain die Wahrscheinlichkeit zur Debatte, dass unser ganzes Leben vielleicht nur ein Traum ist und wir, wenn das stimmt, daraus lernen können, die Schwierigkeiten des Lebens zu ertragen und bis zum Ende durchzuhalten. War es möglich, dass Twain, als der Schatten des Todes auf ihn zu fallen begann, eine Art von Intuition und Führung zuteil wurde?

49

Einige, die zu ahnen beginnen, dass all dies wie ein Traum sein mag, - was auf ein vages, ungenaues Aufleuchten des Mentalismus hinausläuft - sehen sich wie vom Schlag getroffen.

50

Solange ihr fasziniert seid vom Zauber des Welt-Geistes, seht ihr diese Bilder und Erlebnisse, diesen Traum, so, als ob sie die letzten Worte der Wirklichkeit wären.

51

Für den Mentalisten erscheint die Welt zwar wie ein Traum, aber nicht als ein Traum.

52

Der Sufismus lehrt, dass die Welt *Khayal* des *Khwab-i-Khuda* ist, der Gedanke oder Traum GOTTES.

53

Unser vergangenes Leben ähnelt nicht nur allzu schnell einem Traum, sondern nimmt sogar - und das ist schlimmer - die Gestalt eines in weiter Ferne liegenden Traumes an.

222

Wir alle sind wie die Figuren in einem Film, bei dem diese und die Episoden unwirklich, aber die Leinwand und der Projektor wirklich sind. Wohin gehen sie, wenn die Vorführung zu Ende ist?

Aus der abstrakten Idee, dass das Leben wie ein Traum und die Welt nur eine Gedanken-Form ist, macht der Philosoph eine konkrete Erfahrung.

Der individuelle Geist und das Welt-Bild

Der Gedanke der äußeren Welt stammt ursprünglich aus dem Universellen Geist (GOTT), während die Gedanken, die persönliche Wesensmerkmale betreffen, aus den unterbewussten, in früheren Inkarnationen entwickelten Tendenzen kommen. In beiden Fällen liegt die die Gedanken in Gang setzende Kraft außerhalb des bewussten Selbst. Aber aus eben diesem Grunde ist sie unwiderstehlich. Das Werk der SPIRITU-ELLEN SUCHE besteht einerseits darin, mit GOTT zusammenzuarbeiten, und andererseits darin, diese unterbewussten Tendenzen zu bewältigen.

Wie schwer es dem Durchnittsmenschen doch fällt, diese zentrale Tatsache zu begreifen, dass die Welt-Idee die Weltschöpfung ist. Die eine geht der anderen nicht voraus; noch stellt die zweite eine materielle Kopie der ersten dar. Der Mensch muss arbeiten, mit seinen Sinnen und seinem Intellekt, wenn er aus seinen Ideen Objekte machen möchte. Aber der Welt-Geist braucht sich nicht anzustrengen, um ein Weltall zu machen, hat in Wirklichkeit überhaupt nichts zu tun, denn Sein Gedanke ist das Ding. Einige Mystiker und die meisten Okkultisten haben das nicht begriffen. Ihre Verwirklichung des (heiligen) GEISTES brachte nicht die volle Offenbarung des (heiligen) GEISTES mit sich, und zwar deswegen, weil sie - meistens aufgrund mangelnder kompetenter Unterweisung - dessen vollkommene Leere nicht gründlich verstanden hatten. Nichts kann aus dem Universalen Geist kommen, das nicht geistig ist, nicht einmal die materielle Welt, die die Menschen zu bewohnen und zu erleben glauben. Die Wissenschaft steht mit ihrer grundlegenden Erforschung der Atomstruktur im Begriff, diese ungeheure Tatsache für möglich zu halten; aber den meisten Wissenschaftlern geht die Fähigkeit, metaphysisch zu denken, so restlos ab, dass sie den Materialismus verteidigen und den Mentalismus von sich weisen.

58

Für jeden Menschen ist die Welt das, was seine Gedanken ihm vermitteln, ausgedrückt als physische Sinneswahrnehmungen und -Begriffe im Wachzustand oder als Traum im Schlaf. Was sie alle zusammenhält, ist ein größeres Wesen - der WELT- GEIST. Ohne solche Gedanken gibt es kein Universum für ihn.

59

Das Weltall ist ein geistig vorgestelltes, ein vom ERHABENEN GEIST aus Geist-Stoff gemachtes Bild. Selbst wir, mit unserem kleinen, endlichen Geist, müssen tätig werden, bevor wir überhaupt eine Welt erfahren können.

60

Das Welt-Bild wird in unserem individuellen Geist verdoppelt, aber dieses verdoppelte Bild ist ganz und gar unser eigenes.

61

Wir empfangen das Hauptbild des WELT-GEISTES wie durch Hypnose, weil wir so innig in ihm verwurzelt sind. Aber wir empfangen es nur innerhalb der Grenzen unserer speziellen Aufnahmefähigkeit und nur auf der Ebene unserer individuellen Sinnesempfindungen. Das heißt, wir denken nur einen winzigen Bruchteil des ganzen Gedankens, wie er im Bewusstsein des WELT-GEISTES existiert.

62

Alle diese kleinen Geister, die das Weltall bewohnen und in den Naturreichen tätig sind, hätten nicht ins Dasein treten können, wenn es nicht einen universalen, ihren Urgrund bildenden GEIST gäbe. Sie weisen auf seine Existenz hin, zeugen wortlos von ihrer göttlichen Quelle. Die materialistische Vorstellung, nicht-intelligente „Materie" hätte individuelle Mittelpunkte intelligenten Lebens hervorbringen können, ist völlig absurd.

63

Die Vorstellungskraft ist es, sowohl die menschliche als auch die göttliche, die die Welt-Erscheinung für uns hervorbringt!

64

Frage: Warum haben wir alle, wenn die Welt wie ein Traum oder wie eine Halluzination ist, den gleichen Traum oder leiden wir alle unter derselben Halluzination? Warum projizieren wir ihn gemeinsam, statt unabhängig, da wir doch nachts, wenn wir schlafen, alle ganz verschiedene Träume oder untertags, wenn wir wach sind, ganz verschiedene Träumereien haben?

Antwort: Hinter unserem persönlichen Geist liegt ein anderer, unendlich gewaltigerer GEIST, der ihnen allen das gleiche Welt-Bild auferlegt, so dass sie alle es sehen und darin leben. Mehr noch, alle diese persönlichen Geister werden notwendigerweise von diesem gewaltigeren GEIST projiziert, so dass dieses Bild nicht weniger wichtig für sie ist als ihr eigenes Selbst. Der Geist erschafft diese Welt der Illusion, diese Bühne von Raum, Zeit und Form für sich selbst. Indes macht er sie nicht ganz ohne Anlass, denn das Bild, das er aufbaut, wird ihm von diesem hinter ihm liegenden GEIST eingeimpft - oder von ihm in ihn projiziert.

65

Die theosophische Lehre, dass es sich bei der physischen Welt um die Veräußerlichung einer Astralebene handelt, oder sogar die höhere platonische, dass die physische Welt eine Welt göttlicher Ideenbildung kristallisiere, ist für Anfänger gedacht. Sie soll ihnen ein grobes Verständnis vermitteln und stellt die erste Stufe zu der Theorie dar, dass die Welt eine Idee ist, bis sie geistig entwickelt sind. Wenn ihr Denken und Fühlen reif ist, ermuntert man sie, die Theorie von der Astralebene fallen zu lassen und weiht sie stattdessen in die reine Wahrheit ein, dass alle Existenz Idee ist.

66

Es gilt, eine weit verbreitete falsche Vorstellung vom Mentalismus zu klären. Wenn wir sagen, für den Menschen existiert die Welt nicht als ein von seinem eigenen Geist Getrenntes, heißt das nicht, dass der Mensch der alleinige Schöpfer der Welt ist. Wäre das der Fall, so könnte er leicht Zauberer spielen und eine hinderliche Umwelt in einem Tag umgestalten. Nein! In Wirklichkeit lehrt der Mentalismus, dass der menschliche Geist das vom WELT-GEIST geschöpfte und gefasste Welt-Bild wahrnimmt, indem er daran teilnimmt. Der Mensch ist nicht alleine für dieses Bild verantwortlich, das unmöglich existieren könnte, wenn es nicht auch im Bewusstsein des WELT-GEISTES existierte.

67

Es hängt die genaue Gestalt, die die Idee annimmt, wenn sie das Bewusstsein erreicht, von der allgemeinen Veranlagung der Person ab.

68

Da sich die Welt als ein niemals von unserem Geist Getrenntes erweist, sind wir gezwungen, sie mit unserem Geist zu verbinden. Da es ebenso augenscheinlich ist, dass der an der Oberfläche gelegene Teil unseres Geistes die Welt nicht vorsätzlich ins Dasein bringt, drängt sich der Schluss auf, dass der tiefere und unbewusste Teil sie hervorbringt und dieser zweite Teil seinem Wesen nach kosmisch sein muss und alle anderen individuellen Geister in seinen Tiefen wurzeln müssen. Dieser logische Vernunftschluss sieht sich durch die Erfahrung bestätigt, aber nicht durch die normale. Er wird bestätigt, indem wir in der mystischen Meditation einen abwärts, durch den Geist stoßenden Schaft graben und auf unser zweites, kosmisches Selbst stoßen.

69

Der WELT-GEIST ist nicht ein vergrößerter Mensch, und das Welt-Bild wird nicht dank dessen persönlicher und anhaltender Anstrengung in unser Bewusstsein „geschoben". Allein die Gegenwart dieses Bildes im WELT-GEIST genügt, um in allen anderen Geistern ein reflektiertes Bild zu erzeugen, wiewohl sie nur so viel aufnehmen werden, wie ihre spezielle Raum/Zeit-Ebene aufzunehmen vermag.

70

Der individuelle Geist vergegenwärtigt sich das Welt-Bild durch und im eigenen Bewusstsein. Wäre dies die ganze Wahrheit, dann wäre es nicht fehl am Platz, die Erfahrung eine private zu nennen. Weil der individuelle Geist aber untrennbar im universellen wurzelt, stellt dies nur einen Teil der Wahrheit dar. Der Welt-Gedanke des Menschen liegt in GOTTES Gedanke gefasst und umschlossen.

71

Sind wir, und auch das Weltall, weder Subjekte noch Objekte, sondern Projekte?

72

Eine zu einem früheren Zeitpunkt untersuchte metaphysische Lehre legt dar, dass die aufbewahrten karmischen Eindrücke der Welt-Erfahrung nachdrücklich und ohne Unterbrechung als Gedanken-Formen jener äußeren Dinge und Wesen im persönlichen Bewusstsein leben und die Grundlage von dessen eigener Getrenntheit bilden. Sie zwingen das Individuum in der Tat unmerklich, diese Welt in seine persönliche Erfahrung zu denken. Deswegen kann dem Menschen der Körper-Gedanke nicht einfallen, ohne dass ihm nicht auch gleichzeitig der Welt-Gedanke einfällt. Das Gegenteil trifft ebenso zu. Sein Bewusstsein vom physischen Ego ist verkettet mit seinem Bewusstsein von der physischen Welt. Aus eben diesem Grunde verliert er beider verknüpftes Bewusstsein während des Schlafs, wo der „Ich"-Gedanke den Körper-Gedanken fahren lässt und selbst nach innen in den Geist zurückgezogen wird. Wenn wir nun die Meditation wieder in Erwägung ziehen, entdecken wir folgendes: Sobald sich die Aufmerksamkeit so stark auf ihr Objekt konzentriert, dass sie sich tatsächlich mit dem Objekt identifiziert, hört das Bewusstsein vom Objekt als eines getrennt Existierenden überhaupt auf. Der mit einfacher Konzentration beginnende Prozess verläuft stufenweise, bis er in einer tiefen Träumerei gipfelt. Mental herrscht dann nur ein einziger Gedanke und physisch kommt es zu einer intensiven Selbstversenkung. Für einen außenstehenden Beobachter scheint letztere in der Tat etwas zu sein, das er wahrscheinlich einen „Trancezustand" nennen wird, eine Bezeichnung, die ihr die meisten über Yoga Schreibenden auch geben. Daher werden diese ganzen karmischen Eindrücke ausgelöscht, sobald ein normaler Yogi imstande ist, seine Denk-Vorgänge als Höhepunkt seiner Übungen zum Stillstand zu bringen. Die fünf Sinne stellen dann ihre Tätigkeit ein, weil die Aufmerksamkeit des Geistes nicht bei den Sinnesorganen liegt, was zur Folge hat, dass die ganze äußere Welt aus dem Bewusstseinsfeld des Yogis verschwindet und er in eine Trance versinkt. Aber die Natur behauptet sich wieder und ruft die Eindrücke erneut ins Leben, so dass der Yogi aus seiner Trance aufwacht und sich der Welt wieder bewusst wird. Wenn er jetzt über das, was ihm widerfahren ist, nachdenkt, weiß er gefühlsmäßig, dass die Welt nur ein Gedanke ist.

73

Genauso wie Religion der Schatten ist, den die Philosophie vorauswirft, und genauso wie ein anthropomorphischer Gott eine schwache Andeutung des EINEN ist, die Unreife zufrieden stellt, so ist die Unterteilung in Materie und Geist, in objektive Wirklichkeit und innere Einbildung, in diese Welt und eine unsichtbare Welt, ein unbewusster Fingerzeig auf den Geist und seinen Welt-Gedanken.

74

Wenn jedes Objekt der menschlichen Erfahrung nur eine Idee im menschlichen Geist ist, stellen alle Objekte, alle menschlichen Wesen selbst mit einbezogen, eine einzige Idee im göttlichen GEIST dar - die WELT-IDEE.

75

Gelegentlich haben jene, die die Lehre des Mentalismus nicht annehmen können, sie auf geistreiche Weise zu widerlegen versucht. Professor Ernest Wood, ein Freund von mir, meinte einmal, man könne die vom Denken des Menschen getrennte Existenz eines Objekts doch dadurch beweisen, dass man das Objekt in einem dunklen Zimmer ließe, einen Fotoapparat auf es richtete, diesen mit einer Lampe und einem Zeitschalter ausrüstete, damit sich das Licht auch dann anschalte, wenn niemand im Zimmer ist und das Objekt ohne irgendjemandes Zutun photographiert würde. Eine noch einfachere Weise, den Mentalismus zu widerlegen, sei, so meinte er, bei Dunkelheit über einen Schutthaufen zu laufen, von dessen Vorhandensein man nichts wusste, und zu stolpern. Man hätte ja unmöglich an dessen Existenz denken können, weil man nicht gewusst hätte, dass er dort war, und doch existierte er! Die Antwort auf diese schlaue Kritik ist einfach. Beim ersten Beispiel vergaß Professor Wood die Person, die Fotoapparat samt Lampe im dunklen Zimmer aufgestellt hatte. Diese hatte den Apparat auf das Objekt gerichtet und muss sicher an das Objekt gedacht haben. Indes stellt dies nur eine den Erfordernissen der Logik Genüge leistende Antwort dar; die wirkliche, die die Philosophie gibt, lautet, dass uns der Welt-Gedanke vom Kosmischen Geist gegeben wird - wir machen ihn nicht. Die Gegenwart oder Abwesenheit eines speziellen Objekts im Kosmischen Geist hängt also nicht davon ab, dass das Individuum es denkt. Was davon abhängen wird, ist vielmehr des Individuums Gewahrsein des Objekts. Das Objekt im dunklen Zimmer, der Schutthaufen auf der dunklen Straße existieren für die Erfahrung jedes Individuums nur insofern sie an sein Bewusstsein herantreten. Ob sie zu anderen Zeiten nun für ihn oder für andere oder für den Kosmischen Geist existieren, ändert und kann nichts an dieser einen Tatsache ändern - dass seine Sinne ihm niemals etwas über sie berichten könnten, wenn ihm sein Geist nicht zuerst und zuletzt darüber berichtet.

76

Genauso wie ein Mensch sich nicht an den eigenen Schuhbändeln hochziehen kann, so kann er normalerweise nicht über die Welt-Idee hinausgehen; die Fähigkeit, die es ihm möglich macht, seine Umwelt zu sehen und zu hören, wählt einige Vibrationen aus und lässt andere nicht herein.

77

Die Sprache der Werkstätten ist bedeutungslos, wenn sie auf die Welt angewendet wird. Die Frage, wer die Welt „gemacht hat", taucht einfach nicht auf für den Menschen, der die Untersuchungen, die die Philosophie anstrengt, bis zu ihren letzten Schlussfolgerungen getrieben hat.

78

Das Bewusstsein mit seinen ganzen wunderbaren Attributen und Fähigkeiten ist eine Geisteskraft, die wir mit dem WELT-GEIST gemein haben, mag sie beim Menschen noch so verkümmert sein.

79

Die durch die körperlichen Sinne gewonnene Erfahrung gleicht zwar der durch die Imagination gewonnenen, ist aber nicht damit identisch. Das heißt, bei beiden handelt es sich um Formen mentaler Erfahrung, aber eure Imagination ist ganz und gar eure eigene private Angelegenheit, während die Welt-Idee ein Prozess ist, an dem ihr mit GOTT teilnehmt, der diese Welt-Idee und euch zusammen mit dem UNENDLICHEN GEIST fasst.

80

Die einzelne Person nimmt (wenn auch unbewusst und unwillkürlich) teil an diesem Machen der Welt, an dieser Projektion des Geistes.

81

Die Antwort auf eure erste Gruppe von Fragen ergänzend, sei gesagt, dass euer Denken an Dinge, Menschen und Umgebungen deren Existenz für euch von euch abhängig macht. Für andere hängt die Erfahrung desselben Objekts von ihren und nicht von euren Gedanken ab. Der Grund für diese allgemeine Erfahrung ist, dass hinter eurem und anderer Geist ein einziger kosmischer Geist liegt.

Sollen wir nun annehmen, dass es, wie die nicht untersuchte und nicht analysierte Erfahrung uns sagt, ein äußeres Objekt, das außerhalb von uns liegt, und eine innere Erkenntnis des Objekts, die in uns liegt, gibt? Nein. Der Mentalismus behauptet, dass eine Erkenntnis nur eine andere Erkenntnis als Objekt hat, dass die private und persönliche Idee von der Welt die kosmische und universale Idee von der Welt „aufgreift".

83

Der, der die Welt erfährt, der sie durch die fünf physischen Sinne berührt, sieht und hört, verleiht ihr tatsächlich Existenz für sich selbst. Indes wäre das nicht möglich, wenn er wirklich alleine wäre im solipsistischen Sinn. Das ist er nicht. Denn der kleine Kreis seines Geistes liegt im größeren Kreis der WELT-IDEE, die selbst der Ausdruck des WELT-GEISTES ist. Von dieser Grundlage allen SEINS und speziell vom BE-WUSSTSEIN erhält seine Persönlichkeit ihr eigenes Bewusstsein. Der Mensch ist buchstäblich in GOTT, besteht indes darauf, an seiner Kleinheit festzuhalten!

84

Die Pause zwischen zwei Gedanken ist ein äußerst wirkliches Ding, wird aber nicht als das erkannt, was sie ist, weil sie nur einen Bruchteil einer Sekunde dauert. Was ist sie? Bewusstsein! Tiefschlaf ist dasselbe, nur anhaltender. Auch er ist Bewusstsein. Aber auch er wird nicht als das erkannt, was er ist. Warum? Die Antwort ist, dass wir es hier mit einem Paradoxon zu tun haben. Bewusstsein gibt uns nicht nur Gewahrsein der Welt, sondern gibt dieser Welt auch ihre Existenz. Durch das GÖTTLICHE Element in uns sind wir als einzelne Wesenheiten mit dem WELT-GEIST daran beteiligt, diese Welt aus Gedanken-Stoff zu machen, aber wir erkennen diese Beziehung nicht, stellen sie oft in Abrede.

85

Die ganzen verschiedenen Arten von Erscheinungen, die im Weltall existieren, sind mental, zeigen sich mental und werden mental aufgenommen durch die zwischen den einzelnen Geistern und dem universalen Geist stattfindende Teilnahme.

86

Die Fähigkeit, kraft derer äußere Kontakte wahrgenommen werden, ist nicht nur Wach-Bewusstsein allein, nicht einmal nur Traum-Bewusstsein allein, sondern auch der tiefere Geist hinter beiden. Wiewohl die Welt für den Einzelnen existiert, weil sein normales Bewusstsein sie wahrnimmt, existiert sie nicht nur deswegen für ihn. Der tiefere GEIST ist das universale Element in ihm, geht über das persönliche und getrennte Bewusstsein hinaus. Indirekt rührt auch der Reiz für seine Sinneswahrnehmungen aus ihm.

87

Die Existenz „archetypischer Ideen" oder „göttlicher Gedanken" kann nirgendwo nachgewiesen werden außer in eurem eigenen Geist. Infolgedessen sind sie nicht wirklicher, nicht nützlicher und nicht dauerhafter als andere Gedanken. Der kosmische Geist und euer Geist sind letzten Endes ein und derselbe. Falsche Denkgepflogenheiten führen zu falschen Vorstellungen; daher seid ihr euch dessen nicht bewusst. Der kosmische Geist „erschuf" alle diese Ideen von Objekten im Weltall, auch das Selbst, das „Ich", auf dieselbe Weise, auf die ein Träumer sein eigenes Traum-Weltall erschafft. Geist ist ALLES, was wir kennen, alles, was wir je kennen werden. Um zu entdecken, was Farbe ist, müsst ihr daran denken, dass das farbige Objekt selbst nur eine Idee ist; was kann Farbe dann sein, außer auch eine Idee?

88

Wenn der Geist nicht tätig ist, z.B. wenn die Aufmerksamkeit abschweift oder in Tiefschlaf versinkt, ist man sich nicht bewusst, dass er existiert. Ein Studium der Physiologie zeigt, dass Auge, Nerv und Gehirn zusammen einer Person mitteilen müssen, dass sie etwas sieht, und selbst dann sieht sie es erst, wenn der Geist diesem etwas Aufmerksamkeit schenkt. Die Wahrheit ist, dass der Geist seine eigenen Objekte erschafft - aber nicht der einzelne endliche Geist, sondern nur der hinter diesem liegende und allen Individuen gemeinsame GEIST. Es ist schwierig, dies zu verstehen. Um es leichter zu machen, sollten wir an den Traum denken. In diesem Zustand können wir Städte, Männer, Frauen und Kinder, Berge und Blumen sehen, Stimmen hören, Schmerz empfinden und so weiter. Alles ist dann so wirklich, dass es zu diesem Zeitpunkt der Wach-Zustand für uns ist und nicht ein Traum. Wer hat nun diese ganzen Szenen und Dinge gemacht? Nicht unser endlicher Geist, denn dieser ist sich dessen nicht bewusst. Also wirkt ein größerer Geist in uns, der diese Kraft hat, Szenen, Objekte und Ereignisse so lebendig herzustellen, dass wir sie für wirklich halten. Diese Wirklichkeit ist ein Mythos oder, wie die Inder sie nennen, Maya.

Frau Eddy war nahe daran, diesen Punkt zu verstehen, und von allen westlichen Sekten kommt die Christliche Wissenschaft der höchsten und letzten Lehre am Nächsten. Leider hat sie viele Irrtümer mit der Wahrheit vermischt, auch sind ihr andere, überaus wichtige Lehren nicht bekannt, Lehren, die unerlässlich sind, um den Kreis der Erkenntnis zu schließen. Diese Schwäche rührt aus dem Ego - aus der selbstischen, gierigen Persönlichkeit, die Frau Eddy besaß und die ihre volle Einweihung unmöglich machte. Das Ego muss vollkommen überantwortet werden, wenn man die Wahrheit will.

All dies läuft darauf hinaus, dass auch Wahrheit ein Mythos, also unwirklich ist. Mehr noch, es läuft darauf hinaus, dass auch das Ego ein Mythos, also Einbildung ist. Hier haben wir also die erste Übung des höchsten und letzten Weges: Denkt unentwegt an den GEIST, der dieses Ego, alle anderen Egos und in der Tat die ganze Welt hervorbringt. Fahrt so lange darin fort, bis es euch zur Gepflogenheit wird. Die Folge ist, dass man allmählich dazu neigt, das eigene Ego mit völliger Objektivität zu betrachten, als ob man einen anderen vor sich hätte. Darüberhinaus zwingt es einen, den Standpunkt des Ganzen zu beziehen und Einheit als grundlegendes Sein zu betrachten.

Diejenigen, die die schlechtesten aller Eigenschaften, wie Hass, Selbstsucht, Brutalität und Getrenntheit, an den Tag gelegt haben, sind ebenso sehr Produkte dieses unendlichen GEISTES wie andere - nur hat ihre ganze Aufmerksamkeit dem Ego gegolten, hat ihnen ihre Leidenschaft die Vernunft getrübt, während sie sich den stärkeren mentalen Mächten gebeugt haben, die die Propaganda hypnotisch auf sie los ließ.

89

Sinneswahrnehmungen gehören dem Subjekt selbst; sie sind seine eigenen. Aber dieselben kommen zu anderen, fahren in der Welt-Erfahrung aller Menschen fort. Es gibt ein sich in jedem widerspiegelndes Bewusstsein, das bewirkt, dass das Bild intakt bleibt. Daher geht ein Teil des Welt-Bildes nicht von der Person aus, sondern vom Welt-Geist.

90

Folgende Frage mag auftauchen: Wenn der Mentalismus eine wahre Lehre ist, warum sind wir dann nicht imstande, physische Dinge, etwa unseren fleischlichen Körper, einfach dadurch zu ändern, dass wir unser Denken darauf richten? Wir müssen erwidern, dass es die schöpferische Tätigkeit ist, die diese Dinge hervorbrachte, und diese Tätigkeit ist zugestandenermaßen ebenso mentalistisch wie Introspektion, Erinnerung und Träumerei; dass letztere aber im individuellen bewussten Geist stattfindet, während erstere unabhängig von uns im kosmischen unterbewussten Geist abläuft; und dass die Wunder, die zweifellos gelegentlich geschehen, in erster Linie das Werk des kosmischen Willens und nur in zweiter auf die erfolgreiche Erfüllung der notwendigen Bedingung intensiver Konzentration oder restloser Überantwortung zurückzuführen sind. Kurz gesagt, die schöpferische Kraft des Menschen ist nur eine halb-selbstständige.

91

Alles in dieser Welt ist ein Gedanke im Kosmischen Geist. Der Mensch stellt keine Ausnahme zu dieser Aussage dar. Er kennt sich selbst und die Dinge seiner Erfahrung nur insofern, als er an sie denkt.

92

Am Ende kommen alle Dinge schließlich aus dem WELT-GEIST, und für uns kommen sie aus dem Geist, der aus derselben Quelle stammt.

93

Dass sie die Welt erfahren, wissen die Menschen nur deswegen, weil hinter ihrem eigenen kleinen Bewusstsein ein unendliches BEWUSSTSEIN liegt, das das kleine möglich macht. Solange sie das nicht verstehen, werden sie die Wahrheit in den Wind schlagen und ihre Verkünder auslachen.

94

Nach der mentalistischen Theorie der Weltentstehung ist das Weltall ein Theater, in dem jeder Schauspieler viele verschiedene Rollen spielt.

95

Wir erleben die Welt durch die Tätigkeit einer MACHT, die größer ist als wir selbst, und doch handelt es sich dabei auch um unsere eigene Tätigkeit.

96

Die Welt-Idee wird vom individuellen Geist gedacht, der sie unentrinnbar im Rahmen seiner eigenen Grenzen gestaltet. Aber die erste Ursache und letzte Quelle dieser Idee kann nicht dieser Geist sein. Denn die Idee wird ihm „gegeben". Also muss sie in dem gesucht werden, aus dem der individuelle Geist seine eigene Existenz ableitet - im Welt-Geist.

97

Es ist nicht genug zu sagen, die Welt ist die Idee des Menschen. Wir müssen wissen, warum er sie überhaupt hat. Um sie hinreichend zu erklären, ist es vonnöten, sie in Zusammenhang mit der Welt-Idee des WELT-GEISTES zu bringen, weil der individuelle Geist des Menschen untrennbar im WELT-GEIST wurzelt.

98

Aufgrund eben dieser zwischen den individuellen Geistern und dem WELT-GEIST bestehenden Verbindung sind wir gezwungen, der Welt-Idee unsere Aufmerksamkeit zu schenken.

99

Käme die Egozentrizität menschlicher Wesen bei der Herstellung ihrer Welt-Umgebung frei zur Entfaltung, dann wäre ein unordentliches, unharmonisches Chaos und nicht ein ordentlicher, harmonischer Kosmos die Folge. Aber die Tatsache, dass die Menschen nicht in der Lage sind, die Welt nach ihrem Willen zu schaffen oder zu formen, zeigt eindeutig, dass sie beim Machen der Welt nur eine sehr begrenzte Rolle spielen. Es stimmt einfach nicht, dass der menschliche Geist sich einen neuen Körper machen oder den alten verwandeln oder seine Umgebung ganz nach seinen Wünschen gestalten kann.

4

Die Herausforderung des Mentalismus

1

Wenn der Materialismus den Menschen auf nicht mehr als physischen Stoff verkleinert, so vergrößert der Mentalismus ihn zu der herrlichen Statur des GEISTES.

2

Den Durchschnittlichen erschreckt schon die bloße Definition des Mentalismus, beim Materialisten ruft sie gar Widerstand hervor, aber den spirituell Gesinnten tröstet sie.

3

Der Mentalismus ist die erste und beste Art, den Zauber, mit dem die Materialität der Welt die meisten Menschen blendet, zu durchbrechen. Das WIRKLICHE ist vor ihnen verborgen. Bewusstsein soll demnach eine Eigenschaft sein, die ein Klumpen Materie aufweist. Bei dieser auf dem Kopf stehenden Annahme handelt es sich um eine verfälschte Erkenntnis, eine fixe Idee, ein Glaubensbekenntnis. Es muss fallen gelassen werden und darf nicht einfließen in unsere logischen Schlussfolgerungen, - und das muss jeder für sich selbst tun; kein anderer kann seinen Platz einnehmen, nicht einmal ein Guru - andernfalls kehrt die Illusion wieder.

4

Solange ein Mensch nicht einsieht, dass seine Sinneserlebnisse in Wirklichkeit mentale Erlebnisse sind, so lange bleibt die Wahrheit des spirituellen Seins mit Erfolg vor ihm verborgen.

5

In dieser Lehre vom Mentalismus stoßen wir auf das am Mittelpunkt der Philosophie liegende Mysterium.

6

Dass ihre ganze Erfahrung geisthaft ist, versteht die Masse der Menschen kaum oder überhaupt nicht. Dennoch stellt diese Wahrheit seltsamer- und paradoxerweise die verborgene Grundlage ihrer religiösen Überzeugungen dar, gleich welcher Sekte sie angehören, denn nur der Mentalismus vermag die Idee vom GEIST deutlicher und die Wirkweisen des GEISTES einleuchtender zu machen.

7

Wenn ihr euch den Kopf nicht zerbrechen wollt, könnt ihr die Erscheinungen der Dinge getrost hinnehmen; aber dann fußt euer behagliches und sorgenfreies Leben nur auf Einbildung. Wollt ihr indes herausfinden, was im Dasein wirklich ist, müsst ihr euch etwas Mühe machen. Ihr dürft nicht aufgeben, müsst diese Seiten immer wieder lesen, bis euch ihre Bedeutung plötzlich klar wird, was nach der nötigen Anstrengung auch der Fall sein wird. Es ist ganz natürlich, dass der Mensch die Erfahrungen, die den nachhaltigsten Eindruck auf ihn machen, also die äußerlich durch die physischen Sinne auf ihn kommenden, für die höchste Wirklichkeit hält, und jene, die den schwächsten auf ihn machen, die inwendig, durch eigene Gedanken und Phantasien entstandenen, für nur halb- wirklich. Wenn er aber intellektuell einsehen kann, und dazu kann ihn eine wahre Metaphysik bringen, dass er nur Gedanken sieht und erlebt, wenn er glaubt, er sei im Begriff, Materie zu sehen und zu erleben, und dass der ganze Kosmos ein Bild ist, das der kosmische Geist und die individuellen Geister gemeinsam enthalten, wird er nicht diese ganzen künstlichen Widerstände gegen mystische Intuitionen und transzendente Erleuchtungen errichten, die ihn in Zukunft erwarten.

8

Wenn wir die Lehre des Materialismus, dass alle Geisteszustände ihren Ursprung in der Materie haben, skeptisch von uns weisen, so haben wir gute Gründe dafür. Wenn wir empirisch feststellen, dass GEIST die Wirklichkeit ist, die unsere Erfahrung der Welt aufrecht erhält, so stützen wir uns darin auf die hohe Autorität einer langen Liste berühmter Namen - aus dem alten Indien, China und Griechenland bis zum modernen England, Amerika und Deutschland.

Wir haben nicht die Absicht, uns hier mit irgendeinem übernatürlichen „Geist" zu befassen, der die Welt nicht erklärt, sondern uns nur hinters Licht führt, der jenseits aller normaler Erfahrung liegt und dessen Existenz nicht unwiderruflich bewiesen werden kann. Wir brauchen nicht über den GEIST hinausgehen, der die Welt als eine Bewusstseinsform erklärt, der jedermanns bekannte Erfahrung darstellt, zu jedem Augenblick des Tags oder der Nacht, und dessen Existenz unstritig augenscheinlich ist, denn er macht uns jede andere Art von Existenz bewusst.

Weil die Sinne den Menschen dazu verleiten, den Materialismus anzunehmen, verleitet ihr Ego sie dazu, Böses zu tun. Der Mentalismus ist nicht nur eine intellektuelle, sondern auch eine ethische Lehre.

Als Schlüssel zum Verständnis des Wesens des Weltalls löst der Mentalismus den Materialismus in Luft auf. Dadurch unterstützt er wirkliche Religion in ihrer rechtmäßigen und wichtigen Aufgabe, nicht aber die hohle, halbmaterialistische Theatervorstellung, die sich dafür ausgibt. Er stellt wieder einen richtigeren Begriff von GOTT her und bringt einen fest begründeten Glauben an GOTT zurück.

Wenn Gott nicht die innere Wirklichkeit dieses Weltalls ist, dann ist Materie dessen innere und äußere. Dann hat es im denkenden Geist für keinen Glauben außer dem Materialismus Platz, keinen Platz für Religion oder eine spirituelle Metaphysik.

Bei der Existenz von Feen, Devas, Göttern und Göttinnen und besonders von unsichtbaren Welten und Ebenen, Wesen und Geistern handelt es sich um Vorstellungen, mit denen volkstümliche Mythen und einfache Religionen die primitive Menschheit teilweise von ihrem groben Materialismus befreien und teilweise auf die Lehre vorbereiten wollte, dass alle Welten und alle Völker Ideen sind. Die frühen Menschenvölker hätten den Idealismus niemals verstehen können, und aus diesem Grunde gab man ihnen eine mittlere und verständliche Lehre. Dass irgendwo Himmel und Höllen und Geister existierten, konnten sie sich vorstellen, auch wenn sie sich nicht vorstellen konnten, dass die feste Erde nur eine Idee ist.

14
Dass der Mensch das Geheimnis dieses gewaltigen Weltalls in seinem kleinen Kopf verwahren kann, ist etwas, über das man nur zu staunen vermag.

15
Die Entmaterialisierung des menschlichen Glaubens muss mehr als eine Stufe durchmachen, bevor der Prozess abgeschlossen ist. Alle religiösen, metaphysischen und mystischen Systeme, die die Existenz des Geistes, aber gleichzeitig auch die Wirklichkeit der Materie anerkennen, haben die frühen, aber nicht die späteren Stufen durchgemacht. Die endgültige Entmaterialisierung wird erst möglich sein, wenn sie zum Mentalismus vordringen.

16
Wenn ein Mensch die WELT DER GEDANKEN zum Thema seines Denkens zu machen beginnt, legt er einen Weg frei, der zu großartigen Entdeckungen führt.

17
Seid ihr den grundsätzlichen Irrglauben des Materialismus erst einmal los und habt den Mentalismus verstanden, ist der Weg offen für einen wirklichen und nicht eingebildeten Fortschritt.

18
Wie viele Rätsel werden wir lösen, wie viele Geheimnisse aufdecken, wenn wir das Rätsel unseres eigenen Geistes lösen!

19
Erst dann wird die Suche des Menschen nach einer intelligiblen Bedeutung im Weltall wirklich Erfolg haben, wenn er die sein Denken prägenden materialistischen Annahmen aufgibt und es stattdessen auf mentalistische Tatsachen gründet.

20

Wenn euch die Grundlehre des Mentalismus zu kühn erscheint, als dass ihr das mit ihrer Billigung verbundene Risiko einzugehen bereit seid, zu unmöglich, um glaubhaft zu sein, so solltet ihr die Ausführungen so berühmter Persönlichkeiten wie Platon, Plotin, Chuang Tse, Sir James Jeans oder Bischof Berkeley untersuchen, die sie alle befürworteten.

21

Entspricht der Mentalismus den heutigen Bedürfnissen? Aus wissenschaftlichen, kulturellen, praktischen und religiösen Gründen lautet unsere Antwort: Durchaus!

22

Ein Lieblingssprichwort meines verehrten, inzwischen in hohem Alter verstorbenen Lehrers Subramanya Iyer besagt, dass sich die spirituelle Intelligenz eines Volkes oder Staates an seiner aufgeschlossenen Haltung gegenüber der Lehre des Mentalismus ablesen lässt.

23

In ihrer höheren Tragweite untergräbt die Wahrheit den gesunden Menschenverstand, zerrüttet sie die durchschnittliche Denkungsart und ist für diejenigen, die in der Zwangsjacke des Egos stecken, geradezu unvorstellbar.

24

Einweihung in die „Mysterien" beinhaltet, an die Offenbarung des Mentalismus herangeführt zu werden, zeigt, was er bedeutet und zu welchen umwälzenden Ergebnissen er führt. Sie beinhaltet auch die Entdeckung, dass das Leben, gleich wie packend, wie ein Traum ist, in den wir nächtens verstrickt sind. Aber selbst den nicht Eingeweihten ist es verwehrt, auf Dauer in Unkenntnis zu bleiben. Denn der gewaltige Vorgang des Verlassens des Körpers beim Tode bewirkt, dass dem Sterbenden, wie sehr er sich auch an die Erinnerungen dieser Welt klammert, diese Lektion mit Gewalt beigebracht wird.

25

Mit intellektueller Gewissheit, mystischer Erfahrung und der Bestätigung der Weisen gewappnet, könnt ihr euch eine ernsthafte Gewissheit über die Wahrheit des Mentalismus leisten.

26

Wenn er einen Menschen strahlend und seine Aura lebenssprühend machen kann, was der Mentalismus, wenn richtig verstanden, vermag, liegt gewiss genügend Inspiration dahinter.

27

Wir mögen über die menschliche Situation weinen oder lachen, aber was immer wir tun, es ist klug, sie durch die Linse des Mentalismus zu betrachten.

28

Wo der Mentalismus nicht vollkommen verstanden und gebilligt wird, bleiben einige andere wichtige Lehren für den menschlichen Geist unverständlich oder man legt sie falsch aus.

29

Dies zu verstehen, an die Wirklichkeit des Geistes und die Falschheit der Materie zu glauben, heißt, einer Täuschung zu entrinnen, die hundertmal subtiler ist als die Täuschung, dass die Erde stillsteht, wenn sie sich tatsächlich schneller bewegt als der schnellste Zug.

30

Es gibt gewisse lenkende Ideen, die wesentlich sind für ein ausgeglichenes Leben, und eine davon ist, gleichgültig wie sehr es uns überrascht, der Mentalismus.

31

Unsere Überzeugungen auf den Kopf gestellt und durcheinandergebracht zu sehen, mag schmerzhaft sein, aber es könnte sich auch als nützlich erweisen. Letzteres ist sicherlich der Fall, was die Überzeugung vom Mentalismus betrifft.

32

Religionsgläubige, Meditierende und sich nebenbei mit Spiritismus, Zauberei oder Okkultismus Befassende, können sich selbst so hypnotisieren, dass sie alles glauben, etwa dass es kein individuelles Selbst, keine physische Welt und keine physische Krankheiten gibt. Alle diese Überzeugungen mögen in Widerspruch zu ihrer eigenen Erfahrung stehen oder sich in temporären Geisteszuständen bestätigt sehen. Im ersten Fall ignorieren sie den Widerspruch oder erklären ihn weg. Im zweiten vergeht der Zustand und sie kehren zum normalen zurück - ein bei der Hypnose übliches Phänomen. Der Geist kann sich selbst und anderen aus eigener Kraft einen Streich spielen. Um zu verstehen, was an solchen Überzeugungen wahr und was daran falsch ist, müssen wir aufhören, sie wie Papageien nachzuplappern und stattdessen den Geist in seinen vielfachen Phasen studieren. Genau damit befasst sich die akademische Welt angeblich, und zwar bis ins kleinste Detail; aber am wichtigsten, dem springenden Punkt geht sie völlig vorbei. Um zu lernen, was dieser ist, gilt es, den Mentalismus zu studieren.

33
Auf die Frage nach dem Zweck des menschlichen Daseins kann uns, so werden wir feststellen, die physische Welt weder eine vollständige noch eine befriedigende Antwort geben.

34
Diese Lehre stellt das Rückgrat des ganzen Körpers philosophischen Lehrens dar.

35
Durch den Mentalismus lernt ihr, die scheinbare Wirklichkeit der Welt und die scheinbare Identität eurer eigenen Person in Frage zu stellen.

36
Dieser einen Idee vom Mentalismus entspringen einige andere wichtige Ideen.

37
Dieses Denken, diese Idee ist heutzutage so aktuell und lebendig wie zu Zeiten des Griechen Proklos, des Chinesen Chuan Tzu und des Hindu Vasistha.

Der erforderliche Einsatz

38
Man muss die Lehren des Mentalismus wie einen Globus drehen und nochmals drehen, bis jeder ihrer Aspekte zur Kenntnis genommen und studiert worden ist.

39

An der Lehre, dass die Welt eine Erscheinung ist, Gefallen zu finden, ist unendlich viel leichter, als ihre Wirklichkeit bewusst zu beweisen.

40

Es ist eine langwierige Reise vom Mentalismus als Begriff zum Mentalismus als Überzeugung!

41

Nur eine Handvoll wird eine so erstaunliche Lehre wie den Mentalismus, die ihre Überzeugungen, Ideen, ja sogar ihre Erlebnisse buchstäblich auf den Kopf stellt, willkommen heißen.

42

Wenn ein Mensch diese Lehre vom Mentalismus wirklich versteht, wird er sich zu ihrer Wahrheit bekennen, denn er wird nicht anders können. Beim Fehler jener, die sie bekämpfen oder ablehnen, handelt es sich um eine Unzulänglichkeit ihrer Untersuchungen, Studien und Erkenntnisse.

43

Manchmal kommt der Glaube an den Mentalismus abrupt, wenn uns der Mentalismus das allererste Mal auseinander gesetzt wird und mit erschütternder Wucht trifft. Aber meistens stellt er sich langsam ein, nachdem wir uns bei jedem Schritt des Pfades durch Zweifel und Argumente dagegen gewehrt haben.

44

Wenn ihr ein wirklicher Denker werdet, mögt ihr euch im Laufe der Zeit von selbst zu der grundlegenden Wahrheit des Mentalismus bekehren.

45

Für den Durchschnittsmenschen ist es zu schwierig, an den Mentalismus, die Lehre, dass dies ein mentales Weltall ist, zu glauben, aber für den Erleuchteten ist es zu schwierig, nicht daran zu glauben. Das ist deswegen so, weil der Mentalismus für den einen nur eine Theorie, für den anderen aber eine persönliche Erfahrung ist. Das Bewusstsein des Durchschnittsmenschen ist ein Sklave der Sinne, die alle von einer außerhalb des

Menschen gelegenen materiellen Welt berichten. Das Bewusstsein des Erleuchteten ist frei, es selbst zu sein; es ist frei, von der eigenen Wirklichkeit zu berichten und kann enthüllen, dass die Sinne und ihre Welt lediglich Ideenbildungen darstellen.

46
Auch wir müssen im Geiste echter Wissenschaft vorgehen. Wir können nichts als wahr annehmen, woran wir deswegen zweifeln können, weil es nicht nachweisbar ist. Die moderne Welt, und besonders der Westen, kann einer Lehre nur zustimmen, wenn sie die doppelte Probe der Vernunft und der Erfahrung besteht.

47
Nur ein überaus gebildeter Mensch vermag die Wahrheit, die im Mentalismus steckt, intellektuell zu schätzen, so wie nur ein überaus intuitiver die Wahrheit des Mentalismus fühlen kann.

48
Wenn die Sphinx mystischer Weisheit ihre Geheimnisse auch Jahrhunderte lang nicht preisgegeben hat, so hat sie sie der Handvoll wahrer Suchender doch nicht vorenthalten, die sich in hinreichendem Maße vom Körper emanzipiert haben und infolgedessen über ein angemessenes Werkzeug für eine solche Forschung verfügen.

49
Selten wird die Bedeutung des Mentalismus sofort verstanden; deshalb ist es vonnöten, sie unter vielerlei Blickwinkeln zu erklären und anzupacken.

50
Wenn wir die Welt mit den an der Oberfläche des Geistes gelegenen Fähigkeiten untersuchen, ist auch das Resultat oberflächlich. Wenn wir sie aber mit den tieferen Fähigkeiten untersuchen, erzielen wir ein tieferes Ergebnis.

51
Es handelt sich nicht nur um einen dogmatischen Glauben, den es anzunehmen, sondern auch um eine metaphysische Wahrheit, die es zu verstehen gilt.

52

Wir leben in einer Schattenwelt, die jene, die sie nicht hinterfragen und untersuchen, für fest und substantiell und deswegen für gänzlich wirklich halten. Ein Mensch muss sich viel zumuten, wenn er die Reise vom Blendwerk der einen zur Erleuchtung der anderen überstehen will.

53

Wie soll der denkende Mensch einen Ausweg aus dem Materialismus finden, zu dem sein Denken ihn geführt hat? Bewusstsein ist der Schlüssel. Denn wenn er diesem Ariadnefaden folgt, wird er zu der befreienden Erkenntnis des Mentalismus geführt werden.

54

Am Anfang muss man den Mentalismus gründlichst studieren und immer wieder darüber nachsinnen, bis man schließlich den Sprung macht und versteht. Wenn das geschieht, schöpft man intellektuell sozusagen wieder Atem. Von nun an wird der Mentalismus eine klare, unwiderlegbare Lehre. Sein belebender Einfluss bahnt den Weg zu den wichtigsten Wahrheiten wirklicher Religion.

55

Es handelt sich um eine Wahrheit, die aufgrund ihrer ungeheuren Wichtigkeit, ihres ewigen, unwandelbaren Charakters darauf pocht, jedem Zeitalter erneut verkündet zu werden, aber die gerade wegen ihres Charakters am seltensten erwähnt wird und die unbekannteste von allen ist. Gleich wie spät im Leben ein Mensch diese Wahrheit für sich selbst entdeckt, ihre Überraschung ist überwältigend. Denn die meisten sind einfach nicht bereit, an sie zu glauben.

56

Der Intellekt kann uns wegen unzureichender Forschungsergebnisse oder emotionaler Verzerrungen in die Irre führe. Die Sinne, ob Tast- oder Gesichtssinn, können uns aufgrund physischer und mentaler Illusionen täuschen. Die praktischen Lebenserfahrungen warnen uns also, den Mentalismus nicht voreilig abzulehnen, nur weil er den Intellekt verletzt oder den Sinnen widerspricht. Ungeduldigen fällt es leicht, den Mentalismus mit verärgerter Geste beiseite zu fegen, wie Dr. Samuel Johnson das mit Berkeleys gleich gesinnter Lehre getan hat. Aber Menschen, die sich länger und eingehender mit diesem Thema beschäftigt haben, kommen nicht zu einem so überstürzten Schluss. Nach dreißigjähriger Tätigkeit als Philosophieprofessor sah sich Dr. C.E.M. Joad zu dem Eingeständnis gezwungen, dass die Fragen, die der Mentalismus aufwirft, zu schwierig seien, als dass sie auch nur annähernd mit Sicherheit entschieden werden könnten.

57

Es handelt sich um eine Lehre, die ein schwerer Schlag für den gesunden Menschenverstand ist und im Widerspruch zur einfachen Erfahrung steht. Denn sie ist unaussprechlich subtil und unermesslich übersinnlich. Nur indem sie lange und hart mit den Menschen ringt, vermag sie sich einen Weg in ihr Herz zu bahnen.

58

Jede Philosophie muss mit den Dingen beginnnen, so wie sie sind, wie wir sie antreffen, erst dann steigt sie zu höheren und letzten Wahrheiten auf. Wir befinden, dass Materie wirklich ist. Wir setzen ihre Unwirklichkeit also nicht als erwiesen voraus, sondern machen uns daran, sie zu beweisen, wobei unser Ausgangspunkt die Wirklichkeit der Materie darstellt. Aber blinde Dogmatiker drehen den Vorgang um und fangen mit unbewiesenen Dogmen an.

59

Ihr solltet euch nicht mit verschwommenen Vorstellungen vom Mentalismus zufrieden geben, sondern seine Grundsätze klar umreißen. Wenn nötig, solltet ihr sie immer wieder erneut in Erwägung ziehen, so lange bis ihr sie erschöpfend verstanden habt. Dies mag zwar harte Arbeit erfordern, indes ist sie überaus lohnenswert.

60

Nur der Nichtreflektive kann Materialist sein, denn nur er kann die prosaische Tatsache der Existenz der Welt hinnehmen, ohne nachzuforschen, was darunter liegt. Der Mensch, der seine Reflexionen hinreichend vertiefen und aufrecht erhalten kann, entdeckt geistig, dass die Erscheinung der Welt illusorisch ist und die Wirklichkeit der Welt mit Sicherheit nicht in ihrer Materialität beschlossen liegt.

61

Der Mentalismus ist auf verächtliche Ablehnung gestoßen, hat sich Spott eingeheimst, und einige haben sogar den Versuch gemacht, ihn zu widerlegen, freilich ohne Erfolg.

62

Die Idee muss tiefer und immer tiefer einsinken, wenn sie stark werden und später als Verständnis und Überzeugung wieder auftauchen soll.

63

Ich habe ganz wenige getroffen, die den einfachsten, gleichzeitig aber auch wichtigsten aller mystischen, religiösen und metaphysischen Lehrsätze - den Mentalismus - wirklich verstehen.

64

Tiefe, Subtilität und Freiheit des Geistes eines Menschen lassen sich daran ermessen, wie weit er dem Faden des Mentalismus bis zu dem Punkt zu folgen vermag, wo er sich gezwungen sieht, den Materialismus zu widerlegen.

65

Indem wir immer wieder zu einer so überaus seltsamen Idee wie dem Mentalismus zurückkehren, indem wir sie in und auswendig kennen lernen und uns gründlich damit vertraut machen, bauen wir den materialistischen Widerstand gegen sie schrittweise ab.

66

Einige sind nicht so arrogant, dass sie ihn verächtlich abtun. Indes verwirrt er sie trotz alledem, weil er zu weit entfernt ist von ihrer Erfahrung und ihrem Fassungsvermögen.

67

Wenn das Verständnis vom Mentalismus ausgereift ist, wird die Überzeugung von seiner Wahrheit unwiderruflich. Es wird keinen Halt geben für Zweifel. Von nun an kann die mentalistische Haltung nichts erschüttern.

Jeder sieht zunächst einmal nur die Absurdität des Mentalismus; einige, die ihn zu untersuchen beginnen, verwirrt er; und die Handvoll, die durchhält, bis sie ihn meistert, sieht seine Wahrheit ein.

Sie sind die Opfer ihrer Erfahrung: Die Welt ist fest, scheint also materiell zu sein; sie ist kontinuierlich und dauerhaft, scheint also wirklich zu sein. Nur Unterweisung, Intuition, tiefes Nachdenken oder mystische Erfahrung vermag sie von ihrer ignoranten Meinung abzubringen und ihnen zu zeigen, dass das Wirkliche das hinter ihrer Erfahrung liegende BEWUSSTSEIN ist.

70

Wir, das Weltall und alles Sein - sind reiner GEIST. Dieser ist unwandelbar und entfaltet sich nicht, andernfalls könnte er nicht das WIRKLICHE sein. Werdet ihr euch SEINER erst einmal bewusst, so wisst ihr, dass ER schon immer das war, was er ist; er kann sich niemals entfalten. Alles Übrige war eine Art von Selbsthypnose und daher unwirklich. In diesem Sinne ist die Geschichte vom Paradies richtig. Damals waren wir unsterblich, unstofflich und unschuldig. Indem wir unser Bewusstsein verloren und eine beschränkte Vorstellung von uns selbst annahmen, verloren wir dies. Wir wurden aus dem Paradies vertrieben, weil wir Erkenntnis haben wollten. Erkenntnis setzt „ein zweites Ding" voraus - etwas, das gekannt werden soll. Infolgedessen verloren wir die Einheit, trachteten nach einer Welt von Objekten und vergaßen das Selbst. Durch richtiges Denken und Erweckung aus unserer Selbsthypnose lässt sich der glückliche, paradiesische Zustand wieder herstellen.

71

Nur eine Handvoll versteht und weiß um die Wahrheit des Mentalismus; sie hat seine Gültigkeit intellektuell überprüft und ihn experimentell nachgewiesen. Seine mystische Seite steht ihr täglich offen und jede Nacht versinkt sie darin. Aber die große Masse der Menschen hat nicht einmal etwas davon gehört.

Unausweichlich gelangt ein Mensch, der seine Überlegungen über den Mentalismus fortsetzt und tiefer treibt und dessen Intuitionen sich durchsetzen, zu dem Punkt, wo der Mentalismus siegt. Dann wandelt und verlagert sich das, was er als Wirklichkeit erachtete, von der Materie zum Geist.

73

Langjährige Erfahrungen zeigen, dass es sich nicht lohnt, danach zu trachten, diejenigen, die dieses grundlegende Axiom in Abrede stellen, zu überzeugen. Ihnen fehlt die Fähigkeit, abstrakt zu denken, und bloßes Vorkauen liefert sie nicht. Zu erwarten, dass sie ihren gegenwärtigen Standpunkt beiseite schieben und auf einen höheren springen, ist vergeblich; zu erklären, was sie nicht verstehen können, ist nutzlos.

74

Es wäre besser, Stillschweigen zu wahren, als dem Vorurteil oder der Skepsis der Masse aus Schwäche entgegenzukommen. Erst wenn die Meditation auf ihren letzten Stufen ein anderes Niveau erreicht, ist es zugestandenermaßen nicht mehr so schwierig, den Mentalismus zu verstehen. Denn dann fällt die schwere Last des Egos von den Schultern. Es lockert seinen Griff unmerklich.

75

Wenn das Verständnis von der Wahrheit des Mentalismus tief genug reicht, wird es dauerhaft, und zwar auf eben jene Weise, mit der das Verständnis, dass zwei und zwei vier ist, als eine gesicherte Erkenntnis bestehen bleibt.

76

Eine Denkungsart, die imstande ist, ihre Gedankengänge tief genug zu treiben und der einen Spur lange genug zu folgen, muss diesem großartigen Begriff am Ende intellektuell beipflichten.

77

Materialitätsgläubigkeit ist natürlich, weil die Menschen Form und Bilder benötigen, etwas, das sie berühren können. Nur entwickelte Geister können abstrakte Ideen, wie die Wahrheit und Wirklichkeit des Mentalismus, bewusst aufnehmen. Deswegen glaubt die Allgemeinheit so leicht an den Materialismus - also an Maya, Täuschung, Illusion.

78

Die den Mittelpunkt des Mentalismus bildende Wahrheit ist leicht, gleichzeitig aber auch schwer verständlich.

79

Die meisten können keinen Geschmack am Mentalismus finden. Er tut ihrem gesunden Menschenverstand Gewalt an. Er ist zu unbekannt und infolgedessen hat er nur wenige Anhänger. Es gibt zwei Arten von Wahrheit: Bei der einen handelt es sich um die der Erscheinungen und die andere liegt tief verborgen. Die erste ist leicht zu verstehen; aber die andere erfordert eine gründliche Schulung des Verstandes, damit er scharf genug wird, um das zu erkennen, was so schwer zu erkennen ist.

80

Kurzum, der Mentalismus lehrt, dass alle menschliche Erfahrung mentale Erfahrung ist. Dem Nichtunterrichteten leuchtet diese Wahrheit freilich nicht von selbst ein.

81

Es erfordert eine besondere Art von Geduld, ein richtiges Verständnis vom Mentalismus zu entfalten. Die Grundidee, dass es sich bei der Existenz der Welt (unsere eigene einbegriffen, denn auch wir sind ein Teil davon) letztendlich um eine mentale handelt, lässt sich mit einem einzigen Satz aufstellen. Aber eine erschöpfende Klärung ihrer ganzen tieferen Bedeutungen könnte bei vielen einen Großteil ihres Lebens in Anspruch nehmen, bei anderen hingegen nur eine paar Monate.

82

Es ist nicht leicht, die Wahrheit des Mentalismus einzusehen: Wenn es leicht wäre, bräuchten wir keine Religion, würden wir nicht Mystik üben. Denken und Fühlen müssen miteinander ringen und leiden, erst dann wird die Illusion aus dem Weg geräumt.

83

Viele, die den Mentalismus zu verstehen suchten, haben sich beschwert, dass es ihnen nicht gelungen sei. Ein solches intellektuelles Versagen ist begreiflich. Die alten Denkgewohnheiten müssen von Grund auf erneuert werden. Die neuen Gewohnheiten, die neue Ideen mit sich bringen, müssen so lange gelernt werden, bis sie annehmbar sind. Von da an ab gilt es, sie geduldig zu üben.

84

Tatsache ist, dass es nur eine Handvoll echte Mystiker gibt, aber sehr viel mehr, die es gerne sein möchten. Infolgedessen gibt es auch nur eine Handvoll, die die Wahrheit des Mentalismus vollkommen erkennt, versteht und annimmt.

85

Niemand wird überzeugter Mentalist, außer nach vielen Zweifeln und einigen Rückfällen, anstrengenden jahrelangen Reflexionen und mystischen, sich trotz der eigenen Person einstellenden Intuitionen. Das fremd anmutende Geheimnis dieser Lehre ist zu rätselhaft, als dass es sich leicht oder rasch überwinden ließe.

86

Vielleicht ist die Befürwortung mentalistischer Gesichtspunkte nur möglich, nachdem wir große intellektuelle und emotionale Belastungen durchgemacht und überstanden haben. Dies ist begreiflich, weil der Übergang vom vertrauten und konventionellen Standpunkt so gewaltig und abrupt ist.

87

Der moderne wissenschaftlich denkende Mensch verspürt als erste Reaktion auf derartige Ausführungen den Drang, sie abzulehnen. Eine klügere Reaktion bestünde darin, sie sich reiflich zu überlegen und zu versuchen, die Gründe zu erforschen, aus denen die Seher sie verfasst haben.

88

Nicht nachdenkliche Menschen sind erst erstaunt, dann spöttisch, wenn sie jemanden die Existenz der Materie zum ersten Mal bestreiten hören. Nachdenkliche Menschen sind ebenso erstaunt, indes nicht so spöttisch. Wenn sie sich die Mühe machen, die Behauptung zu untersuchen, beschleicht sie vielleicht die unbehagliche Vermutung, dass etwas Wahres daran ist, auch wenn sie sie für zu tief und schwierig halten, als dass sie sie endgültig beurteilen könnten.

89

Ein Mensch muss äußerst vorsichtig sein mit seinen Gedankengängen und gewissenhaft darauf achten, welche Einflüsse, Einflüsterungen und Vorurteile sie enthalten, erst dann vermag er philosophisch über die WAHRHEIT nachzusinnen. Dass so wenige den Mentalismus erreichen, liegt daran, dass ihnen diese Gewissenhaftigkeit abgeht.

90

Wenn in früheren Zeitaltern nur eine auserwählte Minderheit die grundlegenden Wahrheiten des Mentalismus erfassen konnte, weil nur sie sowohl über die Erziehung und Bildung verfügte, die sie darauf vorbereitete, als auch über die intellektuelle Entwicklung, emotionale Verfeinerung, persönliche Freizeit und den erforderlichen Willen, danach zu greifen, so ist es dem durchschnittlichen Menschen in diesem Zeitalter zumindest teilweise möglich. Lehren und Offenbarungen, die man in seinem Fall früher für unzugänglich hielt, können ihn jetzt mehr interessieren und von gewisser Bedeutung für ihn sein.

91

Als ein Wirkliches existiert die physische Welt nur in Bezug auf die physischen Sinne. Denn wenn die Einsicht entwickelt ist, erweist sie sich als ein Geisteszustand. Wie lassen sich diese beiden Ansichten aufeinander abstimmen? Durch Analyse und Studium, durch Nachsinnen über die Idee selbst und durch tiefere Meditation. Fortan stellt der Geist für den Intellekt kein Rätsel mehr dar.

92

Für den durchschnittlichen Denker ist die Theorie des Mentalismus nicht verständlich, wenn sie ihm zum ersten Mal unterbreitet wird. Sie dünkt ihn so unentwirrbar wie die Hieroglyphen auf einem ägyptischen Papyrus. Wenn er aber die Erklärungen dieser Theorie beharrlich studiert, wird ihm schließlich ein Licht aufgehen und er ihre Wahrheit einsehen.

93

Einem groben Menschen würde allein die Idee, dass diese Welt nicht ist, was sie zu sein scheint, ein geradezu unheimliches Gefühl einflößen, wenn der Spott, zu dem sie ihn anstachelt, nicht so viel größer wäre.

94

Beim Umgang mit jenen, die nicht hinreichend enwickelt sind, eine so hohe Lehre wie den Mentalismus zu verstehen und schon gar nicht anzunehmen, ist es vonnöten, die Lehre zu modifizieren, zu vereinfachen oder sogar eine Weile vorzuenthalten.

95

Bis zu einem gewissen Punkt liegen die Lehren durchaus im Bereich des für den Durchschnitt Verständlichen, aber keinesfalls darüber hinaus.

96

Ob wir nun damit beginnen, dass wir keine Erkenntnis gelten lassen, die nicht allgemeiner Erfahrung entspringt, oder ob wir damit beginnen, dass wir die Schlüsse annehmen, die wir aus transzendentalen Dogmen ziehen, das Ende wird dasselbe sein: Mentalismus!

97

Wie leicht ist es, den Mentalismus abzulehnen, aber wie schwierig, ihn zu widerlegen!

98

Das Gefühl, das einen Menschen überkommt, der den Mentalismus zum ersten Mal zu untersuchen beginnt, ähnelt dem, das er bei einem Kopfstand hat.

99

Wie wenige haben darüber nachgedacht, dass die Unmenge von verschiedenen Gedanken, die durch ihr Bewusstsein fließen, die Existenz eines einzigen GEDANKEN-stoffs voraussetzt?

100

Indem ihr entweder eure Überzeugung oder eure Kenntnis vom Mentalismus nutzbar macht und alles in den GEIST werft, übt ihr Nichtzweiheit und werdet die geteilte Subjekt/Objekt-Einstellung los. Diese Arbeit mag oder mag nicht viele Jahre in Anspruch nehmen. Sie muss mit Ruhe angepackt werden, geduldig, ohne dass ihr versucht, euren Fortschritt zu ermessen - was selbst eine hinderliche Idee darstellt.

101

Oft glauben jene, denen die inwendige Offenbarung nicht gewährt worden ist, die das nicht geweckt haben, was die Hindu-Yogis *antardrishti*, eine Art von hellseherische Einsicht, nennen, dass der Mentalismus reine Theorie und sein Geschwätz von der Unwirklichkeit der Welt reine Wortklauberei sei. Selbst unter den Sehern gab es einige, die das nicht einsahen, wiewohl sie vieles gesehen haben, was die fleischlichen Augen nicht sehen können. Sri Aurobindo etwa, der in Indien wirkte, bestritt den Mentalismus, während sein Nachbar und Zeitgenosse Ramana Maharshi ihn durchwegs billigte. Auch Rudolf Steiner zog ihn in Zweifel, während J.J. van der Leeuw, sein niederländischer Zeitgenosse, ihn verstand und erklärte. Diese Situation ist merkwürdig, aber einige der Weisen, die, wie meine Nachforschungen ergaben, am tiefsten in das Wesen der Dinge eingedrungen waren, bemerkten dazu, dass die Fähigkeit, die mentalistische Lehre aufzunehmen und zu verstehen, wohl die schärfste aller Prüfungen darstelle, die einem nach Wahrheit Suchenden zugemutet werden könne.

102

Einstein soll Jeans und Eddington vor vielen Jahren wegen ihrer mentalistischen Anschauung kritisiert haben. Warum macht sich, so fragte Einstein, ein Astronom wie Jeans die Mühe, die Sterne zu betrachten, wenn er nicht glaubt, dass sie wirklich vorhanden sind. Einsteins Frage stellt ein ungeheures Missverständnis der mentalistischen Position dar.

103

Wenn wir untersuchen, wie wir uns physischer Dinge bewusst werden - womit wir den Prozess meinen, durch den wir die Natur um uns wahrnehmen - und wenn wir die zusammengetragenen Faktoren logisch ordnen und einen logischen Schluss aus ihnen ziehen, werden wir ein bisschen besser verstehen, warum die tiefsten Denker und erleuchtetsten Mystiker der Welt Mentalisten waren.

104

Niemand hat die logische Wahrheit des Mentalismus bisher mit Erfolg widerlegt. Dennoch ist nur eine Handvoll der Meinung, dass er wahr ist, und infolgedessen bringt nur eine Handvoll es fertig, ihn anzunehmen. Einem einsiedlerischen Mystiker, dem die Offenbarung durch eigene mystische Erfahrung zuteil geworden ist, fällt es hin und wieder nicht schwer, sich hartnäckig an die Feststellung zu halten, dass die Welt ein

Produkt des Bewusstseins ist. Aber andere geraten in ihrem Glauben ins Schwanken und sehen ihn von Zweifeln untergraben.

105

Tolstoi war noch ein Junge, als er die Wahrheit des Mentalismus kurz zu sehen bekam, verfiel aber dem solipsistischen Trugschluss. Er war der Meinung, er existiere alleine und bräuchte der Welt-Idee bloß keine Aufmerksamkeit zu schenken und schon würde sie restlos verschwinden. Manchmal drehte er sich sogar abrupt um, in der Hoffnung, diese ungeheure Leere zu sehen!

106

Es ist merkwürdig, dass erleuchtete Mystiker nicht imstande waren und sind, sich über die Frage vom Mentalismus und seine Wahrheit zu einigen. Von den moderneren spricht sich Rudolf Steiner vehement gegen den Mentalismus aus, während Ramana Maharshi ihn nachdrücklich befürwortet. Von den alten griff Patanjali ihn bewusst an, während Gaudapada ihn speziell vertrat. Und wenn wir uns einen Augenblick von den Mystikern ab- und stattdessen den Wissenschaftlern zuwenden, stoßen wir auf denselben rätselhaften Widerspruch. Thomas Huxley und Sir Arthur Eddington waren beherzte Vertreter des Mentalismus, während Einstein ihn offen ins Lächerliche zog. Wie können die kleineren Köpfe der Masse der Menschheit das Problem des Mentalismus zu lösen hoffen, wenn diese größeren nicht imstande sind, es ein für alle Mal zu lösen?

107

In einem Satz seines Buches "God and Evil" erwähnte Professor Joad, dass er selbst nach dreißig Jahren philosophischer Lern- und Lehrzeit nicht imstande sei, sich positiv oder negativ über die Wahrheit des Mentalismus klar zu werden. Das sollte uns zumindest eine Warnung sein, den Mentalismus nicht vorschnell von der Hand zu weisen, selbst wenn es - wir wir einräumen müssen - kein Argument zu seinen Gunsten darstellt.

108

Für den Philosophen ist der mentalistische Standpunkt der annehmbarste von allen, und zwar nicht nur weil er als eine traditionelle Lehre der alten Weisen auf ihn gekommen ist, noch nur weil er sich ihm in mystischer Erfahrung offenbart hat, sondern auch aus dem besten aller Gründe - er ist unwiderlegbar.

109

Solipsismus stellt eine Überzeugung dar, der man leichter verfällt, wenn man ein Schiff-brüchiger ist, der allein auf einer unbesuchten Insel haust oder verloren in einer unbe-wohnten Wüste umherirrt. Jene, die in der Welt des Handelns leben, die Verpflichtun-gen ihr gegenüber haben und Verantwortung darin tragen, die soziale, berufliche und geschäftlichen Beziehungen pflegen müssen, sind besser geschützt vor der solipsistischen Illusion.

110

Sobald wir uns in der Welt des Geistes bewegen, bewegen wir uns in einer subtilen und zarten Welt. Wollen wir die Lehre des Mentalismus wirklich verstehen, so müssen wir unsere Begriffe gründlich und richtig verstehen.

111

Die Inder bauten ein ganzes metaphysisches System - den Advaita - um folgende Aus-sage in den Upanischaden auf: „Das Selbst allein existiert." Man könnte dies spirituel-len Solipsismus nennen. Während des Meditierens einen Zustand zu erfahren, der die-se Überzeugung bestätigt, stellt ihr höchstes Ziel dar. Die Fähigkeit des Geistes, seine eigenen „inneren Erfahrungen" zu schaffen, ist bekannt. Eine Fähigkeit, von der Ramana Maharshi einmal als „Erwartung" sprach, aber die wir hier im Westen „Suggestion" nennen. Die höheren Phasen der buddhistischen Psychologie verweisen auf eine mit der advaitischen fast identischen Erfahrung, aber in ihren Verweisen erscheint das Selbst nicht auf der Bildfläche, noch wird seine Existenz jemals bestätigt. Im Mentalismus ist es selbstverständlich, dass das Bewusstsein während der Erfahrung der Stille des Geistes - auch eine ähnliche - seine Gedanken ablegen kann, auch die an die Welt und selbst die an das individuelle Ego, aber deswegen wird nicht der Anspruch erhoben, dass diese Gedanken keine Existenz haben und niemals eine gehabt haben. All dies zeigt noch einmal, dass mystische Erfahrung, selbst auf den fortgeschritteneren Stufen, eine Sache ist, ihre meist unbewusste und religiös gefärbte Interpretation dagegen eine andere

112

Mentalismus führt weder zu Solipsismus (die eigene Existenz ist die einzige) noch zu der hindu-advaitischen Leugnung der Existenz der Welt. Ersterer stellt eine falsche Auslegung und somit ein falsches Verständnis des Mentalismus dar, weil er nicht be-greift, dass das individuelle Ego selbst eine Projektion des GEISTES ist. Zweitere begreift nicht, dass die Welt als eine Erfahrung im Gewahrseinsfeld jenes Egos, als eine in dessen Bewusstsein gegebene und grundlegende Idee, ein gleichzeitig Existierendes ist und nicht in Abrede gestellt werden kann, ohne dass unsere geistige Gesundheit Schaden nimmt.

113
Wir feiern die harte Logik des Mentalismus, feiern seine metaphysische Wahrheit und praktische Macht.

114
Der Prüfstein der Wirklichkeit ist Nicht-Widerspruch.

115
Es gibt Kulte, die die Wahrheit des Mentalismus hinnehmen, sie aber falsch verstehen und verdrehen, indem sie falsche Schlüsse ziehen. Sie tun das, so glauben sie, um zu Wohlstand zu kommen und um wieder gesund zu werden.

116
Was selbst der Kritiker nicht zu leugnen vermag, ist das Bewusstsein, das in ihm liegt. Dies ist, wenn er es nur wüsste, ein Teil des Universellen Bewusstseins.

117
Wenn der Mentalismus auch einige der größten Probleme des Daseins löst, so verursacht er seinerseits einige geringfügigere. Diese verblüffen den Anfänger.

Das Annehmen der Wahrheit

118
Das ganze Leben ist paradox, eine Verknüpfung von Wirklichkeit und Schein in eins. Ein Hindernis zum Verständnis des Mentalismus stellt die Tatsache dar, dass wir die Welt ständig, wenn auch unbewusst, unter dem äußerst begrenzten Gesichtspunkt der niedrigen Persönlichkeit betrachten und nicht unter dem der höheren Individualität, die sowohl den Intellekt als auch die Sinne transzendiert. Aus der Sicht des Mentalisten ist sogar das irdische Leben im Körper eine Art mystische Erfahrung, freilich nur eine

verschwommene, vage und symbolische. Dem denkenden Intellekt fällt es schwer, diesen Sachverhalt zu begreifen, weil er selbst ein hochgradig verdünnter Ausfluss aus der höheren Individualität ist. Man kann den Mentalismus bis zu einem gewissen Punkt mit der Vernunft verstehen, aber von da ab nur mit der Intuition.

119

Manchen jagt die erste Begegnung mit einigen dieser Ideen - insbesondere mit der vom mentalistischen Wesen der Welt und der von der Zukunft des Egos - eine so große Angst ein, dass sie jedes Interesse an einer so bestürzenden Vorstellung verlieren.

120

Ein einfältiger Mensch lässt sich von Erscheinungen täuschen. Ob er nur ein Bauer auf dem Feld oder ein Politiker auf dem Forum ist, er akzeptiert, dass das, was er berührt, sieht oder hört nicht mehr und nicht weniger ist als das, was es zu sein vorgibt.

121

Dass geistige Prozesse eine Funktion des physischen Körpers sind; dass sie nicht von einander getrennt werden können; dass Denken und Sinneswahrnehmung nur physiologisch existieren und bedeutungsvoll sind; dass Geist das Gleiche ist wie Fleisch - das besagt die Theorie des Materialismus. Und sie ist obendrein noch plausibel!

122

Materialisten der wissenschaftlichen Spielart sind davon überzeugt, dass es eine wirkliche materielle Naturwelt gibt, die sich durch Sinneswahrnehmung und Gedanken im menschlichen Geist widerspiegelt. Materialisten der religiösen Spielart teilen diese Überzeugung, glauben zusätzlich aber noch an eine zweite wirkliche Welt - nämlich an die geistige. Aber die Mentalisten weisen die Überzeugung von einer materiellen Welt von sich und erklären letztere für eine Erscheinung in der Sinneswahrnehmung und eine Idee im Denken; sie kennen nur eine einzige Wirklichkeit - GEIST - und nur ein direktes Verhältnis mit dessen Produkten - Ideen.

123

Wir müssen verstehen, dass Materie nicht ein Ding, sondern ein Gedanke im Bewusstsein ist.

124

Nur jene können die Wahrheit des Mentalismus schätzen und akzeptieren, die entweder geistig kompetent oder intuitiv dafür bereit sind. Wenn ein Mensch sein Denken und Fühlen nicht hinreichend aus der Zwangsjacke falscher Einflüsterungen befreien kann, mit denen wissenschaftlicher Materialismus oder religiöses Dogma es gefangen halten, wird er die Idee verwerfen. Er wird sie auch von sich weisen, wenn er über die von ihr aufgeworfenen Fragen nicht mit hinreichendem Scharfblick nachsinnen, noch tief genug in sie eindringen kann.

125

In seinem Buch "Knowledge of the External World" kam Bertrand Russell der metaphysischen Wahrheit nahe. Aber am Ende konnte er die Kluft nicht überwinden. Der Grund, warum die Menschen nicht dazu fähig sind, liegt darin, dass sie sich mit dem Körper so sehr identifizieren. Dies wiederum hängt teilweise von ihrer Lebensweise und teilweise von ihrer geistigen Empfindsamkeit ab.

126

Weil die Täuschungen, zu denen eine Haltung führt, die die Berichte der Sinne gedankenlos hinnimmt und das Persönlichkeitsgefühl nicht intuitiv untersucht, im Laufe vieler Geburten immer mächtiger werden, dringen sie so tief in euer geistiges Prinzip ein, dass sie fast einen wesentlichen Bestandteil davon bilden. Die traurigen Folgen dieser Neigung sind die Unfähigkeit, an den Mentalismus zu glauben und in der Mystik Fortschritte zu machen.

127

Die Illusionen des Materialismus lassen sich am Ende am besten durch die Enthüllungen religiöser oder mystischer Erfahrung vertreiben.

128

Die Unfähigkeit unseres Denkens, die Armut unserer Wahrnehmung, die Lebendigkeit unserer Sinnes-Wahrnehmungen und die Verkrustung unserer gewohnheitsmäßigen Anschauung ist es, die die Illusion der Materialität der Welt erzeugt und aufrechterhält und uns daran hindert, zur Kenntnis zu nehmen, dass die Welt in Wirklichkeit eine Gegenwart im Bewusstsein ist. Wie können diejenigen, die die Wirklichkeit wie Dr. Johnson mit den Füßen oder wie ein Maurer mit den Händen überprüfen, eine andere Theorie bekräftigen als den Materialismus? Wie können umgekehrt diejenigen, die die Wirklichkeit mit ihrer gottgegebenen Intelligenz prüfen, am Ende zu einer anderen Lehre kommen als zum Mentalismus? Die Materialisten, die uns heute sagen, dass die Annahme einer Seele eine unwissenschaftliche ist und ein uns von primitiven Einfaltspinseln hinterlassenes Vermächtnis darstellt, sind selbst unwissenschaftlich und vereinfachen zu sehr. Denn jetzt sieht sich die Wissenschaft, die mit der Verwerfung des Geistes und der Erhöhung der Materie begann, von den Tatsachen gezwungen, mit der Verwerfung der Materie und der Erhöhung des Geistes aufzuhören. Aus eben diesem Grunde obliegt es der heutigen Philosophie, die tiefere mentalistische Tragweite entscheidender, in der Moderne entdeckter Tatsachen, die noch immer auf ihre wohlverdiente Anerkennung von der Welt warten, besonders herzuvorheben und neben dem alten überlieferten Wissen zu lehren.

129

Kenntnis vom Mentalismus oder Glaube daran unterbinde, so beschweren sich einige, doch die Freude am Leben und dämpfe den Eifer, mit dem wir auf es zugehen. Darauf kann ich nur erwidern: Verdirbt ihnen denn die Erkenntnis, dass ein Theaterstück auch nur eine Reihe von Ideen ist, irgendwie die Freude daran? Sehen ihre Gefühle sich denn unterdrückt, weil die ganze Schau nur die Vorstellung eines Autors ist, der in seinem Arbeitszimmer hockt? Können sie an der Dramatik, dem Humor oder Pathos des Stücks etwa weniger Gefallen finden, weil sie wissen, dass es, wie jeder andere Gedanke auch, nun einmal zu Ende kommen muss?

130

Wer diesen konkreten Tatsachen ausweichen will, betrügt sich selbst und tut der eigenen intellektuellen Integrität Abbruch.

131

Die Lehre des Mentalismus lässt sich nun einmal nicht zur vollen Zufriedenheit des Materialisten beweisen, aber andererseits ist der Materialist auch nicht imstande, sie zu widerlegen. Das Dilemma so zu beenden wie ein zeitgenössischer, sich mit Mystik befassender Schriftsteller, der es einfach als „unnütze Schrulle" abtut, heißt, das man das persönliche, die Wahrheit des Mentalismus bekräftigende Zeugnis vieler hervorragender alter und moderner Mystiker bekämpft.

132

Der Materialist mag noch so viel an allen Knöpfen seines Rundfunkgeräts herumdrehen, es wird ihm einfach nicht gelingen, es auf die Wellenlänge des Mentalismus einzustellen, und zwar deswegen, weil er das Entscheidende einfach nicht sehen will, und das ist: Was ist mit der Person, die sich da am Gerät zu schaffen macht?

133

Wie soll einer ohne die Fähigkeit, abstrakte Gedanken hervorzubringen, verstehen können, dass Selbst oder Geist, also BEWUSSTSEIN, ja selbst Erkenntnis oder Wahrnehmung, eine eigenständige Wesenheit ist und nicht lediglich ein Nebenprodukt des fleischlichen Hirns?

134

Diejenigen, die ihre physische Erfahrung niemals durchdacht haben, finden die Lehre des Mentalismus nicht glaubwürdig und ihren Widerspruch zum Zeugnis der Sinne imaginär.

135

Sie sind gewillt, an den Mentalismus zu glauben, indes handelt es sich um einen Glauben, der Zweifeln unterworfen ist, weil ihm die Erfahrung der Sinne immer wieder zu widersprechen scheint.

136

Aber leider geht die mentalistische Bedeutung vor dieser unentwegten Konfrontation mit harten äußeren Objekten verloren, die einen den vermeintlichen materiellen Stoff, aus dem sie gemacht sind, einfach nicht vergessen lassen!

137

Es ist zweifelhaft, ob GOTT jene absonderlichen Kreaturen, die Materialisten, geschaffen hat. Da tauchen sie auf der Szene des Lebens auf, die Augen vor der eigenen Existenz als Geist verschlossen, aber die Existenz von etwas verschlingend, das es gar nicht gibt, etwas, das sie Materie nennen.

Der Mentalismus schreckt uns auf, weil die uns zur Gewohnheit gewordenen Denkweisen nach wie vor durch und durch von materialistischen Mutmaßungen gefärbt sind.

Wenn er selbst ein bloßes Nichts ist, das nicht existiert, wer macht sich dann wohl so große Mühe, dieses Nichts zu beweisen?

Ihr schreibt dem Körper, dessen Gehirn und Sinnesorganen, Fähigkeiten und Eigenschaften zu, die dem Geist gehören. Darin liegt euer Fehler: Das ist Materialismus.

Wenn ein Mensch darauf besteht, nur sein körperliches Selbst anzuerkennen und sein spirituelles in Abrede stellt, darf ihm das nicht vorgeworfen werden. Seine Lebenserfahrung hat ihn zu diesem durch und durch materialistischen Punkt gebracht, während seine Fähigkeit, metaphysisch zu denken, zu unterentwickelt ist, als dass die ihn darüber hinausheben könnte.

142

Wäre Materie wirklich oder so wirklich wie GEIST, so könnte letzterer nicht mehr die einzige Wirklichkeit sein. GOTT wäre dann nicht mehr einzigartig, nicht mehr das EINE WESEN, welches allein der unendliche GEIST ist, denn dann gäbe es neben ihm mindestens noch ein Zweites, das über die gleichen Attribute verfügte wie es selbst. Dann gäbe es Götter, aber keinen GOTT, was absurd ist.

Sie glauben, Materie hätte ihr höchstes Produkt - den Menschen - allein gestaltet, der wiederum sein höchstes Produkt im DENKEN geleistet hat. Der Nächste, sich daraus ergebende Schritt besteht in der Verkündigung, dass das Glück des Menschen ganz von seiner Umgebung und in keiner Weise von seinem Innenleben abhängt.

144

Die meisten, selbst die meisten frommen Menschen, sind Materialisten. Für sie sind greifbare Dinge in einer greifbaren Welt Wirklichkeiten.

145

Für Albert Camus, den Entschluss des einfachen, aber leicht verständlichen Durchschnittsmenschen widerspiegelnd, ist es einfach genug zu sagen, er könne die Welt berühren, um zu dem Schluss zu kommen, dass sie existiert.

146

Diejenigen, die die düstere Idee hochhalten, dass Materie das einzige Ding ist, und diejenigen, die ein gespensthaftes Ding, genannt Geist, in sie hineinzupferchen gedenken, ziehen den Standpunkt des Mentalisten ins Lächerliche. Wenn sie sich nur von der Beschränktheit und Unvollständigkeit ihrer Ansichten lösen könnten, würden sie ihre Selbstzufriedenheit vielleicht überwinden wollen.

147

Es ist wichtig, zu vermerken, dass die"Materie" im wissenschaftlichen Denken aus der Mode gekommen ist, der Materialismus sich aber nach wie vor allgemeiner Beliebtheit erfreut.

148

Einer Exposition mentalistischer Metaphysik genau zu folgen, bedeutet, dass eines Menschen Aufmerksamkeit bis auf äußerste in Anspruch genommen wird. Nach einer gewissen Zeit, wenn letztere die feste Erde scheinbar verlassen vorfindet, müht sie sich davonzulaufen, außerstande, die dünne, klare Luft zu ertragen, der sie ausgesetzt ist.

149

Dass diese Welt, die sich so fest anfühlt, die uns in unserem Leben so wichtig erscheint, „aus dem gleichen Stoff wie Träume ist", um Shakespeares aufrüttelnde Worte zu zitieren, dünkt den durchschnittlichen, oberflächlichen Materialisten, ob er nun wissenschaftlich oder religiös gesinnt ist, unglaublich. Aber andererseits müssen wir einräumen, dass der Mentalismus, selbst wenn er wahr ist, eine bizarre, erschütternde Idee ist.

150

Selten findet die Welt Wirklichkeit, denn sie urteilt meistens nach Erscheinungen und Äußerlichkeiten; daher die weite Verbreitung des Materialismus, ob er nur eine offene, sich selbst als Materialismus bekennende oder versteckte religiös-hypokritische Gestalt annimmt.

151

Die Hälfte unserer verwirrenden Probleme folgen im Kielwasser unserer naiven, indes falschen Überzeugung, dass Materie selbst eine höchste und letzte Wirklichkeit sei.

152

Wenn wir uns direkt konfrontiert sehen mit den logischen Folgerungen dieser mentalistischen Entdeckung, weichen wir wahrscheinlich zurück, bis wir wieder sichereren Boden unter den Füßen haben.

153

Es ist eine außergewöhnliche und vielleicht paradoxe Tatsache, dass man den, der die einfache wissenschaftliche Wahrheit ausspricht, dass die einzigen Objekte, die der Mensch kennt, mental sind, meistens für verrückt hält.

154

Das Leben geht weit über den engen Bereich unseres Fleisches hinaus! Diejenigen, die diese Wahrheit verhöhnen, werden seltsame und überraschende Dinge entdecken.

155

Das wahre Bild eines Menschen ist in seinem Geist und Herzen zu sehen, nicht in seinem Körper. Dennoch glaubt die Allgemeinheit meistens an das genaue Gegenteil dieser Wahrheit und handelt danach.

156

Wir sind nur deswegen bewusste Geschöpfe, weil unser Körper ein Gehirn besitzt; ohne es würden wir nichts wissen. Dergestalt jedenfalls ist die Vorstellung, die uns von diesen Lehrern eingeimpft wurde, die sie ihrerseits von anderen übernommen hatten. Demzufolge existierte der Geist nicht aus eigenen Kräften, stellten SEELE und ein Leben einhauchendes Prinzip eingebildete und unvorstellbare Dinge dar.

157

Der Fehler des Materialisten besteht darin, die physische Facette des Daseins zu übertreiben und einen angebeteten Fetisch daraus zu machen.

158

Freilich mögen diejenigen, die spirituell blind sind, die niemals den Zauber jener Kräfte zu spüren bekamen, die höher liegen als die, die sich auf die körperlichen Sinne auswirken, einen derartigen Glauben für verstiegen halten.

159

Diejenigen, die sich keinen besseren Begriff vom Bewusstsein machen als den üblichen, betrachten jeden anderen als ein Kuriosität, als unnatürlich, und nicht als etwas, das es sich vielleicht zu erforschen oder gar anzuschaffen lohnt.

160

Wer nicht an die Wahrheit des Mentalismus glaubt oder sie nicht einsieht, wer nicht weiß, dass Bewusstsein vom Gehirn getrennt ist, der ist nach wie vor ein Materialist, wie religiös er der äußeren Form nach auch sein mag.

161

Für den wahren Anhänger der SUCHE ist es nicht einfach, dieses Hindernis des Anti-Mentalismus zu überwinden, meistens wegen gewisser mystischer Weltanschauungen. Ohne diese würde es nicht so viele Unstimmigkeiten geben. Indes steht man hier vor Schwierigkeiten, die aus der Widersprüchlichkeit mystischer Erlebnisse rühren.

162

Der Materialist, der sagt, dass wir Menschen aus Nichts kommen und das unendliche Wesen oder GOTT, wenn es ihn gibt, keinerlei Interesse an uns zeigt, denkt nur an seinen physischen Körper.

Die Position der modernen Wissenschaft

163

Dass die Mehrheit früher nicht imstande war, die Wahrheit des Mentalismus zu erkennen, ist durchaus begreiflich, sogar verzeihlich, wenn wir einräumen, dass der materielle Wirklichkeitssinn des Menschen durch fast nichts zu erschüttern ist. Der einzige erfolgreiche Angriff auf ihn ist bisher nur der persönlichen mystischen Erfahrung gelungen - indes stellten die Mystiker nur eine Handvoll unter vielen dar. Aus eben diesem Grunde sind die in der Mitte des zwanzigsten Jahrhunderts gemachten Entdeckungen der Kernphysik so wichtig, denn sie müssen letzten Endes zur vollen Rechtfertigung des Mentalismus führen.

164

Es wird, ja es muss die Zeit kommen, da die Wissenschaftler sich sowohl von den neuen als auch von den angesammelten Tatsachen gezwungen sehen werden, GEIST als das wirkliche Ding zu betrachten, mit dem sie sich befassen müssen, und Materie als eine Gruppe von Geisteszuständen. Indes werden sie dann mehr als nur bloße Wissenschaftler sein; denn dann sind sie im Begriff, philosophische Wissenschaftler zu werden.

165

Der Glaube, dass unsere Berührung mit einem Holzstab eine Berührung mit Materie sei, ist nicht mehr gute Wissenschaft, und es war die Physik, eine Wissenschaft, die mit beiden Füßen fest auf dem Boden steht, die diesen auffallenden Wandel in der Anschauung bewirkt hat!

166

In diesem Jahrhundert sind die beiden Ströme der Wissenschaft und Mystik dabei, im Mentalismus zu münden.

167

Als mystische Seher auf Grund ihrer Einsicht verkündeten, dass die Wirklichkeit des Weltalls nicht Materie, sondern Geist ist, konnten die Gebildeten es sich leisten, deren Kundgebungen nicht zu beachten. Aber als es führende Wissenschaftler auf Grund nachweisbarer Tatsachen und rationaler Überlegungen selbst verkündeten, konnten sie nicht umhin, ihr Vertrauen darauf zu setzen. Infolgedessen haben diejenigen, die die neuesten Erkenntnisse wirklich aufgenommen haben, dem intellektuellen Materialismus den Rücken zugekehrt. Heutzutage glauben in der Tat nur die Un-, Halb-, Pseudo- und im Geplapper Gebildeten an diese miserable Lehre.

168

Die Füße sagen uns, dass der Boden, auf dem wir gehen, wirklich vorhanden ist. Die vier restlichen Sinne sagen uns etwas über die anderen Objekte, die uns umgeben. Unsere ganze körperliche Erfahrung bestätigt die Faktizität der Welt. Die Welt ist sicher eine Sache, die existiert. Wie kommt es nun, dass wir bei den Hindus und Chinesen auf gefeierte Denker stoßen, die behaupten, diese Existenz sei unwirklich? Kann man Shakespeares „Viel Lärm um Nichts" infolgedessen in einen überraschend anderen und ungeheuer größeren Bezug stellen? Wenn dem so wäre, dann wären diese östlichen Träumer höchst erschreckend. Aber die westliche Wissenschaft würde sich doch sicher nicht herablassen, sie auch nur einen Augenblick lang in Erwägung zu ziehen? Warten wir es doch ab.

169

Shankaras Schlangen-Seil-Illusion ist veraltet. Die Wissenschaft liefert bessere Modelle, die auf den Tatsachen kontinuierlicher Erfahrung fußen und nicht auf außergewöhnlichen oder zufälligen. Die Inder lassen die Tatsache außer Acht, dass seit Shankaras Zeiten über tausend Jahre vergangen sind. Die menschliche Intelligenz hat vieles untersucht und entdeckt. Moderne Beweise für den Mentalismus sind heute unanfechtbarer. Die ungeheuren Fortschritte, die die Wissenschaft seither gemacht hat, haben gezeigt, dass die Substanz, aus der das Weltall gemacht ist, überhaupt keine Substanz ist.

170

Gibt es ein präzises universelles Kriterium der Wahrheit, das allzeit und unter allen Umständen gültig ist, kurzum etwas, das unwandelbar und deshalb erhaben ist? Denn die Wissenschaftler wissen, dass es sich bei den großen Prinzipien, die die Wendepunkte in der Geschichte der Wissenschaft bildeten, in Wirklichkeit um aufeinander folgende Stufen auf dem Weg zur präzisen Wahrheit handelte. Die Wissenschaft verändert sich, ebenso ihre Lehren, und in gewissen Abständen werden ihre früheren Annäherungen von genaueren Punkten ersetzt. Wir können heutzutage, wo die Wissenschaft selbst so rapide fortschreitet, nicht hoffen, eine höchste und letzte Wahrheit zu finden. Zurück bleibt allerdings die eine unfehlbare, alles umfassende Tatsache, die immer wahr sein wird und sich unmöglich jemals ändern kann. Jeder experimentelle und theoretische Fortschritt wagemutiger Wissenschaftler wird in der Tat nur dazu beitragen, diese großartige Entdeckung zu verifizieren. Worin besteht sie? Sie besteht darin, dass die ganze Welt, die jedes wissenschaftliche Fachgebiet so emsig untersucht, nichts anderes ist als eine Idee im menschlichen Geist. Physik, Chemie, Geologie, Astronomie, Biologie und die restlichen Wissenschaften befassen sich allesamt - da gibt es keine einzige Ausnahme - mit dem, was letzten Endes ein Gedanke oder eine Reihe von Gedanken ist, die durch das menschliche Bewusstsein fließen. Hier also besitzen wir ein universelles Gesetz, welches den ganzen Bereich, in dem die Wissenschaft tätig ist, umfasst. Dies ist eine letzte, unsterbliche Wahrheit, die den Untergang jeder anderen Hypothese, die die Wissenschaft im Kielwasser forschreitender Erkenntnisse aufgestellt hat, überleben wird.

171

Lassen wir uns doch nicht von der östlichen Sinnlosigkeit in die Irre führen und offensichtlich Faktisches in Abrede stellen. Der Wahrheit, Vernunft oder Erfahrung nützt es nichts, wenn die Existenz der Welt bestritten wird. Noch fördert es das spirituelle Leben. Außerdem ist es reine Zeitverschwendung für westliche Schüler und stürzt sie nur in unnötige Angst und Verwirrung, denn es stellt sie vor leere Probleme, die sie nie hätten haben müssen. Das heißt freilich nicht, dass sie die Idee der Nicht-Zweiheit verstoßen und wieder Dualisten werden sollten. Es bedeutet lediglich, dass sie von anderen Gelerntes nicht wie Papageien nachplappern sollen, ohne es gründlich verstanden und auf seine Wahrheit oder Falschheit überprüft zu haben. Bei der Feststellung, dass die Welt nicht existiert, handelt es sich entweder um einen ungeschickten semantischen Fehler oder um eine jener unvollständigen Wahrheiten, die, außer sie ist auf ihre zweite Hälfte abgestimmt, andere täuscht und den, der die Feststellung trifft, in einen Irrgarten führt, aus dem er entweder nie oder erst nach vielen Jahren wieder herausfindet. Wenn seine Meditationen tief genug schürfen, kann es sein, dass er in eine das Bewusstsein überlistende Halbtrance versinkt, so dass er sich aus den fünf Sinnen herauswindet und nichts mehr von dem weiß, was sie ihm normalerweise berichten. Die Welt ist verschwunden. Ist sie nun aber wirklich verloren? Denn nach der Meditation, wenn die Welt wieder auftaucht wie ein treuer Hund, muss er zu seinen Sinnen zurückkommen. Statt ihren Anspruch, dass sie existiert, von sich zu weisen, ist es nur ehrlich, die Welt anzuerkennen und sich ein richtiges Urteil darüber zu bilden.

Denn die Welt ist ein Phänomen, und als solches, als eine Erscheinung, existiert sie gewiss. Aber sie erscheint im Geist, nicht in der Materie. Im ersten Jahrzehnt nach dem Ersten Weltkrieg hat die wissenschaftliche Forschung Hervorragendes geleistet. Einsteins Relativitätsformeln wurden zu Recht gelobt. Heisenberg wurde für seine Arbeit über die Struktur des Atoms mit seinen Ionen, Elektronen und Quanten mit dem Nobelpreis ausgezeichnet. Die fortgeschrittensten Köpfe in der Kernphysik kennen den Standpunkt des Mentalismus, falls sie willens sind, tief genug über die von ihnen beobachteten Tatsachen nachzudenken und falls sie über die Fähigkeit verfügen, diese Gedankengänge mathematisch zu beweisen. Wenige besitzen beides. Die meisten weigern sich, so weit zu gehen, weil sie sich nicht trauen, die letzten Überbleibsel des Materialismus aufzugeben, in die sich die Wissenschaft während der letzten zweihundert Jahre so tief verstrickt hat, dass es schlechterdings unwissenschaftlich scheint, sich ihrer jetzt zu entledigen: Einstein weigerte sich bewusst, wiewohl er dazu fähig war. Heisenberg bekräftigte die Wahrheit, wollte seine Bekräftigung aber bislang nicht öffentlich bekannt geben. Ich meine allerdings, dass er es noch vor seinem Tode tun wird. Carl-Friedrich von Weizsäcker, der auf beiden Gebieten - Kernphysik und Philosophie - arbeitete, versteht die Wahrheit über die Wirklichkeit, muss die ungeheure Arbeit, die in ihren Nachweis verwickelten mathematischen Formeln zu veröffentlichen, aber einem Jüngeren überlassen. Das Ganze läuft darauf hinaus, dass wir die unglaubhafte Lehre von der Nicht-Existenz der Welt nicht schlucken müssen, um die Materialität der Welt zu leugnen. Die Wissenschaft fordert zurecht eine Erklärung der Welt. Treibt sie diese Forderung bis an die Grenzen des Möglichen, so stößt sie auf dieselbe Wahrheit wie die Philosophie, freilich auf eine andere Weise. Die Welt ist, was sie ist, eine Erscheinung im kleinen Geist; aber hinter beiden liegt der (absolute) GEIST, jene großartige, unwandelbare Wirklichkeit, die alles menschliche Denken und Berühren übersteigt, und die allein ist, war und sein wird.

172

Als Shankaracharya vor mehr als zweitausend Jahren seine brillanten Texte und Kommentare schrieb, war er gezwungen, das (jetzt so bekannte) Beispiel vom Seil anzuführen, das fälschlich für eine Schlange gehalten wurde. Heute steht uns ein besseres und überzeugenderes Beispiel aus der Kernphysik zur Verfügung. Letztere bewies, dass man vor der Erfindung sehr feiner, stark vergrößernder Apparate und Instrumente, die das Bewusstsein des Untersuchenden freilich nicht von den entdeckten Energien ausschließen konnten, den Fehler machte, fast unsichtbare Energien für feste materielle Substanzen zu halten.

173

Die Bombe selbst, deren finsterer Schatten heute den ganzen Planeten bedroht, ist das letzte und neueste Beispiel, dass Materie eine Illusion ist. Die Kernphysik, die allein die Bombe möglich machte, ist zu einer Ebene vorgedrungen, auf der sich Materie in Strahlung aufgelöst hat. Dort gibt es keine Materie, sondern nur Strahlungsenergie.

174

Indem er aus Materie nicht mehr als eine mathematische Formel machte, zerstörte Einstein den Materialismus mit einem Appell an den Intellekt. Damit brachte er in Wirklichkeit eine spirituelle, wenn auch in die moderne Sondersprache seiner Zeit gekleidete Botschaft - so wie ein anderer Jude, Jesus, vor zweitausend Jahren eine Botschaft brachte, die durch einen Appell an den Glauben dasselbe bewirkte.

175

Es war Gaudapadas messerscharfes Denken, das es ihm möglich machte, die Wahrheit der Nicht-Ursächlichkeit ohne Apparate zu verkünden, zu der Planck und Heisenberg in unserer Zeit durch ihre Versuche im Labor gelangt sind.

176

Die Wissenschaft hat begonnen, die Tatsache zu beweisen, dass die Welt in Wirklichkeit Geist ist; die Wahrheit hat die Tatsache bewiesen, dass der Geist das Selbst ist. In einer der Upanishaden heißt es: „Dieses (Weltall) bin ich, der ich alles bin, das ist MEIN höchster Zustand."

177

Die ungeheuren Folgen des Mentalismus für die Wissenschaft und Metaphysik, seine außerordentliche Bedeutung für die Mystik und Religion werden noch vor Ende dieses Jahrhunderts stillschweigend augenfällig werden.

178

Einige Wissenschaftler erreichen den Standpunkt, dass die Welt letzten Endes eine Idee im Geist des Betrachtenden ist. Was wird folgen? Sie müssen als Nächstes zu dem

Standpunkt vordringen, dass eine Idee genau denselben Wert hat wie jedes in einem Traum sichtbare mentale Bild und daher genauso imaginär sein muss, was sie zum letzten Standpunkt führt, dass die Idee nicht ein wirklich und dauerhaft Existierendes ist.

179

Die einfache Vorstellung, dass die Welt nur eine Maschine ist, GOTT der Mechaniker, der ihre Teile zusammenbaut, und Materie der Stoff, mit dem er begann und aus dem er diese Teile herstellte, gehört zu den primitiven Ebenen wissenschaftlichen Denkens. Sie ist für diejenigen, die sich in ihrer Begeisterung für die ersten Entdeckungen der Wissenschaft gerade erst einen Begriff von einem geordeneten Weltall zu machen beginnen.

180

Materie ist Energie, die als Wellen pulsiert oder Knoten bildet.

181

Wenn die so genannte Materie aus der Energie des Elektrons besteht, ob als Welle oder Teilchen, wo ist dann ihre Existenz als feste Substanz? Die Quantenphysik hat die Wahrheit über Materie bis dahin enthüllt.

182

Wenn am letzten Atom weder Gewicht, noch Volumen, noch Trägheit nachzuweisen ist, wo ist dann „Materie"? Sie existiert nicht mehr. Hat es sie aber überhaupt jemals gegeben? Intensives und lang anhaltendes Nachsinnen über diese Frage könnte aus einem Physiker offensichtlich nur einen Metaphysiker machen - und das ist nicht erlaubt! Die Wissenschaft muss doch Wissenschaft bleiben; weil sie mit dem Dogma anfing, dass sie nichts mit Metaphysik oder Religion zu tun hat, hört sie auch damit auf!

183

„Nur was wir dank unserer Sinne wissen, hat Wirklichkeit" und „alles ist Materie und Kraft", schrieb D'Holbach, ein französischer Wissenschaftler. Er meinte, Materie sei das wirkliche Ding und Kraft das, was auf Materie so einwirke, dass sie eine Vielfalt von Formen annehme. Wie aber wusste er, dass Materie vorhanden war? Berichtete ihm nicht sein eigener Geist davon?

184

Das Weltall lässt sich nicht mit einer Handvoll Theorien, Ideen, Gesetze oder Entdekkungen erklären. Es ist unvorstellbar komplex. Selbst mit Hilfe der erstaunlichsten Ausrüstungen, Werkzeuge und Apparate entdeckt die Wissenschaft nicht mehr als einen winzigen Bruchteil der Tatsachen über jedes Ding im Weltall. Noch wichtiger aber ist die so beschränkte Funktion der physischen Sinne. Sie scheinen von der Existenz der Materie zu berichten, uns Substanz und Wirklichkeit zu geben, wenn es sich bei dem, was ist, doch um eine ganz andere Ebene handelt - nämlich um die des GEISTES!

185

Die Ideen des Wissenschaftlers bilden eine intellektuelle Anschauung, die die führenden Schichten, die Lehrenden und Kämpfenden, ja sogar die Masse, so weit sie bis zu ihr durchsickert, zunehmend beeinflusst. In dem Maße, in dem die Wissenschaft allmählich versteht, dass das von ihr Untersuchte oder Erforschte den unbewussten Beitrag des Untersuchenden oder Forschenden ausklammert, in dem Maße ist ihr Ergebnis unvollständig. Mehr noch, dieser unbewusste Beitrag ist selektiv; er kann sich nur so weit mit Objekten befassen, so weit er in das Material, aus dem sie gemacht sind, einzudringen vermag. Folglich weist das, was der Wissenschaftler vom Weltall weiß, eine Lücke auf. Aber der Philosoph hat die Entdeckung gemacht, dass dieses fehlende Element von wesentlicher und grundsätzlicher Wichtigkeit ist.

186

Wenn man aus Gründen, die in Wirklichkeit wissenschaftliche sind, allmählich begreift, dass der Glaube an die Materialität der Welt unbegründet ist, erträgt man die SUCHE vielleicht besser.

187

Ihre Beobachtung der geistigen Folgen körperlicher Verfassungen und die allgemeine Einstellung der modernen Wissenschaft hat Medizinstudenten bis vor kurzem zum Materialismus und folglich Agnostizismus geführt. Aber einige Faktoren haben den Beginn einer Umkehr dieses Prozesses bewirkt oder werden ihn in Kürze bewirken.

188

Ein medizinischer Wissenschaftler erklärte, er sei gegen jedwede Verbindung von Physiologie mit Psychologie. Seiner Meinung nach würde es beiden nur schaden. Er bemerkte, dass niemand das Bindeglied zwischen Bewusstsein und Materie kenne. Diese Bemerkung hält jeder für plausibel, ob er nun Materialist oder gottgläubig ist. Nur der Mentalist kann das Problem lösen.

189

Als ein unabhängiges Prinzip ist Materie, sei es physische, ätherische, astrale oder irgendeine andere, nicht-existent. Alle diese sind lediglich Ideen.

190

In "Physics and Philosophy" deckt Sir James Jeans auf, was tatsächlich Sache ist. Er zieht den Schluss: „Bei unserem Übergang von dieser phänomenalen Raum/Zeit-Welt zu diesem Substratum scheinen wir vom Materialismus zum Mentalismus, also möglicherweise von Materie zu Geist überzugehen - nur wissen wir nicht wie.....Die moderne Physik bewegt sich auf den Mentalismus zu."

191

Eddington ging mit der Befürwortung des Mentalismus viel weiter als Jeans. Er sagte der Wissenschaft klipp und klar, dass es ohne Geist zu postulieren, keine befriedigende Erklärung der Materie geben kann.

192

Mit ihren evolutionären Geschichten widerlegen die Geologen, Biologen und Physiker den Mentalismus nicht. Damit beschreiben sie lediglich einige der Weisen, auf welche der GEIST bei der Herstellung seiner Bilder funktioniert.

193

Die Funktion der Sinne zu ergründen, die Erkenntnisprobleme zu untersuchen und die Implikationen der Kernphysik zu verstehen - und all das so erschöpfend als möglich, zwingt einen, den materialistischen Anspruch zu verwerfen, dass es nur eine materielle Welt gibt und wir menschliche Wesen nur materielle Körper sind; dass alle mentalen Erlebnisse nur ein Produkt materieller Umstände seien, ist eine naive Vorstellung, die heute nur ein Kind sich machen und vertreten kann. Heutzutage zeigen alle Dinge auf die Wahrheit des Mentalismus.

194

Ein junger Biologieprofessor in Neuseeland sagte in meiner Gegenwart, dass sich die bisher vertretene materialistische Auffassung von der Zelle untergraben sehe durch die neuesten Entdeckungen der Neurobiologie, die als Wesenskern eher etwas nahe legten, das wie Bewusstsein oder Geisthaftigkeit ist.

195

Materie, als eine Wesenheit an sich, wird, wiewohl sie zu Beginn des neunzehnten Jahrhunderts wissenschaftlich so annehmbar war, am Ende des einundzwanzigsten wissenschaftlich nicht mehr haltbar sein.

196

Die Wissenschaft hat seit langem gewusst, dass sich Materie zu wellenartiger Energie oder zu aus Teilchen bestehenden Energieströmen verwandeln kann. Die Philosophie bemerkt dazu, dass die sichtbare Welt von Objekten und Geschöpfen nicht wirklich das ist, wofür wir sie halten. Sie scheint ruhig, massiv und fest zu sein, vibriert jedoch die ganze Zeit mit unglaublicher Geschwindigkeit, und wir, die Beobachtenden, vibrieren mit ihr. Erst wenn wir in den stillen Mittelpunkt des Seins eindringen, finden wir wirkliche Festigkeit, wahre Substanz.

197

Diejenigen, die intellektuell zu unehrlich und moralisch zu skrupellos sind, als dass sie gewillt wären, die schwerwiegenderen Folgen der neuen wissenschaftlichen Erkenntnisse anzunehmen, weil es ihre ganze Einstellung beeinträchtigen würde, gleichen Kriminellen, die es ablehnen, sich an die Gesetze des Landes zu halten, weil es ihren Interessen zuwiderläuft.

198

Es beinhalten diese Begriffe nichts wesentlich Neues, aber ihre neue, sich auf moderne wissenschaftliche Erkenntnisse stützende Formulierung enthält notwendigerweise neue Teile.

199

Die Wissenschaft ist fast bei der mentalistischen Position angelangt, wenn sie, in der Person Niels Bohrs, einem ihrer hervorragenden Forscher, zugibt, dass die menschliche Wesenheit sowohl ein Zuschauer als auch ein Schauspieler in diesem Weltgeschehen ist.

200
Kein Wissenschaftler weiß, was Materie an sich ist.

201
Das Endergebnis allen wissenschaftlichen Forschens und metaphysischen Denkens ist und kann nur der Mentalismus sein.

Der Mentalismus und verwandte Lehren

202
Die die Bezeichnung "subjektiver Idealismus" tragende metaphysische Lehre stellt einen ersten, aber keinesfalls den letzten Schritt zur Wahrheit dar. Für sich genommen kann sie, da sie das Weltall nur im kleinen, endlichen Menschengeist lässt, sogar zu ernsthaften Missverständnissen und Irrtümern führen. Nur indem wir die Welt dort aufstellen, wo sie ihren Ursprung hat - im WELT-GEIST - und den teilhabenden und einschränkenden menschlichen Geist erst danach auf der Szene erscheinen lassen, kann die Lehre vervollständigt und berichtigt werden!

203
Berkeley sagte, es gäbe kein Objekt, nur den Gedanken an es und das denkende Selbst. Hume sagte, es gäbe kein Objekt und keinen Denker, nur den Gedanken. Beide kamen der Wahrheit nahe, konnten sie aber nicht ganz erfassen, weil sie sich ausschließlich auf die Vernunft und Intuition verließen. Nur die Einsicht hätte sie weiter führen können.

204
Es genügt nicht, die physischen Sinne (Körperteile) in Bezug zu den physischen Objekten (der außerhalb der Sinne liegenden Welt) zu bringen und dann die Schranke zwischen ihnen und somit Materie selbst metaphysisch zu entfernen, wie die frühen Idealisten im Westen. Es ist vonnöten weiterzugehen, zu einer positiven Erkenntnis des REINEN GEISTES an sich! Wir dürfen nicht nur die Beziehungen zwischen den Sinnen und ihren Objekte in Erwägung ziehen!

274

Berkeley sagte, er könne keine Materie finden. Hume pflichtete ihm bei, ging jedoch weiter, indem er sagte, er könne auch keine Seele oder kein Selbst finden. Aber weder Kant noch Hegel leugneten, wie Berkeley, die Existenz der Materie, wiewohl sie das ganze Dasein zu einer Gedankenform verkleinerten.

206

Hume wies mit Recht darauf hin, dass der Geist bloß eine Reihe von Sinneswahrnehmungen ist, kam aber zu dem falschen Schluss, dass der Reihe der verbindende Faden fehle. Er sah nur augenblickliche Wahrnehmungen in der Welt, und in den Wahrnehmungen sah er gar nichts. Sie stiegen auf und versanken in einer Leere. Infolgedessen könnte man von dem schottischen Denker sagen, seine Lehre stelle einen nihilistischen Idealismus dar und sein Weltall sei ein sinnloses. „Jeder geht auf Distanz", beschwerte er sich. „Ich habe mich der Feindseligkeit aller Metaphysiker und sogar Theologen ausgesetzt; kann ich mich über die Beleidigungen wundern, die ich ertragen muss?"

207

Ich habe versucht, das Wesen des Geistes zu studieren und seine Funktion beim Erkenntnisvorgang zu verstehen. Am Ende meiner ganzen Studien sah ich mich gezwungen, Humes wunderliche Darlegung zu bekräftigen: „Nichts ist wirklich zugegen beim Geist als dessen Wahrnehmungen.... In Wirklichkeit gehen wir niemals einen Schritt über uns selbst hinaus..... Die Philosophie informiert uns, dass alles, was vor dem Geist erscheint, nichts als eine Wahrnehmung ist, die unterbrochen und vom Geist abhängig ist, während die Ungebildeten Wahrnehmungen und Objekte durcheinander bringen und den Dingen, die sie sehen und fühlen, eine spezielle, dauerhafte Existenz zusprechen. Es gibt keine wichtige Frage, deren Entscheidung nicht in die Geisteswissenschaft gehörte; noch gibt es eine, die mit Sicherheit entschieden werden kann, bevor wir letztere kennen lernen."

208

Whitehead befürwortete den Mentalismus insofern, als er in seinem "Process and Reality" zugab, dass „es abgesehen von den Erfahrungen des Subjekts nichts, rein gar nichts gibt".

209

Der Realist misst dieser Welt einen größeren Grad an Wirklichkeit zu als ihrem Beobachter, weil er behauptet, dass die Welt selbst nach dem Tod des Beobachters vorhanden sein wird. Der Idealist indes misst dem Beobachter alle Wirklichkeit zu, weil die Welt ohne den Beobachter nicht gekannt werden kann.

210

„Denken und das Objekt des Denkens sind ein und dasselbe." - Parmenides, der erste griechische Mentalist.

211

Kants Analyse der Erkenntnis stellt seine hervorragende Leistung dar. Er verfolgte die wahren Quellen unserer Erfahrung zurück.

212

Platon über den Mentalismus: „Was ein höheres Wesen als subjektiven Gedanken fasst, nimmt ein niedriges als objektive Dinge war."

213

Kant forderte die Metaphysiker seiner Zeit auf, ihren Streit über das Wesen des Weltalls und die Prinzipien des Seins doch so lange einzustellen, bis sie das Wesen unseres Erkenntnisprozesses besser verstünden.

214

Die mentalistischen Schulen des chinesischen Buddhismus existierten nur von 600 n.Chr. bis 1100 n.Chr.. Sie hießen Fa-hsiang und Wei-shih. Die mentalistische Schule des japanischen Buddhismus hieß Hosso.

215

Als Idealist hob Kant die zwei Seiten des Idealismus hervor: Zum einem dass die Welt der Erfahrung durch gewisse Prozesse aufgebaut ist, das heißt, ein Konstrukt darstellt; und zum anderen, dass die synthetische Tätigkeit des Geistes es dem Geist möglich macht, die Welt als ein fertiges Ding zu sehen. Mit seiner Behauptung, dass die bekannte Welt mental konstruiert ist, hatte er Recht, aber nicht mit seiner Behauptung, dass es jenseits der bekannten eine unbekannte Welt von Dingen-an-sich gäbe, außer wir meinen damit die karmischen Kräfte, die auf die bekannte Welt übertragen wurden.

217

Malebranche: „Wir nehmen die außerhalb von uns gelegenen Objekte nicht an sich wahr....Unter diesem Wort Idee verstehe ich also nichts anderes als das, was das unmittelbare Objekt ist."

218

Der Geist ist der eine Aspekt oder die eine Phase, die wir, in allem, was existiert, kennen. Wir können nichts außer den Geist kennen. - Baruch (Benedict) Spinoza

219

Bradley wies darauf hin, dass das erkennende Selbst selbst nur eine Idee ist und in diesem Sinne unterscheidet es sich nicht vom PRÄDIKAT, dem bekannten Objekt des Denkens.

220

„Sind wir wirklich lebendig in wirklichen Umgebungen oder sind wir in Wirklichkeit nur im Begriff zu träumen? Menschen, die es Leid waren, zum Narren gehalten zu werden, behaupteten, dass außerhalb unseres Geistes nichts Wirkliches liegt." - Voltaire

221

Ashtavakra Samhita: „Das Weltall ist nur ein Zustand des Geistes."
Panchadasi: „Der Geist ist faktisch die äußere Welt."
Mahabharata: „Der Geist ist die Essenz aller Dinge, die offenbar sind."
Taittiriya Upanischade: „Alle Wesenheiten sind in der Tat dem Geist entsprungen."
Brihadaranyaka Upanischade: „Diese herrliche, endlose, unendliche WIRKLICHKEIT ist rein mental (Vijnanaghana)."
Jivamukti Viveka: „Die ganze Welt ist das Ergebnis einer sich in mir abspielenden, rein mentalen Konstruktion."

222

„Oft war ich außerstande", stellte Wordsworth in der Einleitung zu seiner großartigen ‚Ode' fest, „mir vorzustellen, dass äußere Dinge äußerlich existierten, und ich kommunizierte mit allem, was ich sah, als etwas nicht von meinem eigenen nicht-materiellen Wesen Getrenntes, sondern als etwas ihm Innewohnendes. Nicht selten hielt ich mich auf meinem Schulweg an einer Wand oder einem Baum fest, um mich aus diesem Schlund des Idealismus zur Wirklichkeit zurückzubringen."

223
„Nur jener Tag bricht an, der uns voll bewusst ist." - Thoreau

224
„Das MANIFESTE ist GEIST; auch die LEERE." - Tilopa, The Vow of Mahamudra

225
Anaxagoras, der Lehrer des Sokrates, lehrte, dass die wirkliche Existenz der von den fünf Sinnen wahrgenommenen Dinge nicht hinreichend erklärt werden kann.

226
Oscar Wilde (in einer von Lawrence Housman aufgezeichneten Unterhaltung): „Das ist zweifellos wahre Philosophie....Was man ist, ist man nur, weil sie ein Objekt des Denkens aus einem gemacht haben; dächten sie nicht an einen, so würde man nicht existieren. Und wer weiß? Sie mögen durchaus Recht haben. Denn wir können nicht hinter die Erscheinung der Dinge bis zur Wirklichkeit vordringen. Und der schreckliche Grund dafür mag sein, dass den Dingen keine von ihren Erscheinungen getrennte Wirklichkeit zugrundeliegt.

227
Chunag Tzu schrieb: „Konfuzius und du, ihr seid beide Träume; und ich, der sagt, dass ihr Träume seid - ich bin selbst nur ein Traum."

228
„Wo sind die angenehmen und unangenehmen Augenblicke, nachdem sie vorüber sind? Sie scheinen wie ein Klang zu sein, ein Schatten, ein leichter Wind oder Traum." - Su Tung Po

229

„Ich sehe die Welt, als sei sie ein Bild", stieß Sri Shankaracharya im Siddhantamuktavali hervor.

230

„Alles, was ich sehe, scheint ein Traum zu sein, alles, was ich mit den Augen des Körpers wahrnehme, ein Spott." - Die Heilige Theresa von Avila.

231

In seinen veröffentlichten Briefen enthüllt William Blake die mentalistische Wahrheit, wobei er aus direkter persönlicher Erfahrung spricht. Dies überrascht nicht, war er doch hellsichtiger Seher, frommer Mystiker und begnadeter Künstler in eins. „Ich weiß", so schreibt er, „dass diese ganze Welt der Vorstellung und Schönheit ein ununterbrochenes Traumbild ist."

232

Berkeley benützte seine mentalistische Entdeckung, um dem anthropomorphischen GOTT seinen vernachlässigten Schrein wieder zurückzugeben. Sein großer Fehler bestand darin, diese persönliche Gottheit als den Urheber der menschlichen Ideen einzuführen und sich am endlichen Ego festzuklammern, ohne es für möglich zu halten, dass das Ego selbst eine Idee ist.

233

Wir müssen damit rechnen, dass sich die römisch-katholische Metaphysik, die an Thomas v. Aquin und über diesen an Aristoteles anknüpft und an die Wirklichkeit der materiellen Welt glaubt, nachhaltig gegen den Mentalismus aussprechen wird.

234

„Ich bin zu dem Schluss gekommen, dass Bewusstsein eine unstrittige Prämisse und reiner Materialismus infolgedessen unmöglich ist. Ich habe mit verbissener Hartnäckigkeit gegen den Idealismus in der Metaphysik angekämpft - und aus eben diesem Grunde war ich gezwungen, ihn gründlich zu verstehen, bevor ich ihn annahm." - Bertrand Russell.

Bischof Berkeleys Beitrag zu diesen mentalistischen Lehren war nützlich, und wir im Westen sollten ihm dankbar sein. Indes enthielten sie einige Schwächen, die die besten asiatischen Denker sofort entdecken und konsequent vermeiden. Berkeley meinte, ein Erlebnis sei wahr, wenn die Idee des Erlebnisses nicht unzusammenhängend und von Dauer sei. Shankaracharya hat immer wieder darauf hingewiesen, dass diese Bedingungen auch bei wirksamen Illusionen zugegen sind.

236

Die europäischen Denker, die die mentalistische Grundlage des Lebens mit intellektueller Gründlichkeit - wenn auch nicht immer richtig - ausgearbeitet haben, waren alle Deutsche. Kant, Schopenhauer, Hartmann, Hegel, Schiller und Fichte erkannten und lehrten, dass GEIST die ursprüngliche Wirklichkeit und die Welt eine Idee im GEIST ist.

237

Bischof Berkeleys metaphysische Position lässt sich nicht so leicht einstufen. Denn „es gibt"- wie es in der Encyclopaedia Britannica heißt -"einige Gründe für die übliche Bezeichnung seiner Philosophie als subjektiven Idealismus. Indes widerspricht diese Interpretation seinem wiederholten Eingeständnis, er versuche, unseren natürlichen Glauben zu rechtfertigen, dass wir direkte Kenntnis von einer wirklich körperlichen Welt hätten."

238

Trotz seiner seelischen Gestörtheit hatte D.H. Lawrence lichte Augenblicke, in denen er spirituell hellsichtig war und intellektuell verständlich. Deswegen schrieb er irgendwo: „Alles, was wir kennen, sind Schatten. Schatten von jedem Ding, von der ganzen Welt, sogar von uns selbst. Wir alle sind Hirngespinster. Ihr seid ein Hirngespinst für mich, ich eins für euch. Ihr seid sogar ein Schatten für euch selbst. Und unter Schatten verstehe ich Idee, Begriff, die abstrakte Wirklichkeit, das Ego."

239

Es ist von Interesse, wenn auch nur am Rande, dass Berkeleys Frau eine Anhängerin von Madame de Guyon war, eine Französin, die, obschon keine Nonne, Meditation lehrte, und deren Bewegung sich unter dem Namen „Quietismus" verbreitete. Frau

Berkeley war eine hingegebene, inbrünstige Mystikerin, die sich selbst sehr ernst nahm und eifrig darauf bedacht war, sich selbst zu verbessern. Auf einigen der von ihrem Gatten hinterlassenen, leergebliebenen Endseiten zur Rohschrift von "Treatise Concerning the Principles of Human Knowledge" schrieb sie nach dessen Tod: „Wer bist du, dass du den Menschen fürchtest, der ein Tagwurm ist wie du selbst? Fürchte dich nur vor dem, der dich deinem Verhalten entsprechend belohnen oder bestrafen wird.... Lasse dich nicht von imaginären Gütern wie Ruhm oder Reichtum bezaubern, andernfalls wird dich das Bedürfnis danach quälen." Ihr Gebrauch des Wortes imaginär ist amüsant angesichts der mentalistischen Lehre ihres verstorbenen Gatten.

240

Auszug aus der kurzen biographischen Einleitung des Herausgebers zu den gesammelten "Speeches of His Highness the late Yuvaraja of Mysore": „Menschen, die seine geistige Entwicklung mitverfolgt hatten, wiesen darauf hin, dass er zwar mit einer materialistischen Theorie vom Weltall begonnen hatte, im Laufe seiner fortschreitenden Studien und seines reifenden Verständnisses aber die rein mentalistische Auffassung, dass das Weltall Geist-Stoff ist, zu vertreten begann."

241

In seinem Werk "Attaining Enlightenment in this Lifetime" schrieb der japanische, auch unter dem Namen Kobo Daishi bekannte Philosoph Kukai (774-835): „Zwischen Geist und Materie gibt es wahrlich Unterschiede, aber in ihrem eigentlichen Wesen bleiben sie das Gleiche. Materie ist nichts anderes als Geist."

242

Bergson: Philosophie muss mit dem Problem der Existenz der Materie beginnen.

243

Mit dem von ihm kompilierten Wörterbuch stellte Dr. Samuel Johnson seine bewundernswerte Belesenheit wie auch seine Begabung unter Beweis, bei inhaltsschweren Darlegungen praktisch zu denken. Als er aber in demonstrativer Widerlegung der Berkeleyschen Entdeckung mit dem Fuß aufstampfte, stellte er auch seine metaphysische Naivität unter Beweis. Die Berührung des Fußes gab Johnson eine körperliche Sinneswahrnehmung. Johnson machte dort Halt, weil er nicht verstand, dass die Sinneswahrnehmung ihm eine Idee - Festigkeit - gegeben hatte und sein Fuß den Boden nicht ohne diese Idee verspürt hätte. Für ihn war es selbstverständlich, dass seine Erfahrung von einer materiellen Wirklichkeit zeugte. Heute weiß die Wissenschaft, dass sie nur von Johnsons Sinneswahrnehmungen zeugte und der Rest Theorie und Annahme war. Berkeley sah darin ein Zeugnis für Ideal-ismus. Indes stellt dies nur eine Zwischenstufe zu einer hinreichenden Erklärung, zum Mentalismus, dar.

244

In einem Brief an H. W. Abbot definierte Santayana das, was er „das idealistische Dogma" nannte, mit wenigen Worten: „Die Erkenntnis von Objekten stellt nur eine Modifikation des Subjekts dar." Weiter erklärte er: „Die Unmöglichkeit, ein kompromissloser Idealist zu sein, weil jedwede Art von Bewusstsein impliziert, dass etwas, das nicht es selbst ist, außerhalb seiner selbst existiere."

245

Als ich vor einigen Jahren in einem westindischen Ashram verweilte und die Bücher auf den Regalen seiner Bibliothek durchstöberte, stieß ich auf eine stark gekürzte Ausgabe eines Werks, das den Titel "Yoga Vasistha" trug. Ich erkannte, dass ich einen jener östlichen Texte gefunden hatte, die auch einen westlichen Leserkreis verdienten. Diese Ausgabe war vor langer Zeit von einem indischen Gelehrten verfasst worden, allem Anschein nach niemals außerhalb Indiens in Umlauf gekommen, und ich konnte, so sehr ich mich auch bemühte, keine andere finden, die ich hätte mitnehmen können. Ich glaube, sie war privat veröffentlicht worden; aber wie dem auch sei, sie war vergriffen. Der Inhalt war von so großem Interesse, dass ich den Sanskrit-Titel niemals vergaß. Inzwischen besitze ich allerdings eine neue, gekürzte Ausgabe. Ihre Lektüre hat mir viele freudige, interessante und gedanklich anregende Stunden bereitet. Es ist ein Buch, das sich auch in den Händen jedes Mentalisten befinden sollte.

246

Wenn Berkeley sagt: „Zu sein bedeutet, wahrgenommen zu werden" (er meint von GOTT) ist dies in der Philosophie gleich bedeutend mit „zu sein bedeutet, dem Welt-Geist in der Form von der Welt-Idee bekannt zu sein". Indes bestehen zwischen diesen beiden Anschauungen feine, aber wichtige Unterschiede. Was definierte Berkeley als GOTT? Hatte er den höchsten Begriff, den der Nicht-Zweiheit, erreicht? Verstand er, dass differenziert werden muss zwischen dem Absouten Geist und dem Welt-Geist?

247

Trotz ihrer mentalistisch-mystischen Lehre wird Thomas von Aquins metaphysische Auffassung zunehmend eher als Neuplatonismus beurteilt und nicht als Aristotelismus, wie so viele schon so lange glauben.

248

Dass das letzte Drama, das Shakespeare schrieb, „Der Sturm" war, ist eine historische Tatsache, aus der sich zum Teil erklärt, warum es die geheimnisvollste Wahrheit enthält - den MENTALISMUS.

249

„Das Bewusstsein bezeugt seine eigene Existenz, daran ist nicht zu rütteln. Aber anfangs beschränken wir seine unerforschte Existenz auf die Persönlichkeit. Als ein in ständigem Wandel begriffenes Ding ist es nur ich. Untersucht und erforscht wird es ICH-ICH-ICH, das heißt, es selbst. Das 'ICH' ist nicht das 'Ich'." - Coleridge.

250

„....wie du in der eigenen Brust Himmmel und Erde trägst und alles, was dein Auge schaut; es erscheint zwar außerhalb, liegt aber innerhalb, in deiner Vorstellungkraft, und diese Welt der Sterblichkeit ist nur ein Schatten davon." - William Blake.

251

Obwohl er selbst ein unerschütterlicher Materialist war, musste Denis Diderot bekennen, dass „es am schwierigsten ist, den Idealismus zu widerlegen", (weil) „wir niemals aus uns treten können." Es gab einen englischen Rechtsanwalt, der jedem, der die Lehren des Idealismus mit Erfolg widerlegen könnte, einen hohen Geldpreis anbot. Der Preis ist freilich niemals gewonnen worden, weil niemand imstande war, eine zufriedenstellende Widerlegung zu liefern. Der Mentalismus beinhaltet den größten Teil des Idealismus, geht aber darüber hinaus und erklärt mehr.

252

Große griechische Denker diskutierten, ob Gehirn und Geist zwei getrennte Dinge seien oder nur eins. Aber die größten von ihnen (zum Beispiel Platon) wussten um die mentalistische Wahrheit.

Objektiver Idealismus gründet auf einem Irrtum. Er irrt, wenn er sagt, dass Objekte getrennt von ihrer Idee existieren. Wäre dies wahr und bildete man seine Idee von einem Objekt nach dem Objekt selbst, sollte man sich fragen: „Was teilt einem denn mit, dass es ein außerhalb gelegenes Objekt gibt?" Antwort: Der Geist, er teilt es einem mit. Aber der Geist vermag einem nur einen Gedanken zu geben. Folglich sind sowohl die Idee, die er sich bildet, als auch das Objekt, das sich dem Geist enthüllt, Idee.

254

Man könnte sich sicher ewig über den metaphysischen Idealismus streiten, vor allem mit den Neu-Realisten. Indes verdient er es, auch von den spirituell Gesinnten in Betracht gezogen zu werden. Auf dem Gebiet der Mystik gibt es in der Tat eine ganze Reihe von Führern, die ihn vertreten - nicht nur durch intellektuelle Tätigkeit, sondern auch durch mystische Erfahrung.

255

Es wäre falsch zu sagen, die Wissenschaft tendiere zu einer Abkehr von Berkeley. Es stimmt, dass Berkeleys Auffassung vom Mentalismus beschränkt und fehlerhaft, ja in der Tat nicht mehr als ein Anfang war, aber dennoch ein Anfang, der in die richtige Richtung zeigte.

256

Berkeleys klares Denken und seine intelligenten Ausführungen über eine vortreffliche Wahrheit waren bewundernswert. Nur ist ihm bei der Formulierung seiner Ansichten ein großer Fehler unterlaufen. Falsch war, dass er die Eigenschaften äußerer Objekte unterteilte in solche, die der Geist beiträgt und in solche, die aus eigenem Recht zu den Objekten gehören. Tatsache ist, dass alles ohne Ausnahme aus dem Geist herrührt.

257

Schon als Teenager war sich der amerikanische Schriftsteller Edgar Allen Poe der Wahrheit vage bewusst und schrieb in einem seiner Verse: „Ist nun alles, was wir sehen oder zu sein scheinen, nur ein Traum in einem Traum?"

258

Kant ebnete anderen metaphysischen Denkern den Weg, indem er die Unendlichkeits- und Ewigkeitsvorstellung auf Zeit und Raum anwandte und alle vier mit dem menschlichen Geist verband. Aber sein eigenes Denken sah sich verwirrt und unvollendet zum Stillstand gebracht; er musste einräumen: „Dass die Existenz von außerhalb von uns liegenden Dingen nur aus Glaubensgründen angenommen werden muss."

259

„Sind die Berge, Wellen und der Himmel nicht ein Teil von mir und meiner Seele, und ich ein Teil von ihnen. Liegt die Liebe zu ihnen nicht tief in meinem Herzen?" schrieb Byron, als er aus dem Fenster seines in der Nähe von Lausanne gelegenen Hotels in Ouchy blickte.

260

M.N.Roy: „Einige führende Wissenschaftler sagen, man habe die Idee von einem Baum, könne aber niemals wissen, ob der Baum wirklich oder nicht wirklich existiere, weil der Inhalt der Idee ein Bild des Baums auf der Netzhaut des Auges sei. Ihnen zufolge ist es nicht möglich, die Verbindung zwischen dem Bild auf der Netzhaut und dem Baum nachzuweisen, der angeblich in der Ferne steht; letzterer mag ebenso gut eine Projektion einer Idee sein. Wie wissen wir, dass der Baum das erste und das Bild auf der Netzhaut das zweite ist?"

261

Irgendwo hat Kant geschrieben, dass unsere Wahrnehmung der Welt „objektiv ebenso wenig Wirklichkeit hat wie ein Traum".

262

Die materialistische Position, dass es in der Welt nichts anderes gibt als Materie, entbehrt ebenso jedweder Rechtfertigung wie das unbegründetste theologische Dogma. - Thomas H. Huxley.

263

„Wir sind aus demselben Stoff wie Träume." Im Zusammenhang mit dieser berühmten Zeile brachte Shakespeare den Mentalismus in seinem Drama "Der Sturm" ganz klar zum Ausdruck.

Ariel: „Der Idealismus ist niemals überzeugend widerlegt worden. Bergson ist der moderne Idealist. Alle großen Philosophen waren Idealisten. Ideen sind die einzig wahren Dinge. Wir kennen nur Ideen, denn nur Ideen treten an das Bewusstsein heran.“

Berkeley zerstreute die falsche Vorstellung, dass Materie außerhalb von uns existiert, indem er bewies, dass die Sinnes-Elemente, d.h. ihre primären Eigenschaften, wie Umfang, Form und so weiter, und ihre sekundären Eigenschaften, wie Härte, Farbe und so weiter, bloß Modalitäten des Fühlens, also subjektiv sind und dass die Existenz einer harten, farbigen, geformten Substanz außerhalb des wahrnehmenden Geistes ein Hirngespinst ist. Berkeley sagte, GOTT erwecke diese Sinnes-Wahrnehmungen in uns, und die Seele nehme sie wahr.

„Wir wissen, dass Denken die einzige Wirklichkeit in dieser Welt ist....Nichts existiert außer dem in der Vorstellung gegebenen.“ - Anatole France.

Carlyle: „Diese mich so fest dünkende Welt ist letzten Endes nur ein Luft-Bild über MIR, die einzige Wirklichkeit; und die Natur mit ihren tausendfachen Werken und ihrer Zerstörung nur der Reflex unserer inwendigen Kraft, das Trugbild unserer Träume.“

Wiewohl Kants Hauptwerk in dem Nachweis bestand, dass wir in einer mentalen Repräsentation der Welt leben, hielt er es für wahrscheinlich, dass die Welt selbst auch mental war.

Der Neu-Realismus, eine metaphysische Strömung des zwanzigsten Jahrhunderts, zu deren hervorragendsten Vertretern Bertrand Russell, A.N. Whitehead und Samuel Alexander gehörten, übernahm das materialistische Postulat, dass das Weltall unserer Erfahrung nicht davon abhängt oder davon beeinflusst wird, dass wir es bewusst erfahren. Dennoch übernahm er auch einige epistemologische und psychologische Elemente des

Mentalismus. Er begann zwar mit der Zerstörung der mentalistischen Position, aber am Ende lief er so große Gefahr, die eigene zu zerstören, dass er fast Bankrott machte.

270

Yoga Vasistha: „Es liegt hinter jedem Teilchen Staub ein Geist."

271

Hume - und darin unterschied er sich von den Anhängern des Vedanta - leugnete die Existenz der Welt nicht. Er leugnete aber, dass es genug Beweis für ihre Äußerlichkeit gebe.

272

Mit der intellektuellen Ausarbeitung der Theorie des Mentalismus begann ich erst, nachdem sie mir mystisch offenbart worden war.

273

Viele haben sich beschwert, meine Darstellung des Mentalismus wiederhole sich ständig. Aber ohne diese ins Einzelne gehenden Schlussfolgerungen und ausführlichen Erörterungen wäre es dem westlichen Leser noch schwerer gefallen, eine ihm so fremde Lehre zu verstehen oder gar anzunehmen.

274

Eine Lehre wie der Mentalismus, die allgemein gebilligten Ideen zuwider läuft, muss mit Umsicht dargestellt werden, denn die Entrüstung, die sie auslöst, mag dazu führen, dass man sie für etwas hält, über das man nicht sprechen kann oder über das zu sprechen sich nicht lohnt.

275

Es gibt so viele unterschiedliche Gesichtspunkte, unter denen wir an ein und dieselbe Wahrheit herantreten können, so viele verschiedene Aspekte. Der mentalistische Ansatz, auf dem mein Schwerpunkt liegt, wurde der Öffentlichkeit mit Absicht unterbreitet.

276
Mir ist die fundamentale Wahrheit des mentalistischen Prinzips so klar wie die fundamentale Falschheit des Materialismus.

277
Der tiefe mystische Hintergrund des Mentalismus ist hauptsächlich ein Gefühl, während die Form, in der der Mentalismus zum Ausdruck gebracht werden muss, hauptsächlich eine intellektuelle ist.

278
Die Lehren, die ich in meinem Buch "Die Philosophie der Wahrheit - tiefster Grund des Yoga" entwickle, sind von der Art, dass sie verständlicher werden, sobald wir uns an sie gewöhnt haben. Ihre angebliche Absurdität erklärt sich hauptsächlich aus ihrer intellektuellen Fremdartigkeit. Letztere rührt daher, dass der Mentalismus ursprünglich durch mystische Erfahrung entdeckt wurde und in nicht-mystische intellektuelle Begriffe übertragen werden musste.

279
Die breite Masse mit einer so tiefen Lehre wie dem Mentalismus zu erreichen, stellt keine geringfügige Aufgabe dar, aber eben dies habe ich versucht.

5

Der Schlüssel zur spirituellen Welt

Gelebte Übung

1

Dass einem Anwärter die richtige Weltanschauung und die Fähigkeit, logisch klare Schlüsse daraus zu ziehen, fehlt, lässt sich leicht vertuschen, wenn er nur mit seinen Mitanwärtern über seine Überzeugungen sprechen muss. Das Defizit tritt aber klar zutage, wenn er sich mit den unausweichlichen Problemen und alltäglichen Situationen auseinander setzen muss, zu denen es im Laufe der menschlichen Erfahrung kommt. Angesichts so großer Anforderungen an seine praktischen Eigenschaften werden seine theoretischen Unzulänglichkeiten unweigerlich zutage treten. Wenn es schwierig ist, die Wahrheit eines Systems oder einer Lehre nur mit intellektuellen Mitteln zu beurteilen, so ist es doch wesentlich leichter, sie nach deren sichtbaren Ergebnissen einzuschätzen.

2

Weil der GEIST immer schon und universell existierte, hat auch die Energie oder Lebens-Kraft, der mit ihm verbundene Aspekt, immer schon und universell existiert. Weil GEIST ein Zeichen für Bedeutung ist und Zweck schafft, hat mein Leben eine Bedeutung und einen Zweck, der mit dem des Weltalls verbunden ist - mein Leben ist weder leer noch allein. Hoffnung, Gebet, Wahrheit und göttliche GEGENWART sind mein Geburtsrecht. Sie stehen mir zu. Aber ich muss dieses Recht in Anspruch nehmen, es mir aneignen, zunächst durch Vertrauen und später möglicherweise durch Erkenntnis.

3

Diese unwandelbare Wahrheit, dass der Mensch nicht in der Materie, sondern im Geist existiert, segnet diejenigen, die sie anerkennen. Denn sie hilft, sie in ihren Kümmernissen zu trösten, hilft, sie bei der Meditation zu lenken und beim Nachsinnen zu erleuchten.

4

Nehmt jetzt diese zwei Dinge wahr - die Traumhaftigkeit des Lebens in der Welt und die Unwirklichkeit des personalen Egos. Daher die Notwendigkeit der „Was bin ich?"-Untersuchung, damit die falsche Vorstellung vom Ego zerstreut werden mag. Wenn ihr diese Dinge verstehen könnt, dürft ihr still sein, ungestört, in nichts verwickelt und frei von falschen Vorstellungen, auch mitten im Kampf des Lebens. Ihr werdet weise sein, autark, und die kleinlichen Qualen, die die Menschen einander bereiten, ihre Lügen, Bösartigkeit und Verletzungen, werden euch nichts anhaben können, denn insofern ihr euch nicht mehr mit der Persönlichkeit identifiziert, seid ihr nicht mehr deren Zielscheibe.

5

Die Lehre gehört zu euch, wenn das Gefühl bestätigt, was die Vernunft einimpft, wenn Gestalt und Geschichte dieser Welt nicht mehr als ein lebhafter Gedanke in eurem Geist scheinen.

6

Warum nimmt die Zeit unserem Kummer die beißende Schärfe? In den meisten Fällen führt die Antwort zumindest drei Faktoren an - das Abklingen unserer emotionalen Reaktion darauf, seine Beurteilung auf lange Sicht und der uns stark in Anspruch nehmende Druck neuer Erfahrungen. Indes gibt es einen vierten Faktor, nur haben wir meistens keine Ahnung von seiner Existenz und Wichtigkeit. Dabei handelt es sich um die Tatsache, dass der Kummer zunehmend dazu neigt, eine vergangene Erinnerung zu werden, immer mehr als das erkannt wird, was er in Wirklichkeit immer schon war - ein Gedanke.

7

Wenn wir frei sind von der Illusion, dass die Dinge außerhalb des Geistes liegen, ist der Weg vorbereitet für einen leichteren Sieg über die Begierde nach ihnen - das heißt für Gleichmut. „Von Sehnsucht nach Glück getrieben, erschlagen die Menschen - sich selbst der ärgste Feind - blindlings ihr eigenes Glück", stellte Shanti Devi vor hundert Jahren fest.

8

Der praktische Wert des Verständnisses, dass die Welt eine Idee ist, liegt nicht darin, dass es eine gelassene Objektivität in uns bewirkt, sondern auch darin, dass es uns von allerlei Ängsten befreit.

9

Für den nach Weisheit Suchenden liegt der Wert, das mentalistische Wesen der Welt zu verstehen, in zweierlei. Es hilft ihm, seine Angst vor der Welt zu überwinden, und es hilft ihm, sich nicht mehr an sie zu klammern.

10

Meiner Überzeugung und Erfahrung nach mag ich ein noch so eingefleischter Mentalist sein, aber deswegen bin ich nicht blind für die Art von Welt, in der mein Körper lebt und handelt. Es ist trotzdem notwendig, praktisch zu denken, mit beiden Füßen auf dem Boden zu bleiben.

11

Es gibt keinen Grund, warum ein Mentalist die aktuelle Welt nicht so praktisch betrachten sollte wie jeder Materialist. Er ist weder ein Trottel noch ein Träumer. Zur Untermauerung seiner Sicht wendet er sich sowohl an die wissenschaftliche Einstellung als auch an die mystische Erfahrung.

12

Das Verschwinden der Welt während mystischer Meditation bewirkt, dass man die Nicht-Materialität der Welt entdeckt. Dies ist das 'Kurze Aufleuchten'. Aber sobald man zur Welt zurückkehrt, wird nicht mehr als eine Erinnerung daraus. Wie man dies, diese Harmonie zwischen innerer Vision und äußerer Welt, auf Dauer herstellt, kann man nur entdecken, wenn man in der Welt lebt und tätig ist, aber ihr mentalistisches Wesen dennoch versteht.

13

Zu einer Entwicklung wie dieser kommt es erst nach vielen Geburten. Da man diese Wahrheit leben muss, muss sie in der Praxis und nicht nur theoretisch zum Tragen kommen. Es nimmt viel Zeit in Anspruch, das Denken und Fühlen eines Menschen so zu schärfen, dass er diese Wahrheit entwickeln und begreifen kann, denn vorher kommt er nicht zu dieser Wahrheit, zu diesem Mentalismus.

14

Die praktische Botschaft des Mentalismus besteht nicht nur darin, uns auf die kreative Nützlichkeit unseres Denkens aufmerksam zu machen, sondern auch in der an uns ergehenden Einladung, die Quelle des Denkens ausfindig zu machen. Denn dort liegt unser wirkliches Zuhause und wir müssen lernen, allzeit dort zu weilen.

15
Haben wir sie erst einmal akzeptiert, so bewirkt die Geisthaftigkeit der in der Erfahrung gegebenen Welt eine Veränderung unserer religiösen, metaphysischen, wissenschaftlichen, moralischen und praktischen Haltung. Noch müssen wir lange über vieles an ihr nachdenken, um einzusehen, wie überaus wichtig und bedeutungsvoll diese Tatsache ist, wie folgenschwer die Ergebnisse, zu denen sie führt!

16
Innerlich kehren wir täglich zu dieser Idee zurück, dass alles IDEE ist, dass die gewohnte Welt - ihre Orte und Menschen, ihr hektisches geschäftiges Stadtleben, ihre gepriesene Zivilisation und edle Kultur - keine andere Existenz hat als in unserem Bewusstsein und seine Wirklichkeit davon ableitet. Sich des BEWUSSTSEINS bewusst zu werden, das sich von seinen Produkten - den Gedanken - gelöst hat, ist unsere Aufgabe, ruft unsere Kraft und Hingabe hervor.

17
Weil der Mentalismus eine lebendige Tatsache für ihn werden soll und nicht bloß eine Theorie bleiben darf, wird der fortgeschrittene Schüler seine Freuden und Qualen in wirklich scheinenden Traumstoff verwandeln müssen. Um diese Verwandlung zu bewirken, wird er seine ganze Willenskraft und schärfste Intelligenz aufbieten müssen. Das höhere Selbst mag ihm dabei helfen, denn einige der tiefsten Schmerzen, die ihn quälen, sind - so wird er feststellen - von besonderer Art. Sie mögen überaus subtil oder verblüffend paradox sein oder ungeheure Schicksalsschläge beinhalten. Er mag sich z.B. von denen, die er am liebsten hat, auf schmerzlichste Weise entfremdet sehen, vom Meister, den er verehrt, den Freunden, die er braucht, der Frau, die er liebt. Vielleicht ist es ihm gestattet, ihnen nur kurz und selten im Fleisch zu begegnen, so dass er nach Kompensation trachten wird, indem er die Kunst lernt, mit ihnen oft und lange in Gedanken zusammenzusein. Falls diese inwendigen Erlebnisse seine imaginative Aufmerksamkeit vollkommen in Anspruch nehmen können, werden sie allmählich so wirklich scheinen wie die äußeren. Würde die Fähigkeit der Innenschau auf diese intensive Weise mit der visuellen Vorstellungskraft gekoppelt, so wäre das Ergebnis von erstaunlicher Wirksamkeit. Denn auf diese Weise sieht er allmählich ein, dass das GEISTIGE

292

das WIRKLICHE ist. Dann übersteigt er den niedrigen Standpunkt und erklimmt einen höheren, überwindet er den Materialismus der allgemeinen menschlichen Wahrnehmung.

18
Der Ausweg besteht darin, unentwegt daran zu denken und zu bekräftigen, dass die Welt und alles, was wir in ihr sehen und erleben, keine andere Substanz hat als GEIST und ihren flüchtigen Anschein von Wirklichkeit aus dem GEIST herleitet. Sobald wir dies erschöpfend verstehen und anwenden, wird seine Wahrheit eines Tages auf alle Zeit bei uns bleiben.

19
Wir wissen zwar, dass es wie ein Traum ist, müssen aber so arbeiten und handeln, so lieben, kämpfen und leiden, als ob der Traum wahr wäre.

20
Die Erkenntnis, dass unser tägliches Leben eigentlich mentalistisch ist, braucht dessen Interessen, Wirksamkeit oder lebendige Intensität nicht zu beeinträchtigen. Aber es lässt sich nicht vermeiden, dass wir uns innerlich nach und nach von allen Dingen, allen Geschöpfen, Situationen und Umgebungen lösen. Eben dies stellt das vorbereitende Opfer dar, das dem Ego abverlangt wird, bevor die Gnade des ÜBERSELBST auf es scheinen kann.

21
Die Wirkung einer vollständigen und angemessenen Aneignung dieser Ideen besteht darin, euch Kraft einzuflößen und euch in eurem Vorhaben zu bestärken, darin, euch das Gefühl zu geben, dass das, was hinter dem Weltall liegt, auch hinter euch steht.

22
Die falsche materialistische Vorstellung von einer Welt außerhalb des Bewusstseins ließe sich nicht aufrechterhalten, wenn man sich beharrlich der gewissenhaften Übung unterzöge, alle Objekte auf ihren Ursprung zurückzuführen. Dann fasst die Wahrheit des Mentalismus feste Wurzeln.

23

Mit der vollen Bedeutung des Mentalismus konfrontiert, sehen wir uns so aufgerüttelt, dass wir Dinge entdecken, die von größter Wichtigkeit sind. Die Welt wird zu einem geistgemachten Trugbild, weil ihre Wirklichkeit nicht mehr gewiss ist. Aber die selbstverständliche Folgerung ist, dass wir dem Trug Einhalt bieten, die Wahrheit aufdecken und die authentische Wirklichkeit wiederfinden können. Dies erfordert erstens die korrigierende Arbeit der SUCHE und zum Schluss die Anwendung der mentalistischen Methoden.

24

Der Erleuchtete sieht Objekte wie andere auch, nur ist sein Materialitätsgefühl zerstört, denn er sieht sie auch als Ideen, als unwirklich. Der Standpunkt des Erleuchteten ist nicht der des Yogis. Der Erleuchtete, so heißt es in der Gita, findet die ganze Welt in sich. Dies bedeutet, dass er sich in Sympathie eins weiß mit allen Kreaturen, selbst mit Stechmücken oder Schlangen.

25

Unsere Freuden und Schmerzen sind nicht anders, wenn wir erkennen, dass sie mentalistisch sind, aber unsere Einstellung gegen sie ist anders.

26

Die unentwegte Übung, sich eher mit dem Geist als mit der ihm innewohnenden Körper-Idee zu identifizieren, bewirkt im Laufe der Zeit, dass ihr euch bis zu einem gewissen Grad von euch selbst befreit.

27

Ebenso wie ein Schriftsteller aus seiner in der Vorstellung oder im konkreten Leben gemachten Erfahrung ein zu Papier gebrachtes Werk schafft, so erlangt eine informierte Person aus ihren Schicksalsschlägen mentalistische Erkenntnisse.

28

Ihr braucht nicht jene unbesteigbaren Höhen ins Auge zu fassen, nach denen es die Heiligen dürstet, gleich wie nachdrücklich die Philosophen die Läuterung des Denkens, Fühlens und Handelns gutheißen. Jeder, der den Mentalismus versteht, versteht auch warum.

29

Der Körper ist da, aber man befindet sich nicht in ihm. Tätigkeit findet statt, aber man scheint nicht der Tätige zu sein. Es ist so, als ob man überhaupt nicht anwesend sei, außer als Beobachter. Irgendwie ist man in Gesellschaft, denn sie sehen und hören einen, aber man gehört nicht zu ihr. Jetzt weiß man endlich genau, was der berühmte Ausspruch des sterbenden Sokrates „Ja, wenn ihr mich fangen könnt" bedeutet. Denn man versteht das „Ich", versteht den Mentalismus. Jetzt lenkt einen endlich die VER-NUNFT. Jetzt wird einem endlich die Wahrheit unmissverständlich offenbart.

30

An der östlichen Vorstellung, dass Flucht vor dem Leben Flucht vor Knechtschaft ist, ist freilich etwas Wahres. Indes stellt sie eine Meinung dar, für die der Mentalismus nichts übrig hat. An ihre Stelle tritt vielmehr eine göttliche Ordnung, eine zweckhafte Bedeutung.

31

Wer an den Mentalismus glaubt und ihn praktiziert, dem stehen ungeheure Möglichkeiten offen. Das ist indirekt ersichtlich aus der Geschichte und dem Stand der "Christliche Wissenschafts"-Bewegung, denn es zeigt sich, dass viele Angehörige dieser Sekte, vorausgesetzt sie haben ihre Lehre wirklich verstanden und praktizieren sie unentwegt, zu hohen Führungspositionen aufgestiegen sind. Wie kommt es dazu? Teils deswegen, weil sie die höheren moralischen Gesetze befolgen und teils deswegen, weil sie ihre kreative Kraft der Meditation ausnützen. Sie versuchen, ihre Geschäfte nach der GOLDENEN REGEL zu führen und in Beruf und Arbeit unbedingt Ideale zu vertreten. Auf diese Weise schaffen sie sich gutes Karma, indem sie nicht nur ethisch, sondern auch kreativ handeln und ihre Gedanken konstruktiv und zu keines anderen Schaden benützen. Ihrer Meinung nach stellt das Geschäftsleben nicht einen Kampf von Wölfen dar, sondern eine Gelegenheit zu dienen und von solchem Dienst zu profitieren. Auch betrachten sie es nicht als eine Gelegenheit, andere skrupellos übers Ohr zu hauen, sondern als eine Gelegenheit, Ideale zu üben und ethische Grundsätze zum Ausdruck zu bringen. Sie glauben nicht daran, sich nur auf ihr kleines Ego zu verlassen, um Ergebnisse zu erzielen, sondern wenden sich in Gedanken und im Gebet auch an eine höhere Macht, an GOTT. Sie steigern ihre Offenheit und Empfänglichkeit für diese höhere Macht, indem sie versuchen, sich charakterlich zu läutern und ihre Persönlichkeit zu veredeln.

32

In dem Maße, in dem es uns gelingt, den Welt-Gedanken in unserem Bewusstsein zu transzendieren, in dem Maße gelingt es uns, die Anziehungskraft weltlicher Begierden zu transzendieren. Indes setzt dies Kenntnis von der mentalistischen Lehre voraus. Letztere erweist sich also selbst in der Sphäre moralischer Grundsätze als überaus nützlich.

33

Der Mentalismus bringt uns nicht bei, die Welt nicht zu beachten und den Körper abzuwerten. Auch sagt er nicht, wir sollen aufhören, tätig zu sein und die Nützlichkeit des Lebens verneinen. Er lässt uns diese Dinge einfach auf eine neuere, wahrere Weise betrachten.

34

Diejenigen, die ihn wirklich begreifen können, werden feststellen, dass der Mentalismus ihnen Kraft einflößt, statt sie ihnen zu rauben, wie einige oberflächliche Kritiker meinen.

35

Wir beginnen das Werk unseres VATERS zu tun, wenn wir nach dem Leben im GEIST und nicht nach dem in der Materie zu trachten beginnen.

36

Was ist die verborgene Bedeutung der so oft zitierten, aber so wenig verstandenen Worte des Heiligen Paulus: „Denn fleischlich gesinnt sein ist der Tod, und geistlich gesinnt sein ist Leben und Friede?" Ist damit nur sexuelle Moralität gemeint? Beziehen sie sich auf fromme Gefühlsregungen? Für Wahrheitssucher, die noch in Kinderschuhen stecken, lautet die Antwort offensichtlich: „Ja!" Aber für geistig Reife und philosophisch Aufgeklärte enthält dieser Spruch eine völlig andere Bedeutung. Fleischlich gesinnt zu sein bedeutet, Fleisch, das heißt Materie, als Wirklichkeit aufzufassen. Geistlich gesinnt zu sein bedeutet nichts anderes, als den egolosen GEIST als Wirklichkeit zu begreifen. Jeder, der dies tut und jenseits von Materie und Ego sucht, erzielt das von Paulus angedeutete Ergebnis - wahres Leben und ununterbrochenen Frieden.

37

Auf dieser Ebene wird man ein Zuschauender, der sich die Handlungen ansieht und die Gedanken des Körpers und Intellekts zur Kenntnis nimmt. Man verzeichnet die Emotionen, schließt sich ihnen indes nicht an.

38

Zum ersten Mal beginnt man, das innere Wesen der Menschen und den inneren Zweck der Ereignisse wahrzunehmen.

39

Sobald wir die Geisthaftigkeit unserer ganzen Lebenserfahrung erkennen, beginnen wir, ihre mannigfaltigen Eindrücke unbeeinträchtigt hinzunehmen.

40

Wir sind zum Teil vergängliche Bilder im Geist des anderen. Jede Nacht wird die Leinwand aufgerollt, kommt die Schau zu Ende, bleibt der Bildschirm leer und wir verschwinden, als hätte es uns nie gegeben. Lohnt es denn, dieses kurze Geschäft des Am-Leben-seins zu ernst zu nehmen?

41

Jetzt seht ihr, was ihr früher nicht gesehen habt, dass die äußeren Ereignisse eures Lebens oft mit den innneren Tendenzen eures Denkens verbunden sind und ein Wandel in letzterem oft einen Wandel in ersterem bewirkt.

42

Die mentalistische Sicht vom Menschen beinhaltet weder eine romantische Haltung gegen das Leben noch eine neurotische Flucht davor.

43

Der Schlag dieser Entdeckung, dass der Geist die Welt, die einen umgibt, nur träumt und die Sinne nur zu diesem Traum beitragen, mag uns noch lange danach erschüttern. Er mag unserem Leben den Zweck geraubt haben, unserer Existenz die Wirklichkeit, unserem Willen die Kraft und unseren Wünschen den Antrieb. Denn für diejenigen, die zu sehr an irdischen Dingen hingen, stellt diese geistige Verfassung vielleicht eine nützliche Medizin dar, die sie von ihrer übermäßigen Anhänglichkeit heilen soll. Aber der Mensch lebt nicht nur von Medizin; er benötigt auch Brot. Infolgedessen müssen wir dieser Entdeckung schließlich den ihr gebührenden Platz zuweisen, zusammen mit dem ganzen Rest philosophischer Wahrheit. Wenn uns das gelingt, werden wir unser Gleichgewicht wiederfinden, in der Welt leben, aber nicht von ihr sein, unseren Verantwortungen entsprechen, aber nicht ihre Sklaven werden, tätig sein, uns davon aber nicht unseren inneren Frieden zerstören lassen.

Die Macht der Erkenntnis

44

Macht, ob weltliche oder spirituelle, bringt immer Verantwortung mit sich.

45

Unsere Existenz als menschliche Wesen ist durch äußere Umstände bedingt und manchmal sogar davon beherrscht. Oft würden wir diese gerne neu gestalten, indes erfordert dies Beherrschung, und Beherrschung setzt Kraft voraus, und Kraft hängt von Wissen ab. Darin liegt die Rechtfertigung der Philosophie. Wenn wir ihre Lehren richtig verstehen, dass der Geist seine Erfahrung, seine Umgebung und seine Welt konstruiert, verstehen wir auch, dass eine Verbesserung in unserer Umwelt nur durch eine Verbesserung in unserem Denken bewirkt werden kann. Das Denken ist schöpferisch, und wir sind unentwegt im Begriff, uns selbst und unsere Umgebung aus den Merkmalen und Eigenschaften unserer Gedanken zu erbauen.

46

Was tun mit dem spirituellen Kraftstrom, den ihr verspürt? Er sollte geistig in jeden Kanal gelenkt werden, den ihr für ratsam haltet, oder auf jede Person, der ihr helfen wollt. Er wird indes nicht ungenutzt versiegen, wenn ihr dies unterlasst, denn andere, die sich an euch wenden und an euch denken, wenn sie innere Hilfe benötigen, werden aus diesem Strom schöpfen, ohne dass ihr euch dessen bewusst seid. Wenn ihr ihn aber bewusst steuert, ist die Möglichkeit, dass er dieses Ziel mit Erfolg erreicht und verwirklicht, natürlich erheblich größer.

47

Wenn der Geist ganz aus dem physischen Körper zurückgezogen und auf sich selbst gerichtet ist, werden die Gedanken, die er dabei in Betracht zieht, auf ihrer eigenen Ebene kreativ und dynamisch. Was sie wünschen oder erwarten, manifestiert sich augenblicklich. Es handelt sich um eine wunderbare Traumwelt, in der der Imagination keine Schranken gesetzt sind und in der sie vollkommen wirklich scheint, sich sofort entäußernd und den Betreffenden vor sein eigenes Denken stellend, als sei es ein außerhalb seiner selbst liegendes Ding.

48
Während die Sinne zeitweilig außer Kraft sind, kann die tiefere Geistesebene, auf der seine schöpferischen Wurzeln liegen, leichter tätig werden.

49
Auf diese Weise wird das Denken als ein Mittel benützt, mit dem man das Denken übersteigt, und die Imagination als ein Mittel, mit dem man die Imagination einstellt. Diese zwei Fähigkeiten, die den Durchschnittsmenschen daran hindern, das spirituelle Bewusstsein zu erlangen, helfen dem philosophisch Unterrichteten, es zu erlangen.

50
Nicht Jesus dornengekrönter Leichnam ist auferstanden, sondern der Mann selbst, nicht sein vergänglicher Körper, sondern sein unsterbliches Bewusstsein! Denn der Mentalismus lehrt, dass die mentale Form anderer so lebhaft, so objektiv wahrgenommen werden kann, dass man sie leicht - oder fälschlicherweise - für eine physische zu halten vermag.

51
Ihr gewinnt die Oberhand über die Verhältnisse, sobald ihr die Oberhand über die Gedanken an sie gewinnt.

52
Emerson sagte von Napoleon: „Er ist niemals zufällig auf einen Sieg gestoßen. Er hat seine Schlachten im Kopf gewonnen, bevor er sie auf dem Feld gewann."

53

Jeder, der verstehen kann, dass sich Substanz nicht von Leben und Leben nicht vom Geist trennen lässt, jeder, der intellektuell einsehen kann, dass das ganze Weltall selbst nichts weniger als GEIST in seinen unterschiedlichen Phasen ist, hat die theoretische Grundlage gefunden, die es ihm erlaubt, aufgeschlossen zu sein für die wunderbaren Möglichkeiten, die hinter der menschlichen Erfahrung liegen. Die Geisteskräfte lassen sich in der Tat weit über ihre derzeit lächerlich kleine evolutionäre Reichweite hinaus erweitern. Derjenige, der unentwegt über das wahre und nicht stoffliche Wesen des GEISTES und über die kreativen Kräfte des GEISTES nachsinnt, neigt dazu, diese Kräfte zu entfalten. Wenn er die Fähigkeit erfolgreicher und egoloser Mediation entfaltet hat, werden ihm diese Geistkräfte spontan zuteil werden. Es ist natürlich, dass höhere geistige oder so genannte okkulte Kräfte von selbst entstehen, wenn sein Wille sich selbst verleugnet, seine emotionales Wesen geläutert, sein Denken konzentriert und sein Wissen vervollkommnet ist. Es ist ebenso natürlich, dass er nicht über sie spricht oder wenn, dann nur deswegen, weil sie nicht wirklich der einen Namen tragenden Persönlichkeit, die andere sehen, hören, gehören. Sie gehören dem ÜBERSELBST.

54

Telepathie ist nicht möglich, weil Gedanken sich im Raum bewegen können, sondern weil Raum tatsächlich im Denken liegt.

55

Der menschliche Körper ist ein Teil des Bewusstseins, ein allerdings sehr wichtiger, aber das Bewusstsein selbst ist nur ein Teil eines größeren und tieferen Bewusstseins, dessen wir uns normalerweise nicht gewahr sind. Dennoch liegt der schöpferische Ursprung der Körper-Idee in eben diesem geheimnisvollen Gebiet. Wenn das alltägliche „Ich" nicht bewirken kann, dass der Körper gesund bleibt, indem es bloß den Gedanken fasst, so liegt das daran, dass die schöpferische Kraft in einem „Ich" liegt, welches das normale „Ich" übersteigt. Dadurch, dass sich das Ego mit dem Körper identifiziert, lähmt es seine latenten Kräfte. Sobald es sich aber mit dem reinen GEIST zu identifizieren beginnt, mögen sich gewisse Kräfte zu entfalten beginnen. Viele Fälle mystischer Phänomene, etwa die Stigmata katholischer Heiliger, bestätigen dies.

56

Wer immer diese Kräfte des ÜBERSELBST entwickelt, muss gleichzeitig ein ausgeprägtes Verantwortungsbewusstsein entfalten, sich klar sein, dass sie ihm anvertraut worden sind wie einem Hüter. Die GNADE, welche die Kräfte gewährt, kann sie auch nicht gewähren.

57

Ein Gedanke wird räumliche und zeitliche Entfernung zunichte machen und bis hierher reichen oder anderswohin, vorausgesetzt er ist hinreichend konzentriert und es wird auf seine Aufnahme geachtet. Dies ist ein natürliches Ergebnis der Universalität des GEISTES. Indes funktioniert Telepathie viel leichter nach einer einzigen Begegnung auf dieser materiellen Ebene. Sogar ein Brief, der von einer Person gelesen und unterschrieben worden ist, ersetzt eine solche Begegnung bis zu einem gewissen Grad.

58

Es ist nicht leicht, den Glauben zu verbürgen, dass das starke Gefühlsleben, etwa die intensiven Ideen einer schwangeren Mutter, die Gestalt ihres ungeborenen Kindes beeinflussen kann. Es ist indes viel leichter, das Erscheinen von Stigmata am physischen Körper zu verbürgen, in den historischen Fällen von Nonnen, die in einfühlender Kontemplation der Kreuzigung Jesu versunken waren. Sobald wir etwas vom Geheimnis des konzentrierten Geistes verstehen, verstehen wir etwas vom Geheimnis dieses Zaubers.

59

Wenn einer nicht objektiv ist im Gebrauch seiner mystischen Gaben, wenn er sie zu egoistischen oder unmoralischen Zwecken ausnützt, wird er sie - so lautet das unentrinnbare göttliche Gesetz - entweder langsam oder schlagartig verlieren.

60

Falls eine Person, die philosophisch noch nicht dafür bereit ist, abnormale Kräfte entwickelt, erweisen sich diese als unzuverlässig, entweder im Hinblick auf ihre Genauigkeit oder auf ihre Beständigkeit.

61

Es ist besser, bei der Erwägung von Wundern und des Übernatürlichen zu vorsichtig als zu dogmatisch zu sein. Es ist sinnlos, dass die Menschen Grenzen aufstellen für das, was in der Natur möglich oder nicht möglich ist. Dies würde bedeuten, dass sie sämtliche Naturgesetze vollkommen verstehen - ein Anspruch, den heute niemand zu erheben wagt und den zu billigen kein vernünftiger Mensch heute bereit wäre. Wir haben es erlebt, dass einige so genannte Naturgesetze des neunzehnten Jahrhunderts von den Menschen selbst abgeschafft worden sind, ganz zu schweigen von früheren, etwa den „Gesetzen der Schwerkraft".

62

Jetzt wissen wir, dass unsere Lebenserfahrung so grenzenlos oder so eingeschränkt sein kann wie unser eigenes Denken.

63

An und in eurem Geist liegt es, ob ihr aus eurem Leben etwas sich Lohnendes macht oder nicht. Was ihr aus der Vergangenheit gelernt habt und was ihr euch von der Zukunft versprecht - alle diese Ideen zusammen beeinflussen das erzielte Ergebnis.

64

Wir sündigen zuerst in Gedanken und erst daraufhin im Körper.

65

Was wir inwendig als Gedanken erleben, muss, vorausgesetzt es ist intensiv und anhaltend genug, äußerlich in den Ereignissen oder der Umgebung oder in beidem zutage treten.

66

Über diese höheren Welten des Seins tappen wir fast (aber nicht ganz) so sehr im Dunkeln wie ein ungeborenes Kind im Mutterleib über unsere Welt.

67

Im menschlichen Geist schlummern außerordentliche Fähigkeiten, die nur okkult sind, insofern sie unangezapft brachliegen. Machen wir uns die Mühe, ihre Existenz durch mystische Konzentration zu entdecken und sie uns durch unentwegtes Experimentieren zunutze zu machen, mögen wir überraschende Ergebnisse erzielen.

68

Genauso wie ein Galvanometer in der Umgebung Kräfte entdeckt, die den menschlichen Sinnen entgehen und die der Mensch weder sehen noch berühren kann, so wird es einem in der Kunst geistiger Stille Geschulten mit der Zeit möglich sein, durch die Wirksamkeit höherer Geisteskräfte Dinge zu entdecken, die diejenigen, denen diese Kunst unbekannt ist und denen die Sensitivität fehlt, die sie entwickelt, nicht entdecken können. Ein solcher befindet sich in einer mentalen Welt außergewöhnlicher Manifestationen. Zuerst werden mentale Bilder auftauchen, die er mental berührt, sieht oder hört, weil sie, da sie auf den Sinnen gründen, das Alltagsbewusstsein leichter erreichen.

69

Es heißt, Macht korrumpiert den Menschen - indes kann dies auch auf der spirituellen Ebene gelten. Wenige können Okkultkräfte entwickeln und nicht von ihnen korrumpiert werden.

70

Sobald es wiederholt und in regelmäßigen Abständen zu solchen telepathischen Episoden kommt, ist es unmöglich, die Verbindung zu übersehen, die jetzt zwischen ihnen und der höheren Macht wirkt.

71

Ein kreativer Künstler erlangt Inspiration, wenn er sich vergisst und in den Formen lebt, die er geschaffen hat - das heißt, wenn er seine Gedanken als Wirklichkeiten akzeptiert.

72

Derjenige, der den Standpunkt beziehen kann, von dem aus er den eigenen Körper klar als eine Gedankenstruktur erkennt, kann Wunder damit wirken. Derjenige, der erkennen kann, dass Dinge im Raum Ideen sind, kann den Raum nach Belieben auslöschen. Und derjenige, der die Gegenwart so betrachten kann wie die Vergangenheit, kann jetzt Erstaunliches bewerkstelligen.

73

Ihr werdet entdecken, dass eure Umgebung, ja sogar eure Arbeit größtenteils eine Projektion eurer Persönlichkeit und der Gedanken sind, aus denen sie gemacht sind.

74

Die wahre Begegnung zwischen Individuen findet nicht in der alltäglichen Welt statt, sondern in der Welt, die im Denken, nein, sogar tiefer als die Gedanken liegt. Diese Welt ist für viele wirklich geworden und wird auch für andere immer wirklicher werden.

75

Ein Beweis für die schöpferische Kraft des Geistes stellt der Fall der zu Beginn des neunzehnten Jahrhunderts lebenden Joanna Southcott dar. Sie war eine Prophetin und die Begründerin einer christlichen Sekte in England. In einer ihrer Visionen erschien ihr Jesus, der ihr versprach, sie würde ein Kind zur Welt bringen, in dem er selbst wiedergeboren werden würde. Einige Monate lang sprachen alle äußerlichen körperlichen Anzeichen für eine Schwangerschaft, wie Oberschwestern und Aufsichtsärzte, die sie untersuchten, befanden. Sie selbst fühlte, dass sich in ihr etwas bewegte und wuchs. Dann starb sie, genau neun Monate nach der vermeintlichen Empfängnis. Die Ärzte nahmen eine Obduktion vor, vermochten aber keinerlei Ursache für die früheren Schwangerschaftssymptome zu finden. Ihr brennender Wunsch, glühender Glaube und unentwegte Konzentration auf die Idee hatten unterbewusste Kräfte ins Leben gerufen, die diesen Symptomen materielle Form verliehen.

76

Ein Mensch wird weiß im Gesicht, wenn er an etwas denkt, das ihm große Furcht einflößt; ein andermal errötet er, wenn er an etwas denkt, das ihn zutiefst beschämt. Auf diese Weise verändert das Denken seinen Gesichtsausdruck und offenbart seinen Einfluss auf den Körper.

78

Niemand weiß, wie tief die Kraftreserven - ob die mentalen, willensmäßigen oder übernatürlichen - reichen, die unangezapft im Menschen brachliegen.

79

Die Vorstellung, die sich ein Mensch von sich selbst macht, ist wichtig für sein inneres Leben und seine innere Entwicklung.

80

Wo diese geistigen Kräfte zu üblen Zwecken missbraucht werden, etwa um den freien Willen eines anderen so zu beeinflussen, dass er gegen seine eigenen Interessen handelt, werden die Ergebnisse wie ein Boomerang wirken und den, der sich dieses Missbrauchs schuldig gemacht hat, bestrafen.

81

Telepathie gibt es. Ein konzentrierter Gedanke, eine starke Gefühlsregung, wird, sobald geboren, durch die Luft zu einem gleichartig Denkenden schweben, der sie entdecken und benützen wird, genauso wie die ätherischen, drahtlose Gespräche tragenden Wellen rund um die Welt gesendet und von Empfangsgeräten aufgefangen werden, die sich unter günstigen Bedingungen und innerhalb gewisser Grenzen auf sie einstellen lassen.

82

Warum treten die fünf Wundmale nicht bei den indischen Yogis, chinesischen Taoisten und persischen Sufis auf? Warum treten sie nicht einmal bei den Protestanten oder der griechischen, russischen und syrischen orthodoxen Kirche auf? Warum treten sie nur in der Katholischen Kirche auf, die als einzige großen Nachdruck auf das Meditieren über die Wunden Christis legt? Wie stichhaltig dies doch die Wahrheit der Erklärung Krishnas in der Bhagavad Gita beweist: „Auf welche Weise ein Mensch auch an Mich herantritt, auf diese werde ich ihn empfangen."

83

Wir beeinflussen die kommenden Jahre durch unsere Gedanken. Einer Generation, die der materialistischen Anschauung entrinnen will, müssen diese drei Punkte immer und immer wieder eingeprägt werden: a) dass das Denken bei der Gestaltung unserer Umgebung eine wichtige Rolle spielt, b) der Wert der Imagination darin liegt, dass sie letzten Endes äußere Umstände schafft, und es c) nützlich ist, die Art von Leben zu visualisieren, das zu führen wir bestrebt sind. Durch diesen zweifachen Prozess des Sich-Erhebens zu unserer göttlichen Quelle und des Lenkens unserer intellektuellen

Ideen können wir beginnen, auf eine außerodentliche Weise Macht über unser äußeres Leben auszuüben.

Die mystische Erfahrung

84

Wenn Schüler verstehen können, wie der Geist und die Sinne wirklich wirken, was die Ergebnisse dieser Wirkung sind und in welche Richtung sie zeigen....wenn sie jene Grenze zwischen Fleisch und Denken durchbrechen können, die nicht nur den Materialismus und Agnostizismus, sondern sogar den Atheismus bevorzugt, wird aus der sinnlichen Wahrnehmung tatsächlich eine spirituelle Erfahrung. Darin liegt der Schlüssel zur Entdeckung und Annahme des Mentalismus.

85

Diejenigen, die die tieferschürfende Art von spiritueller Erfahrung gemacht und sie verstanden haben, können das Leben nicht nur nicht im Sinne toter Materie oder mechanischer Dynamik interpretieren, sondern müssen es geistig auslegen.

86

Unterdrückt von unseren kleinen Sorgen und engstirnigen Interessen, eingesperrt im eigenen Ego, das unter dem Wahn steht, dies sei alles, was uns, unser Wesen und Bewusstsein ausmache, und schließlich von der Macht der Sexualität betäubt, ist es da ein Wunder, dass wir nichts von unserem höheren Wesen wissen, von unserer Verbindung mit dem Göttlichen? Wir können es durch dreierlei kennen lernen: Durch richtiges Denken, reinen, geläuterten Glauben oder den Einfluss eines anderen, der sie entdeckt hat. Wie auch immer, wir haben die praktische Möglichkeit, zu einem neuen, höheren Gewahrsein vorzudringen.

87

Das Rätsel, was wir sind, kann durch mentalistische Studien und Übungen auf seine erste überzeugende Lösung stoßen: sie bringt einem Menschen die eigene Seele zu Bewusstsein.

88

Solange ihr nicht wirklich im Besitz der Wahrheit des Mentalismus seid, kann euer Verständnis von den Mysterien, die sie übersteigen, nur verschwommen sein.

89

Wenn ihr euch nur die Zeit nehmen und über die schwerwiegende Bedeutung des Selbst-Bewusstseins nachdenken würdet, könntet ihr das GROSSE GEHEIMNIS vielleicht herausfinden.

90

Die mentalistische Lehre sieht sich persönlich verstanden oder praktisch bestätigt durch ein fortgeschrittenes mystisches Erlebnis, vorausgesetzt, das Erlebnis selbst wird nicht falsch verstanden durch zu ausgeprägte Vorurteile, die seine Auslegung beeinflussen.

91

Wir träumen die Wachwelt nicht so, wie wir während des Schlafes träumen. Denn ein Traum entspringt nur dem individuellen Geist, während erstere ein dem kosmischen Geist Entspringendes ist, das dem individuellen Geist überreicht wird. Aber als Selbstverwirklichte entdecken wir letzten Endes, dass beide Geister ein und derselbe Geist sind, genauso wie ein Sonnenstrahl letztendlich dasselbe ist wie die Sonne. Der Unterschied, der besteht, ist flüchtig und wirklich Einbildung, aber solange körperliche Erfahrung stattfindet, ist er nicht zu leugnen. Der Hinweis, dass der gegenwärtige Geburts-Traum von vergangenen Tendenzen verursacht wird, ist richtig. Die Vergangenheit hypnotisiert uns, und unsere Aufgabe besteht darin, uns wieder zu ent-hypnotisieren und neue Denk-Gewohnheiten zu schaffen, bis das kurze Aufleuchten ohne unser Zutun kommt. Aber das Aufleuchten selbst stellt sich während einer Art von Versenkungszustand ein, der nur einen Augenblick oder länger währen mag, während der tieferen Meditationen der höchsten Mystik.

92

In einem der apokryphen Bücher, das von jenen Männern abgelehnt wurde, die jene das "Neue Testament" genannte kanonische Sammlung zusammengestellt haben - eine Ablehnung, mit der sie gelegentlich, und gewiss in diesem Fall, einen Fehler begingen - war folgender Spruch von Jesus zu finden: „Wenn das Äußere das Innere wird, ist das Reich Gottes gekommen." Können wir diesen mystischen Satz erweitern und in nicht-mystische Worte kleiden? Ja: „Wenn die äußere Welt als das gekannt und empfunden wird, was sie wirklich ist - eine Idee -, wird sie ein Teil der inwendigen Welt des Denkens und Fühlens. Wenn wir wissen, dass ihre Freuden und Kümmernisse nichts anderes als geistige Verfassungen sind, und wenn alle Gedanken, Gefühle und Wünsche vom falschen Ego in das wahre Selbst, das an ihrem Mittelpunkt liegt, gebracht werden, lösen sie sich automatisch auf - dann ist das Reich Gottes gekommen.

93

Wenn ihr aufhört, eurem Bewusstsein Grenzen zu stecken, indem ihr es an körperliche und mentale Erfahrungen bindet, gebt ihr ihm Gelegenheit zu zeigen, was es wirklich ist - unendlich. Der Welt, die für das Subjekt des Bewusstseins die Rolle des Objekts spielt, gebt ihr Gelegenheit, zu zeigen, dass sie als Idee eigentlich mental ist.

94

Betrachtet euch als das Individuum, und ihr werdet gewiss sterben; betrachtet euch als das Universale, und ihr tretet ein in die Unsterblichkeit, denn das Universale ist allzeit und ewig vorhanden. Wir kennen keinen Anfang und kein Ende des kosmischen Prozesses. Sein Sein IST; mehr zu sagen, sind wir nicht imstande. Seid eher das als dies - das, was so unendlich und heimatlos ist wie Raum, das, was zeitlos und ununterbrochen ist. Nehmt das Ganze des Lebens als euer Sein. Trennt euch nicht von ihm, sondert euch nicht davon ab. Dies stellt die schwierigste Aufgabe dar, denn sie verlangt, dass wir die eigene relative Unwichtigkeit inmitten dieses unendlichen, ungeheuren Prozesses einsehen. Der Wandel, der vonnöten ist, ist ein gänzlich geistiger. Ändert eure Anschauung, dann wird euch „der Himmel zuteil".

95

Zu der Einsicht zu kommen, dass das Weltall nicht-materiell und mental ist, bedeutet, vom Materialismus befreit zu werden. Es erzeugt ein Gefühl, das ein Gefangener empfindet, der ein halbes Leben lang in einem finsteren, schmutzigen, stinkenden Verlies eingepfercht war und sich plötzlich befreit und ins Freie, in die helle Sonne und frische Luft gestoßen sieht. Ein Materialist zu sein bedeutet, ein Gefangener der falschen Überzeugung zu sein, dass die materielle Welt die wirkliche Welt ist; spirituell zu werden bedeutet, zu erkennen, dass alle Objekte mentale Objekte sind. Die Offenbarung der Geisthaftigkeit des Weltalls ist so gewaltig, dass sie das Denken und Fühlen tatsächlich aus seinem materialistischen Gefängnis befreit und das ganze innere Wesen ins blen-

dende Sonnenlicht der Wahrheit, die frische Atmosphäre der WIRKLICHKEIT bringt.
Alle, die an die Substanzhaftigkeit der materiellen Welt und nicht an ihr mentales Wesen glauben, sind in Wirklichkeit Materialisten - selbst wenn sie sich religiös, Christen,
Spiritualisten, Okkultisten oder Anthroposophen nennen. Die einzige Weise, auf die
man dem Materialismus zu entrinnen vermag, besteht darin, nicht ein Anhänger eines
sich mit übersinnlichen Einflüssen beschäftigenden Kults oder religiösen Glaubens zu
werden, sondern die Wahrheit der Materie mit dem Verstand zu prüfen und schließlich
mit der bleibenden Wahrnehmung ihres mentalistischen Wesens belohnt zu werden.
Alle anderen Methoden sind vergeblich oder stellen bestenfalls vorbereitende und vorläufige Schritte dar.

96
Die WIRKLICHKEIT ist für das Denken so lange unerreichbar, solange wir letzteres
als etwas davon Getrenntes auffassen. In dem Augenblick, in dem wir diese falsche
Vorstellung aufgeben, offenbart sich die Wahrheit.

97
Wer immer versteht, dass jedes Objekt und jede Person, die er in seinem Umkreis
erblickt, nur dem Anschein nach getrennt ist und dieser Anschein nur daher rührt, dass
er die Wirkung seines Geistes nicht erforscht hat, wird reif für die Verwirklichung.
Indes haben nur sehr wenige dieses so fortgeschrittene Verständnis entwickelt.

98
Es gibt wunderbare, seltene Augenblicke, wenn wir über uns erhoben zu sein scheinen,
wenn die Gesamtheit der vergangenen und gegenwärtigen Existenzen nur ein Bild in
einem wechselvollen Traum und der ganze Stoff des Weltalls nichts anderes als ein
augenblickliches Gedankengebilde zu sein scheint. In solchen Augenblicken mögen
wir eher intuitiv als aufgrund von Reflexionen verstehen, dass die Welt ein Produkt des
Geistes und nicht der Materie ist.

99
Würde sich ein Materialist die Zeit nehmen, über dieses Geheimnis des letzten Beobachters nachzudenken und seine denkerischen Fähigkeiten hinreichend schärfen und
läutern, um sich mit einem so abstrakten Thema befassen zu können, würde er seinen
Materialismus verlieren und Mentalist werden. Lasst ihn sich fragen, wer denn spricht,

wenn er über sich selbst spricht, was dieses „Ich" ist, dieses Ding, das seinen Namen trägt. Da das, was spricht, und das, worüber gesprochen wird, nicht dasselbe sein kann, sondern getrennt sein muss, würde er ein weiteres „Ich" einräumen müssen, das hinter dem Ich liegt, das über sich selbst spricht. Er könnte diese rückläufige Untersuchung in einer niemals zu Ende kommenden Serie fortsetzen. Das „Ich" würde jedes Mal ein anderes „Ich" bedingen, für das es ein Objekt wäre und von dem es als Subjekt sprechen könnte. Damit sähe sich die Existenz seines Egos in der Relativität dargelegt, denn er würde sich anscheinend endlos und uneingeschränkt durch dieses Geheimnis bewegen können, was mit dem „Ich" gemeint ist. Dies ist deswegen so, weil das Instrument, das er für diese Untersuchung benützen würde, der logische Intellekt ist, der so seine starren Grenzen preisgeben würde.

Angesichts dieser Grenzen würde er sich die Frage stellen müssen, ob es möglich oder nicht möglich wäre, ein subtileres Instrument nutzbar zu machen, und die mystische Metaphysik würde ihm dann antworten: Ja, ein solches subtileres Instrument steht zu Gebote - es ist deine Intuition. Pflege sie auf die rechte Art, vermeide ihrer Fälschung, unterziehe dein Gefühlsleben der philosophischen Schulung und übe Meditation. Du wirst feststellen, dass dich deine Intuition immer weiter bis zu einen Element zurückführen wird, das das endgültige „Ich" ist, jede Wirkung der unterbewussten Körperfunktionen lenkt und deiner Persönlichkeit das Bewusstsein gibt, dass sie existiert. Dieses „Ich" ist nicht physisch; es ist der inwendigste Teil deines Geistes. Sobald du das verstehst, wirst du den Materialismus notwendigerweise aufgeben müssen. Mehr noch, die Verwirklichung dieser Wahrheit als eines wirksamen Erlebnisses macht dir bewusst, dass dir das Weltall wohlgesonnen ist, weil du aufs Engste damit verbunden bist. Dein eigener Geist entspringt dem WELT-GEIST. Eben diese Beziehung macht es möglich, dass dein geistiges Wesen denkt und weiß, dein emotionales Wesen fühlt und dein physischer Körper handelt. Ohne es wärst du tot im vollsten Sinne des Begriffs. Alles, was in dir und alles, was außerhalb von dir ist, wandelt sich; aber dieses wirkliche Selbst wandelt sich niemals, denn es lebt im Reich des WELT-GEISTES, dem Reich Gottes, das ewig ist.

Es stellt ein phänomenales Meisterstück dar, die Anwendung der Einsteinschen Relativitätslehre auf die physische Welt zu verstehen; aber dieses Verständnis bringt schließlich nicht inneren Frieden oder Lebenskraft. Es ist jedoch etwas völlig anderes, die Anwendung der Relativitätslehre auf das innere Selbst zu verstehen, und ein solches Verständnis bringt diese Dinge. Unsere Kenntnis der physischen Relativität hat dazu geführt, dass wir über das Atom Gewalt haben, und der Lohn dafür scheint in der

310

Wahrscheinlichkeit zu liegen, dass wir uns vernichten werden. Aber unser Wissen über die spirituelle Relativität führt zur Beherrschung des Geistes, und der Lohn dafür besteht in unserer Rettung.

100

Wenn der Mentalismus für uns unser Weltall auch auf den Kopf stellt, so sieht es sich später, wenn wir ihn besser verstehen, doch wieder auf den rechten Platz gerückt, aber verklärt, vergöttlicht und von GOTT getragen.

101

Wir können uns in unseren Behauptungen auf die Autorität indischer Texte stützen. In der Brihadaranyaka Upanischad (IV.4.19) heißt es: „Allein durch den Geist soll ES erkannt werden." In Shankaras Kommentar zur Gita lesen wir: „Der durch Züchtigung des Körpers und der Sinne verfeinerte und mit den Lehren der heiligen Bücher und Lehrer ausgerüstete Geist stellt das Sinnesorgan dar, mit dem man das Selbst sehen mag." Und in der Mundaka Upanischad (III.21) steht schließlich: „Wenn sein Denken und Fühlen durch das heitere, stille Licht der Erkenntnis geläutert worden ist, wird der Mensch SEINER ansichtig."

102

Das Wort *jnana* bedeutet „Erkenntnis" und wird allgemein als Erkenntnis übersetzt. Indes hat es eine zweite, damit zusammenhängende Bedeutung als „das, was offenbar macht". Wenn uns die Wahrheit des Mentalismus schließlich einleuchtet, und zwar nicht nur als eine wohl durchdachte Idee oder als ein überwältigendes Gefühl und Erlebnis, das die letzten Spuren des Materialismus für uns zerstört, geschieht etwas, das die größte Offenbarung unseres Lebens darstellt - ein wahrhaft heiliges Evangelium.

103

Wie verständlich der Mentalismus doch jene tieferen und unverständlicheren Äußerungen von Jesus macht! „Das Reich Gottes ist in euch" erweist sich demnach als eine freudige Verkündigung spiritueller Hoffnung und als ein Spruch, der eine fast unbekannte Tatsache preisgibt. Er verkündet, dass ein himmlisches Dasein in Reichweite des Geistes liegt, welcher der wirkliche Mensch ist, und er sagt uns, dass dieses Dasein im Geist selbst verborgen liegt. Der Himmel ist also nicht ein fern gelegener Ort noch eine Verfassung nach dem Tode, sondern ein in diesem Leben erreichbarer Zustand.

104

Im Laufe dieser fortschreitenden Vertiefung des Bewusstseins scheint der Körper allmählich nur ein Teil von uns zu sein und das physische Leben nur ein Teil unseres wahren Lebens. Wenn wir nun notgedrungen das Gefühl haben, dass wir Fleisch sind, so haben wir doch auch das Gefühl, dass wir vor allem Geist sind. Wenn wir uns hier der Flüchtigkeit des Daseins bewusst sind, so wissen wir dort um dessen Ewigkeit.

105

Wir sind weit gekommen auf der Suche, wenn uns diese Wahrheit des Mentalismus blitzartig einleuchtet.

106

Man entdeckt das Nicht-sein (das nicht-Ding-sein) der Materie.

107

Aus diesen geheimnisvollen Schichten des Geistes mögen wir mit übersinnlichen Kenntnissen und göttlicher Liebe auftauchen.

108

Unsere Wissen über die Bedeutung des Lebens steigt stufenweise an mit unserem Wissen über das Wesen unseres Geistes.

109

Bisher habt ihr die Interpretation eurer Welt-Erfahrung angenommen, die euch das niedrige Selbst mit so überwältigender Kraft und großer Unmittelbarkeit aufgezwungen hat. Jetzt müsst ihr sie unter dem behutsameren und langsameren Einfluss des höheren Selbst neu, und zwar mentalistisch interpretieren.

110

Wir wissen nicht nur, dass es eine Welt mit Objekten und Lebewesen gibt, sondern auch, dass wir selbst existieren. Wenn wir den „Ich"- Gedanken und die Objekte nicht psychologisch und physiologisch analysieren, ist das Bewusstsein, das uns all dies berichtet, auf sie beschränkt und kann seine apriorische Existenz niemals entdeckt werden. Der „Ich"- Gedanke erscheint gleichzeitig mit der Welt. Wir identifizieren uns mit dem „Ich" und seinen physischen Sinnen, ohne jemals zwischen zwei aufeinander folgenden Gedanken innezuhalten, um herauszufinden, was nicht mit dem einen oder anderen vermischtes Bewusstsein an sich in Wirklichkeit ist. Denn hier befindet sich das grundlegende „ICH", der heilige GEIST, der GOTT-FUNKE in uns. Hier geht das Denken in die Kontemplation, in die Stille über.

111

Der Geist, der gewahr ist, ist etwas, das sich von den im Gewahrseinsfeld erscheinenden Dingen unterscheidet und von ihnen getrennt ist. Dieser Geist ist das wahre Selbst, aber jene Dinge - die wir lediglich als Gedanken kennen - sind es nicht. Die Emotionen und Gedanken, die wir normalerweise erleben, befinden sich außerhalb des Rings des wirklichen „ICH", und doch werden sie stets - oder vielmehr fälschlicherweise - dafür gehalten.

112

Außer in der mystischen Erfahrung, bei der sich das ganze Weltall aufrollt und verschwindet und der Mensch „sich nur des Bewusstseins bewusst ist", vollzieht sich die nächste überwältigende Verwirklichung des Mentalismus beim sterbenden Menschen.

113

Wie kommt es, dass die Zeit während unserer höchsten und reinsten Glücksgefühle ausgelöscht zu sein scheint. Woher kommen die Glücksgefühle, die uns dann überströmen, wenn wir schöne Musik hören, eine herrliche, unberührte Landschaft betrachten oder uns in mystischer Verzückung hingeben? Wie kommt es, dass uns ihre Existenz erst wieder einfällt, wenn wir uns in unseren normalen Alltagszustand zurückversetzt sehen? Bedenkt, dass sich uns dieser sonderbare Gefühlseindruck niemals während unserer weltlicheren oder schmerzhaften Episoden aufdrängt. Alle menschliche Erfahrung, die physische mit inbegriffen, findet im Geist statt. Jede Episode muss bewusst gedacht werden, bevor sie jemals für uns zu existieren vermag. Handelt es sich um eine glückliche, so sinnen wir gerne über sie nach, kosten wir sie möglichst lange aus und lassen uns begeistert ganz von ihr in Anspruch nehmen. Eine so intensive Konzentration verlangsamt das Tempo unserer Gedanken beträchtlich und bringt uns der vollkommen gedanken-losen Stille näher, in der unser spirituelles Selbst ewig außerhalb von Zeit und Raum weilt.

Für diejenigen, die bisher nicht imstande waren, die für die mystische Verzückung erforderliche und zu ihr führende Meditation zu üben, veranschaulicht diese Art von

Erfahrung das, was die Mystiker während einer so großen Verzückung finden, dass der Mensch in seinem wahren Wesen, in seinem Überselbst, nicht nur zeitlos, sondern auch aller Schmerzen enthoben ist.

114

Intellektuell mögt ihr von der Wahrheit des Mentalismus überzeugt sein. Aber solange ihr sie nicht ins Herz tragt und so intensiv erfahrt wie ein lebendes Ding, ist sie Zweifeln unterworfen. Sie sollte die Wucht persönlicher Erfahrung erlangen.

115

Für intellektuell Interessierte kann der Mentalismus, wenn sie ihn sich richtig zu eigen machen, ein Bote spiritueller Bewusstwerdung sein.

116

Der Mentalismus macht es jedem möglich zu verstehen, warum es einen Gott geben muss. Mehr noch, durch das mystische Erlebnis der Gegenwart GOTTES in ihm, macht er es jedem möglich, seine intellektuelle Entdeckung zu transzendieren.

117

Der Mystiker durchdringt die Ebene des Alltagsbewusstseins, und infolgedessen wird er sich bewusst, dass es einen heiligen Ursprung hat.

118

Die Erinnerungskraft ist nur in dem Maße nützlich, in dem sie es uns möglich macht, an die Höhere Kraft zu denken.

119

Tatsache ist, dass die erste bewusste Begegnung mit der Wahrheit des Mentalismus an sich ein erfreuliches Ereignis darstellt, während wir bei ihrer endgültigen Verwirklichung zu einem dauerhaften großen Frieden und zu einer endgültigen Einsicht finden. Wir werden uns nicht mehr auf äußere Hilfsmittel stützen müssen, ob auf Bücher, seien es noch so heilige, oder auf Menschen, seien es noch so hoch angesehene - wenn uns das Leben und unsere Entwicklung nicht bereits davon befreit hat.

120

Jeder, der darauf besteht, die Welt für eine materielle Sache zu halten, besteht darauf, den eigenen Bemühungen, das höhere mystische Leben zu leben, Hindernisse in den Weg zu legen. Diese Hindernisse werden nur verringert, aber nicht ausgeräumt, wenn er glaubt, dass der Universelle Geist hinter der materiellen Welt liegt. Nur wenn er alle materialistischen und halb-materialistischen Standpunkte resolut ablegt, nur wenn die Welt aufhört, etwas außerhalb des Geistes Liegendes zu sein und dem Geist direkt als ein Gedanke gegenwärtig wird, kann er diesem im-Dunkel-Herumtappen ein Ende setzen und mit Erfolg weiterzugehen beginnen.

121

Aus der Wahrheit des Mentalismus ergibt sich eine zweite, wahrscheinlich unerwartete. Materialistischen Atheisten und ihresgleichen wird sie obendrein nicht angenehm sein. Weil unser ganzes menschliches Dasein, unsere äußere Erfahrung mit inbegriffen, letzten Endes mental ist, gibt es keinen anderen Weg zu echtem und dauerhaftem menschlichen Glück als den, der für alle menschlichen Wesen der höchste und letzte ist, nämlich jene geistige Verklärung, die aller Gedanken ledig ist, jener innere Friede, der (intellektuell) nicht verständlich ist und den der Heilige Paulus das Tor zum Reich Gottes nannte.

122

Falls sie im richtigen Augenblick zur richtigen Person kommt, hat diese Wahrheit die zwingende Wucht einer Offenbarung.

123

Du magst so weit gehen, wie dich das Denken zu tragen vermag, nur eingeschränkt durch die Grenzen der Imagination und Logik, Mutmaßung und Hellsichtigkeit, aber am Ende muss dein Geist sich wieder ausschließlich selbst in Erwägung ziehen.

124

Sobald wir diese Wahrheit erkennen, verstehen wir, dass das ÜBERSELBST allzeit bei uns ist und diese Gegenwart unmittelbarer und inniger ist als alles andere im Leben.

125

Das Denken lernt sich richtig kennen, wenn es seine ganze Aufmerksamkeit von der Gedanken-Serie abwendet und nach seinem eigentlichen Wesen sucht.

126

Geist als Mensch kennt sich selbst zum größten Teil nicht, aber Geist als GEIST ist gänzlich selbst-erleuchtet. Denn der Mensch ist eingesperrt vom Körper, ein Gefangener jener Sinne, denen er so dankbar für Sehen, Hören und Fühlen ist. Aber sobald er seiner selbst gewahr wird, ist er befreit.

127

Wenn ihr glaubt, dass die Welt materieller Dinge außerhalb von euch liegt, dass Materie eine getrennte und feste Entität ist, wird euch die Erfahrung in eurem Glauben bekräftigen. Dann seid ihr ein Materialist, sei euer Leben noch so fromm. Wenn ihr aber einige der Hindernisse, die die meisten umzingeln und in die Falle locken, durch tiefschürfendes Denken, tiefe Meditation und andere Vorbereitungen aus dem Weg schafft, ist die Wahrscheinlichkeit größer, dass ihr das Licht in euch anbrechen lasst. Es mag sein, dass euch das erschütternde Erlebnis der mentalistischen Offenbarung widerfährt; ihr werdet dann viele Entdeckungen machen. Ihr werdet entdecken, dass die Welt eine Form ist, die das Bewusstsein annimmt. Ihr werdet die Bedeutung der Leere erfahren.

Bewusstsein als Welt

128

Könnten wir tief genug über das Wesen des Ichs, die Tätigkeit des Körpers oder die Beschaffenheit des Bodens, auf dem wir stehen, nachsinnen, so könnten wir auf eine vorläufige, indes überaus wichtige Lösung des Geheimnisses des Daseins stoßen. Gautama gelang dies während einer einzigen Meditation unter einem Baum - und er wurde ein Buddha, ein Erleuchteter.

129

Das größte aller Geheimnisse ist zweifellos das Geheimnis des GEISTES, denn sobald ihr das versteht, besitzt ihr den Schlüssel, der die Tür zu allen anderen Problemen aufschließt. Es ist indes vonnöten, Folgendes zu begreifen: Es gibt zwei Phasen des GEISTES. Bei der ersten handelt es sich um Bewusstsein in seiner alltäglichen Gestalt, um das Bewusstsein dieser Welt aus Zeit, Raum und Materie. Ihr bildet euch ein, dass dieses Bewusstsein ein kontinuierliches und einheitliches Ganzes ist, aber in Wirklichkeit ist es wie ein Strom von Maschinengewehrkugeln, der aus einer unaufhörlichen Reihe von nicht zusammenhängenden Gedanken besteht. Weil diese Gedanken mit außergewöhnlicher Geschwindigkeit auftauchen und vergehen, erwecken sie die Illusion eines kontinuierlichen Bewusstseins, die Illusion einer unwandelbaren, festen Welt und die Illusion eines getrennten Egos in euch. Das hier benützte Wort „Illusion" darf nicht falsch verstanden werden. Die Existenz dieses erstaunlichen Trios wird keinen Augenblick lang in Abrede gestellt, denn sie sind da und starren euch ins Gesicht. Aber diese Existenz ist relativ. Sie ist nicht absolut dauerhaft und deswegen nicht wirklich, nach der östlichen Definition dieses so häufig missbrauchten Wortes. Ihr dürft die Idee vom GEIST nicht auf jenes Geistesfragment beschränken, das sich das alltägliche Bewusstsein zunutze macht. Das, was BEWUSSTSEIN genannt wird, ist nur ein Teil von dem, was die Bezeichnung GEIST trägt, oder, funktionell gesehen, nur eine seiner Fähigkeiten. Es ist auch der vergängliche und relativ unwichtigere Teil. Ob das Bewusstsein lebt oder stirbt, der GEIST besteht fort, weil er die verborgene Quelle darstellt. Nun liegt dieser reine, dieser nicht durch das menschliche Alltagsbewusstsein ausgedrückte GEIST gänzlich jenseits des Bereichs menschlichen Denkens, weil er ABSOLUT, zeit-, raum-, ideen- und materielos ist. Er weist keine Gestalt auf, die man sehen könnte, noch bringt er einen Ton hervor, den man hören könnte. Aus der Sicht des Durchschnittsmenschen ist er infolgedessen ein großes NICHTS, und einige der tibetischen Weisen haben ihn tatsächlich die ERHABENE LEERE genannt. Weil ihr ihn nicht herab, in Reichweite des kleinen menschlichen Geistes bringen könnt und normalerweise nichts von ihm wisst, ist er in Ermangelung eines besseren Begriffs gelegentlich auch als der Unbewusste Geist beschrieben worden. Aber eine solche Beschreibung ist unzulänglich, da sie zu gefährlichen Missverständnissen führen kann. Es gilt, einen Begriff zu finden, der den REINEN GEIST besser beschreibt. Wie es in einem Satz aus einem der Romane Disraelis heißt: „Das Bewusste kann nicht vom Unbewussten abgeleitet werden."

Der UNENDLICHE GEIST ist GOTT, Geist, Brahman etc. genannt worden. Ihr müsst zu der Erkenntnis kommen, dass euer kleiner, individueller Bewusstseinsstrom dieser großen Quelle entsprang und dereinst wieder zu ihr zurückkehren und in ihr verschwinden wird. Dies ist WAHRHEIT. Alle machen auf dieses universelle, nicht persönliche WESEN Jagd. Die es bewusst Suchenden, sind Menschen, die die SUCHE begonnen haben. Aber die unbewusst danach Trachtenden greifen zu Alkohol und anderen sinnlichen Freuden und stellen den Genüssen dieser überaus verlockenden Welt nach.

130

Gedanken könnten niemals existieren, wenn der GEIST nicht auch ursprünglich zugegen wäre. Noch könnten wir Menschen uns ohne die Priorität des GEISTES des Weltalls gewahr werden.

131

Der GEIST unterliegt seinen eigenen Gesetzen und beschwört seine eigenen Schöpfungen herauf. Das Weltall sieht sich zu jedem Augenblick seiner Geschichte durch die Wirkung und Gegenwirkung dieser Schöpfungen gestaltet.

132

Geistige Tätigkeit braucht nicht bewusst zu sein.

133

Die Ideen vergehen, der GEIST bleibt. Aber solange sie existieren, sind sie in der Wirklichkeit des GEISTES enthalten und teilen sie. Daher und in diesem Sinne ist die Erscheinung der Welt für die in ihr lebenden bewussten Wesen wirklich genug, solange sie besteht. Die Unterscheidung zwischen innerer Wirklichkeit und äußerer Erscheinung wird damit zwar nicht hinfällig, aber dennoch zweitrangig.

134

Chandrakirti, ein den Mahayana-Buddhismus vertretender Guru, meinte: „Wir lehren die Illusion des Daseins nur als ein Mittel gegen den hartnäckigen Glauben der allgemeinen Menschheit an die Existenz dieser Welt. „Damit meint er, dass die Welt ein nur in Verbindung mit den physischen Sinnen und dem physischen Gehirn, also ein relativ Existierendes ist. Die Sinne berichten die Existenz der Welt ganz richtig, und weder der Mentalismus noch die Menschheit bestreiten die Faktizität dieser Erfahrung. Aber der Mentalismus sagt, dass es sich dabei nur um eine relative Wahrheit handelt und die grundlegende Wahrheit in Wirklichkeit darauf hinausläuft, dass Welt und Selbst im Bewusstsein existieren und nichts anderes als BEWUSSTSEIN selbst sind.

Die von so vielen geteilte Auffassung, das Bewusstsein sei die Gesamtsumme der persönlichen Erfahrungen und nicht mehr, sei eine Verbindung aus einer bestimmten Anzahl getrennter Stücke Gewahrsein, stellt einen ungeheuren Irrtum dar.

Ihr lebt im Bewusstsein; euer Körper bewegt sich nur von Ort zu Ort. Indes halten nur wenige lange genug inne, um wahrzunehmen, wer sie wirklich sind und was sie in Wirklichkeit gerade tun.

Nicht nur die Welt ist ein im-BEWUSSTSEIN-Erscheinendes, sondern auch das Ego. Es ist am Ende ein Gedanke, vielleicht der stärkste von allen; und nur das Bewusstsein-an-sich ist die WIRKLICHKEIT, die es speist und der es seine Existenz und sein Leben verdankt.

Solange es etwas gibt, sei es ein physisches Objekt oder eine mentale Idee, das ein Objekt unseres Denkens bildet und infolgedessen nicht die Denkkraft ist, so lange hindern wir uns selbst daran, den Geist in seiner eigenen nackten Reinheit zu erkennen.

„Wer bin ich?" - jene geheimnisvolle Frage ist gewiss von tiefster Bedeutung, und deswegen warf Ramana Maharshi sie schon ganz zu Beginn seiner Laufbahn auf. Es gibt noch eine andere, die zu stellen man vielleicht wagen sollte. Sie lautet: „Wo bin ich?" Bin ich hier im fleischlichen Körper oder im unsichtbaren Geist?

Letzten Endes ist die Erfahrungswelt des Egos auf das ÜBERSELBST zurückzuführen, das an der Wurzel des Egos liegt, wobei die unerschöpfliche Imagination des ÜBERSELBST ein Fragment seines eigenen Bewusstseins einschränkt und dessen Laufbahn bestimmt. Sowohl das Ego als auch seine Welt sind geistig geschaffen.

141

Die Welt sieht genauso aus wie zuvor; an ihrer Erscheinung ändert sich nichts, nur weil ein Weiser versteht, was sie ist - eine Gedanken-Reihe. Des Weisen Wahrnehmung der Welt ist wie die aller anderen; seine Sinne funktionieren wie die ihrigen; aber er weiß, dass seine Erfahrung der Welt vom allzeit gegenwärtigen BEWUSSTSEIN abhängt. Er ist niemals ohne dieses Gewahrsein. Dies stellt den ersten großen Unterschied dar.

142

Jedes menschliche Wesen ist sich zuerst des eigenen Bewusstseins bewusst. Wenn er dessen tiefere Bedeutung ausfindig macht, versteht er vielleicht, dass darin der beste Beweis für die Wirklichkeit des Geistes als eines getrennt Existierenden liegt.

143

Wir mögen die Tatsache, dass wir bewusst sind, zwar zur Kenntnis nehmen, aber folgende Tatsache zur Kenntnis zu nehmen, sind wir normalerweise niemals imstande: Dass wir uns auf dieselbe Weise bewusst sind, bewusst zu sein, wie wir uns aller anderen Dinge bewusst sind.

144

Der Durchschnittsmensch meint, er sei das Ego, weil er sich mit seinen Gedanken und seinem Körper identifiziert. Der Erleuchtete weiß, er ist das BEWUSSTSEIN hinter beiden.

145

Unter Geist versteht die Philosophie nicht nur äußeres Verhalten oder inneres Bewusstsein, wiewohl sie sie notwendigerweise einbeziehen muss. Der Geist ist jenes ursprüngliche Element, das sich uns durch Verhaltensmuster und Bewusstseinszustände offenbart.

146

Wenn ich sage, ich bin meine eigene mentale Existenz, dann sage ich damit, dass ich auch das ganze Weltall bin. Die Natur existiert in mir, denn die Natur ist lediglich meine Idee. Die Welt ist meine Schöpfung. Dies stellt keine eitle Laune dar, sondern die reine Wahrheit, die großartigste, auf die der nur unvollständig eingeweihte Verstand der Menschen jemals gestoßen ist.

147

Das Bewusstsein bringt die erlebte Welt hervor und gibt oder nimmt ihr die Wirklichkeit.

148

Was besitzt einer schon wirklich, außer das eigene Bewusstsein, den Ursprung seines Alltagsselbst, das nur ein veränderliches Bewusstseinsprodukt ist? Was sonst kann einer unfehlbar zu jedem Teil der Welt und vielleicht - falls die Seher wissen, was sie behaupten - sogar zu jener anderen, jenseitigen Welt mitnehmen?

149

Wenn der Ego-Geist ein die objektive Welt Kennendes ist, so ist er selbst ein von einem transzendentalen GEIST Erkanntes.

150

Wissenschaftlich gesehen, scheint jeder Mensch nur eine Sammlung vielfältiger physischer Wahrnehmungen zu sein, die sich schnell ändern und vorüberziehen, und nicht mehr. Der Fromme erhebt Einspruch und zählt sein spirituelles Selbst oder seine Seele dazu. Aber der Philosoph fragt beide: „Und was sagt ihr zu einem Bewusstsein, das euch all dies berichtet?"

151

Solange wir nicht verstehen, dass wir selbst der wirklich Sehende sind und alle diese Objekte im Bewusstsein gesehen werden, so lange machen wir den Fehler, das Ego für das „Ich" zu halten.

152

„Am Anfang war das Wort" - damit wird im Neuen Testament zum Ausdruck gebracht, dass das Weltall ein mentales Weltall ist. Der ganze Kosmos war von Anfang an ein Gedanke, ein Wort in GOTTES Geist.

153

Es stimmt, dass der die äußere Welt Erkennende im Geist des Menschen ist, dass dieses Element auch der sich selbst ERKENNENDE ist und dass Selbsterkenntnis den Schlüssel zur Welterkenntnis darstellt - das räumt selbst ein so eingefleischter Okkultist wie Rudolf Steiner ein. Aber dem Menschen bleibt es deswegen nicht erspart, diesen Schlüssel auch zu benützen. Es bedeutet nicht, dass es genügt, das Selbst zu kennen und wir an diesem Punkt aufhören dürfen. Wir müssen den Schlüssel dennoch benützen, weil das Selbst nicht in einem Vakuum existiert; der Körper ist vorhanden, und die Welt ist vorhanden. (Memo an PB: Füge an dieser Stelle die Notizen zu den zwei Wegen hinzu und dass es notwendig ist, sie zu verbinden. Den "Wer bin ich -Weg" und den "Was ist die Welt -Weg".)

154
Die zwei Analysen müssen jetzt zusammenkommen, gleichzeitig: das „Was bin ich?" und das „Was ist die Welt?" Erst dann können sie durch den Mentalismus integriert werden, wiederauftauchend als das EINE BEWUSSTSEIN in ihm. Die Dualität des Selbst und des Nicht-Selbst verschwindet dann.

155
Bewusstsein kam zuerst; alle Gedanken entstanden später. Es machte ihre Existenz möglich. Es ist das dauerhafte Prinzip im Menschen, während Gedanken auftauchen und wieder verschwinden.

156
Bewusstsein ist wichtiger als Lehre.

157
Der Körper beobachtet die außerhalb des Körpers gelegene Welt, und der Ego-Geist beobachtet den Körper. Das, was abseits von beiden steht, als der dritte Beobachter, ist das ÜBERSELBST.

158
Wenn wir nach der letzten Erklärung für das Phänomen des Weltalls suchen, finden wir eine anhaltende und höchste Wirklichkeit - BEWUSSTSEIN.

159
Geist, wie wir Menschen ihn jetzt kennen, stellt nur die schäumende, tosende Welle an der Oberfläche eines kilometertiefen Meeres dar.

Die konventionelle Definition des Bewusstseins, nach der das Bewusstsein die Summe aller Geisteszustände einer Person ist, ist nur begrenzt zulänglich, weil sie das wichtigste Element - das Gewahrsein - verpasst, das überhaupt kein Zustand und nicht einmal von der Definition gestreift wird.

Das Gewahrsein der Gedanken-Reihe zeugt davon, dass das Bewusstsein ein a priori Existierendes ist.

Das, was am wichtigsten für und in uns ist, ist Bewusstsein. Dennoch ist es das eine Ding über uns selbst, das wir am wenigsten kennen und am meisten außer Acht lassen.

Die menschliche Wesenheit besteht nicht nur aus den Gedanken und Bildern, auf die ihr in eurem Bewusstsein stoßt; sie ist auch und vor allem dieses Bewusstsein selbst.

Im Grunde ist das einzige, was wir wirklich kennen, das Bewusstsein. Es ist dasjenige, das wir als das Selbst erachten, wiewohl es zu verschiedenen Zeiten verschiedene Muster annehmen kann.

Bewusstsein und reiner Geist

Unser Geist ist ein menschliches Analogon zum UNIVERSALEN GEIST. Infolgedessen liefern Beschaffenheit und Wirkungsweise der Natur eine einfache Lektion über göttliche Metaphysik. Wollen wir irgendeinen schwachen Hinweis auf das Wesen der höchsten Art von geistiger Existenz, also über GOTT, erhalten, so müssen wir das Wesen unseres eigenen individuellen Geistes untersuchen, mag er noch so beschränkt und unvollkommen sein. Nun schreckt die Philosophie nicht vor einer Anerkennung des Pantheismus zurück, sie beschränkt sich nur nicht auf ihn. Sie bekräftigt auch den Transzendentalismus, hört aber nicht damit auf. Sie erklärt, dass sich die Letzte und

Höchste Wirklichkeit niemals in dem Sinn zum Kosmos verwandeln könnte, dass sie ihre Einzigartigkeit verlöre. Gleichzeitig erklärt sie aber, dass der Kosmos dennoch eins mit der Wirklichkeit und nicht von ihr getrennt ist. Das lässt sich am leichtesten verstehen, wenn wir den Kosmos symbolisch als menschliche Gedanken und die Wirklichkeit symbolisch als den menschlichen Geist betrachten. Unsere Gedanken sind nichts anderes als eine Form des Geistes, und doch verliert unser Geist nichts, wenn Gedanken auftauchen. Der WELT-GEIST wohnt dem Weltall inne, ist aber nicht durch es eingeschränkt, so wie man vom Geist eines Menschen sagen kann, dass er seinen Gedanken innewohnt, aber nicht durch sie eingeschränkt ist. Darüberhinaus mögen wir es bei unseren Bemühungen, den Zusammenhang zwischen Kosmos und WELT-GEIST zu verstehen, nur hilfreich finden, diesen mit dem Zusammenhang zwischen einem Gedanken und seinem Denker oder zwischen einem gesprochenen Wort und seinem Sprecher zu vergleichen. Und wenn wir in Erwägung ziehen, wie und dass unser Geist imstande ist, die verschiedenartigsten Gedanken zu erzeugen, braucht es uns nicht einmal zu überraschen, dass der Universale Geist imstande ist, ein unerschöpfliches Heer von Gedanken-Formen hervorzubringen, die den Kosmos bilden.

166

Unter dem Wort „BEWUSSTSEIN" versteht man meistens die Gesamtheit der Gedanken, Gefühle und des Wissens, die jemand im Augenblick erfasst, alle seine Wahrnehmungen, Ideen, Erinnerungen und bildlichen Vorstellungen - sein Gewahrsein insgesamt. Aber bei dieser Philosophie wird dem Wort eine neue und tiefere, wesentlich abstraktere und subtilere Bedeutung gegeben, was seine Großschreibung verdeutlichen soll. Dann wird es die in sich geschlossene Entität, die ihrer selbst gewahr ist. In eben diesem tieferen Sinne gebrauchten die Sanskrit schreibenden und sprechenden brahmanischen Denker und Mystiker dieses Wort vor Tausenden von Jahren. Der Mann, der es 1690 in die englische Sprache einführte, war John Locke, als er schrieb: „Bewusstsein ist die Wahrnehmung der sich im eigenen Geist des Menschen abspielenden Vorgänge." Diese Definition zeigt, wie groß die Entfernung zwischen jenen weisen Indern und den weniger metaphysisch gesonnenen Europäern ist.

167

Unser Wissen um die Existenz dieses Gewahrseins bedeutet lediglich, dass wir eine Idee davon haben. Wir sehen dieses Gewahrsein nicht als ein Objekt für sich, noch sind wir jemals dazu imstande. Wenn wir das Gewahrsein für sich kennen sollen, müssten wir zuerst das Erkennen seiner Objekte fallen lassen, seiner Spiegelungen im Denken, den Ego-Gedanken miteinbezogen, und dann es sein, nicht es sehen.

168

Man muss den Geist von den Geisteszuständen unterscheiden, so wie man das Objekt vom Erkennen des Objekts, der Erkenntnishandlung, trennen muss. Spinoza stellte die phänomenale Welt dem Substantiellen entgegen; die Erscheinung der Substanz; das, was andere das Relative nennen, dem Absoluten; das, was bei den Hindus Illusion heißt, der Wirklichkeit; und das, was Religionsgläubige als Materie bezeichnen, dem heiligen Geist. Aber diese ganzen Aussagen können nur deswegen gemacht werden, weil der Geist sie ursprünglich macht, denn der Geist ist beider Zeuge. Wir sind gezwungen, dem Geist den Vorrang zu geben, denn er Ist. Ob die Illusion existiert oder nicht existiert und ob das Absolute existiert oder nicht existiert, der GEIST IST. Wenn die Welt unentwegt für mich gegenwärtig ist, dann ist es ein Geist, der sie gegenwärtig macht, denn Gewahrsein ist eine Geisteskraft. Der Geist macht den Gedanken des materiellen Objekts für uns möglich; und den Geist zum Nebenprodukt einer angeblichen Materie zu machen, stellt einen Widerspruch in sich selbst dar.

169

Als ein zweites Ding, als ein Objekt, kann der Geist erkennen, was außerhalb von ihm liegt. Das gilt auch für Gedanken. Wenn der Geist etwas so kennen soll, wie es wirklich an sich ist, muss er sich mit dem Objekt vereinigen und es werden. In diesem Fall verschwindet die Dualität. Um zum Beispiel eine Person zu kennen, muss man vorübergehend diese Person werden, indem man sich mit ihr vereinigt. Andernfalls ist das mentale Bild alles, was man von dieser Person kennt, und dieses Bild mag der wirklichen Person nicht ähnlich sein. Ähnlich ist auch das höchste und letzte BEWUSST-SEIN nicht etwas, das man als ein zweites Ding kennen kann, das von einem getrennt sei. Wenn man es getrennt kennt, kennt man in Wirklichkeit nur das eigene mentale Bild davon. Um es wirklich kennen zu lernen, muss man sich damit vereinigen, und dann verschwindet das kleine Ego als ein getrenntes Ding, wenn es auch als ein Teil des größeren Selbst bestehen bleibt. Die Welle kennt sich dann nicht nur als ein kleines, an der Oberfläche des Meeres tanzendes Gekräusel, sondern auch als das Meer selbst. Da aber das ganze Wasser des Meeres EINS ist, kann die Welle die Abermillionen von anderen Wellen vom Standpunkt der höchsten und letzten Wahrheit aus nicht mehr als etwas betrachten, das anders sei als sie. Um dies noch klarer zu machen: Während eines

Traumes wird man lebender Menschen, Häuser, Tiere und Straßen ansichtig. Jeder und jedes wird als eine getrennte Entität wahrgenommen. Aber nach dem Erwachen versteht man, dass alle diese einzelnen Entitäten einer einzigen Quelle entsprangen - dem eigenen Geist. Folglich bestanden alle aus dem gleichen Stoff wie der eigene Geist, waren nicht davon verschieden, waren nichts anderes als der Geist selbst. Auf ähnliche Weise wird man nach Beendigung des höchsten und letzten Weges aus der Illusion von der Welt-Existenz aufwachen und wissen, dass die ganze Erfahrung eine Fragmentierung des eigenen essentiellen Wesens war und ist, das man jetzt nicht mehr auf das personale Selbst beschränkt, sondern zu seinem wahren Wesen, dem universalen Geist, erweitert. Der Traum wird trotzdem weitergehen, weil man sich nach wie vor im Fleisch befindet, aber man wird bewusst träumen und genau wissen, was geschieht und allem zugrunde liegt. Auf dieser Stufe kann man nicht mehr nur für rein persönliche Ziele leben, sondern wird sie so erweitern müssen, dass sie auch die Wohlfahrt aller Wesen beinhalten. Dies bedeutet allerdings nicht, dass man das eigene individuelle Wohl vernachlässigt, sondern nur, dass man ihm seine Schranken weist und es neben das Wohl anderer stellt.

170

Das Ziel des menschlichen Daseins kann nicht nur die Meditation darstellen, so fruchtbar die Erfahrungen, die das Meditieren mit sich bringt, auch sein mögen. Denn die tiefste Meditationserfahrung, die uns möglich ist, besteht darin, die Welt-Erfahrung aus dem Bewusstsein zu leeren und somit deren Unwirklichkeit aufzuzeigen. DAS, was aufzeigt, das, was der Erfahrung teilhaftig wird, sowie die Erfahrung selbst - sie alle gehen am Ende aus dem WIRKLICHEN hervor. Die Entdeckung der Unwirklichkeit der Welt ist nützlich, denn sie ermöglicht die erforderliche vollkommene Loslösung von unseren Bindungen. Aber das kann nicht der einmalige, der einzige und höchste Zweck unseres Daseins sein, denn dann wäre es nach der Entdeckung nicht nötig, das Dasein im Körper fortzusetzen. Ein Mystiker muss weitergehen und nach jener zusätzlichen Verwirklichung trachten, die die Welt unter einem neuen Licht zeigt und einen vollkommen neuen Standpunkt für ihr Verständnis bietet. Dieser besagt, dass das einzigartig Wirkliche in der Welt nicht weniger, sondern nur anders zugegen ist als in seiner Meditation. Es ist wie der Träumer, der sich der Tatsache, dass er träumt, bewusst wird und weiterträumt, aber die ganze Zeit weiß, dass es sich um eine Traum-Erfahrung handelt. Auf dieselbe Weise besteht die höchste Verwirklichung darin, dass das WIRKLICHE BEWUSSTSEIN, welches das reine, höchste und letzte BEWUSSTSEIN ist, verschiedene Gestalten anzunehmen und dennoch das zu bleiben vermag, was es wirklich ist.

171

„Das Weltall ist mein Geist; mein Geist ist das Weltall" sagte Lu Hsiang-shan. Endlos sei die Anzahl der Dinge, die man über das Weltall lernen könne, schloss er. Lernt also das hinter ihm liegende Hauptprinzip kennen - den Geist.

172

Es ist ein Jammer, dass für gegensätzliche Methoden ein einziges Wort verwendet wird. Wir trennen *drysam* von *drik* nur auf den vorbereitenden Stufen, nur zeitweilig, damit wir später darauf hinweisen können, dass dieses *drysam* Brahman ist (so wie wir darauf hinweisen können, dass jedes Traum-Objekt nur Geist ist), womit das ALL als Brahman erklärt wird. Die letzte Yoga-Stufe (asparsa) besteht nicht, und das gilt es besonders hervorzuheben, darin, *drysam* (Gedanken-Objekte) loszuwerden, sondern darin, sie alle als Brahman zu erkennen. Der weniger fortgeschrittene Yogi unterdrückt sie, aber unser Ziel ist ein gänzlich anderes. Wir töten den Gedanken nicht, sondern untersuchen ihn. Um diese Untersuchung durchzuführen, müssen wir konzentriert und anhaltend denken können, und darin liegt der Nutzen des unteren Yogas. Erst dann müssen wir das Denken von den Gedanken-Objekten trennen - dieses dient der Vorbereitung. Danach entdecken wir, dass alle Gedanken wie Wellen auf dem Meer sind, dass ihr wirkliches, absolutes Sein oder Wesen Brahman ist.

173

Geist muss dem GEIST entspringen - für den tiefschürfenden Denker gibt es keinen anderen Schluss.

174

Was ist die letzte Wirklichkeit hinter unseren ganzen Erlebnissen? Da es Gedanken sind und Gedanken nur durch das BEWUSSTSEIN möglich sind, muss die Wirklichkeit BEWUSSTSEIN sein. An diesem Sachverhalt ändert sich nichts, auch wenn das „Ich" nicht gewahr und unbewusst ist, weil beschränkt und klein, selbst nur ein Gedanke, ein Objekt, das man wie andere Objekte kennt. Das WIRKLICHE ist nach wie vor vorhanden, aber verborgen.

175

Der Vedantin sagt euch: „Eure Erfahrung der Welt ist unwirklich; ihr meint, sie existiere; ihr seht eine Schlange, wenn es nur ein Seil ist." Aber der Philosoph bemerkt: „Sie ist nur irreführend, wenn ihr, solange ihr in einem Körper steckt, der Ansicht seid, dass sie restlos und im höchsten und letzten Sinne wirklich ist. Die Welt ist tatsächlich vorhanden, aber was bewirkt, dass sie für euch vorhanden ist? Das BEWUSSTSEIN! Das ist die Wirklichkeit! Aber was ihr Bewusstsein nennt, ist lediglich ein Bruchstück, ein im Vergleich zu seinem Ursprung überaus kleines, beschränktes Ding."

176

Der Materialismus sieht sich nachdrücklich von denjenigen in Abrede gestellt, die verstehen, dass das HÖCHSTE BEWUSSTSEIN selbst die Höchste Wirklichkeit ist und nicht bloß ein Nebenprodukt des materiellen Körpers.

177

Wenn wir schließlich einsehen, dass dieses unermessliche Weltall eine Gedankenform ist, und wenn wir gefühlsmäßig wissen, dass das einzige und höchste Prinzip, in dem und durch welches das Weltall entsteht, auch unsere Quelle ist, ist unsere Erkenntnis endgültig und fehlt ihr nichts mehr.

178

Den körperlichen Sinnen des Menschen tut das WIRKLICHE seine Existenz nicht kund. Deswegen ist es für ihn wie NICHTS.

179

Wir kennen das BEWUSSTSEIN niemals. Wir können den Anspruch erheben, dass wir Objekte und Gedanken, Eindrücke und Gefühle kennen, weil sie als voneinander getrennte Dinge nur von einer Person, einem Individuum, einem getrennten und einzelnen Kenner gekannt werden können. Aber BEWUSSTSEIN lässt sich nicht auf einen Ego-Gedanken zurückführen, nicht von einem kleinen „Ich" einschränken, da es das Licht hinter allen Gedanken ist.

180

Der Geist, der so unendlich viele Bilder von außerhalb des Körpers gelegenen Dingen macht, kann sich dennoch kein Bild von sich selbst machen.

181

Im kosmischen Bild des Durchschnittsmenschen ist jedes einzelne Objekt von jedem anderen einzelnen Objekt getrennt. Im kosmischen Bild des Wissenschaftlers sind sie es auch, indes mag der Wissenschaftler intellektuell an dem Punkt angelangt sein, wo er sie in der Idee zusammenfasst, dass alle Objekte verschiedene Formen ein und derselben höchsten und letzten Energie sind. Aber dies bleibt nur eine Idee. Das Bild des Philosophen enthält sowohl das des Durchschnittsmenschen als auch das des Wissenschaftlers, indes kommt noch Folgendes dazu: Aufgrund seiner transzendentalen Erfahrung weiß der Philosoph, dass es sich bei diesen zwei Bildern um Projektionen des BEWUSSTSEINS handelt und dieses BEWUSSTSEIN die Wirklichkeit ist.

182

Der denkende Mensch braucht das Konzept des reinen GEISTES, des unendlichen, formlosen Bewusstseins, des zeitlosen Seins. Es ist absolut notwendig, denn ohne es bleibt sein Denken unvollendet und unvollständig. Alles weist am Ende auf den reinen Geist hin, vom eigenen bis zum universalen Dasein. Sich mit Glauben begnügend, mögen der Fromme und Mystiker ihn GOTT nennen; und selbst wenn er einem nicht zugänglich ist, so weiß man doch, dass er da sein muss und immer schon da gewesen ist.

183

Diejenigen, die aus dem Bewusstsein ein physisches Produkt oder eine physische Wirkung machen, etwas, das auf alle Zeit und lange vor seinem physischen Urheber verschwindet, müssen die Kunst der mentalen Stille versuchen, mit dem speziellen Ziel, nach dem BEWUSSTSEIN selbst zu forschen, getrennt von aller Mythologie, ob religiös, wissenschaftlich oder esoterisch. Dann entdecken sie, dass sich die Formen, die das Bewusstsein annimmt, zwar wandeln oder auflösen mögen, aber dass DAS, aus dem sie ursprünglich hervorgehen, nicht dazu imstande ist.

184

Alles, was ein Objekt für das Bewusstsein wird, kann nicht das bewusste Selbst sein, das es als ein Objekt verzeichnet. Also ist jeder Gedanke, selbst der der Person, ein solches Objekt. Das wirkliche Selbst muss infolgedessen einem Bewusstsein innewohnen, das die Person übersteigt und nichts anderes sein kann als reines Bewusstsein selbst. Die messerscharfe Einsicht der chinesischen Weisen begriff dies, und daher benützten sie den Begriff *Ko*, in seiner Bedeutung von "gewahr sein", zur Bezeichnung der transzendentalen Erkenntnis des wirklichen Seins und in seiner Bedeutung „der, der gewahr ist" zur Bezeichnung eines Menschen wie Buddha, der im Besitz dieser erhabenen Erkenntnis ist.

185

Persönliches Bewusstsein ist nicht wirklicher als die Wirklichkeit eines Spiegelbilds in einem Glasspiegel, denn der GEIST ist das Licht, das es beleuchtet. Persönliches Leben mag so flüchtig sein wie Schaum.

186

Woher kommt dieses BEWUSSTSEIN? Dies zu entdecken, werden wir niemals imstande sein, weil es selbst sowohl der Fragende als auch die Antwort ist; es war da, bevor die Frage entstand, denn es machte die Frage möglich. Es wird da sein, nachdem alles andere vergangen ist. In diesem dünnen Strahl bewussten Seins, der das bekannte Selbst des Fragenden ist, liegt die endültige Lösung unserer ganzen selbst erzeugten Rätsel.

187

Das Bewusstseinselement, *Vijnana*, ist nicht dem Tod unterworfen, lautet eine Erklärung in einem alten buddhistischen Text, dem *Saddha-tu-Sutta*.

188

Dasjenige, das allzeit im Hintergrund aller Gedanken liegt, ist das BEWUSTSSEIN. Ohne es könnten sie niemals erscheinen oder existieren, während das BEWUSSTSEIN aus eigenen Kräften existiert.

189

Die Form des Bewusstseins mag sich wandeln, die Tatsache des Bewusstseins zeitweilig verdeckt sein, aber die Wirklichkeit hinter dem Bewusstsein kann niemals ausgelöscht werden.

190

Das wahrhaft Seiende, der WELT-GEIST, war, bevor die Gedanken des Menschen begannen.

In der normalen Erfahrung trifft man das Bewusstsein nicht alleine an, unabhängig von dem, was es fasst, getrennt von seinen Wahrnehmungen und Erlebnissen, verschieden von den Dingen, die die äußere Welt dem Bewusstsein gibt. Das heißt, es ist nicht von seinen Inhalten isoliert, sondern schließt sie allzeit in sich. Und es hängt nicht nur mit physischen Objekten zusammen, sondern auch mit unterschiedlichen Ideen, über die lediglich nachgedacht wird, mit logischen Erwägungen und bildlichen Vorstellungen. Auf weitere Beweise für diesen Bezug stoßen wir, wenn wir uns nicht mehr mit dem Wachzustand, sondern mit dem Schlafzustand beschäftigen. Wo dieser wirklich tief ist, ohne Träume, gibt es keine Welt und keine Vorstellungen. Dann existiert das Bewusstsein nicht. Sobald in einem Menschen Gedanken entstehen, entsteht auch die Welt für ihn. Wenn sie versiegen, verliert er sein Bewusstsein und auch seine Welt. Aber dieser Paragraph beginnt mit den vier einschränkenden Worten „in der normalen Erfahrung". Für eine Handvoll ist Bewusstsein ohne Gedanken eine praktische Verwirklichung geworden; für das ganze Menschengeschlecht bleibt es als eine zukünftige evolutionäre Möglichkeit. In der Erfahrung dieser Adepten ist BEWUSSTSEIN-an-sich die Wirklichkeit, aus der Gedanken entstehen, auch der Welt-Gedanke. Es ist nicht leicht, einen Beweis dafür zu erbringen, da es sich dabei um wissenschaftlich nicht nachweisbare Ereignisse in jemandes persönlicher Geschichte handelt.

192

Es gibt zweierlei Weisen, auf die wir erkennen, und zweierlei Arten von Dingen, die wir erkennen können: Erstere spielt sich auf der alltäglichen Ebene ab und befasst sich mit physischen und intellektuellen Dingen, und diese habe ich unmittelbare Erkenntnis genannt; zweitere spielt sich auf der tiefstmöglichen Ebene ab und befasst sich ausschließlich mit dem Wesen aller Dinge, aus dem sie sich entfalten, mit dem göttlichen MYSTERIUM, wo sich der Erkennende im Erkannten auflöst. Metaphysisch ist dies als die höchste und letzte Ebene bekannt.

Was ist Energie? Ihre Verwandlungen sind als Klang, Licht, Wärme und so weiter bekannt. Indes stellen diese nur Erscheinungen einer anderen Sache dar. Man erhascht niemals eine einzelne, reine Energie an sich. Sie ist ungefähr so nachweisbar wie reine Materie. Daher liegt etwas hinter der Energie und hinter dem Intellekt, oder sollen wir sagen, hinter dem Leben und hinter dem Denken. Energie lässt sich nicht mit einem ewigen Zustand vereinbaren. Quillt Energie selbst aber aus der tieferen Geistesschicht als eine Emanation hervor, so ist es vielleicht möglich, eine solche Vereinbarung zu bewirken. Weder Intellekt noch Energie können die ewige Seele sein, aber sie beide könnten unentwegt im Wandel begriffene Emanationen eines Faktors sein, der selbst relativ unwandelbar ist. Licht ist die höchste aller Energien; die Sonne der Vater aller Dinge. Materie kann wissenschaftlich auf Licht zurückführt werden. In den Tiefen gewisser mystischer Erlebnisse mag man sich von einem Lichtmeer umgeben sehen. Licht ist also die Manifestation dieses tieferen Geistes, indes ist es nach wie vor nur eine Manifestation. Das Bewusstsein muss so tief verinnerlicht werden, dass selbst ein Gedanke oder eine Idee, ein übernatürliches Bild oder eine hellsichtige Vision als etwas außerhalb des wahren Wesen Liegendes, als etwas objektives, getrenntes und nicht zum Selbst Gehörendes erkannt werden muss. Vielen Mystikern ist dies nicht ein Bedürfnis, aber allen philosophischen sollte es eines sein, wenn sie die reine spirituelle Erfahrung in ihrer vollkommenen Ganzheit erlangen wollen.

194

Es ist absolut gewiss und ganz unzweifelhaft, dass das Bewusstsein primär ist, der Anfang aller Dinge, der einzige GOTT, den es geben könnte, und der einzige, den es jemals gegeben hat. Wenn einer daran zweifelt, dann deswegen, weil er blind ist, also nicht sieht; weil er benebelt ist, also nicht versteht. Von was oder von wem sonst rührt sein eigenes Bewusstsein, sein Erkenntnisvermögen und seine Denkkraft her?

195

Die Lehre unterscheidet zwischen Bewusstsein an sich und Selbst-Bewusstsein. Materialisten würden eine solche Unterscheidung freilich absolut von sich weisen.

196

GEIST ist ein allen Dingen Vorausgehendes. Elektronische Energie und materielles Sein sind nur seine Aspekte.

197

Es ist nicht möglich, dass das Bewusstsein etwas größeres kennt als Bewusstsein.

198

GEIST gibt sich selbst Gewissheit. Er ist seine eigene Grundlage.

199

Bewusstsein ist tiefer als seine Inhalte, subtiler als seine Gedankengänge und heiterer als seine oberflächlichen Erschütterungen.

200

Wer ist es, der alle diese Dinge zur Kenntnis nimmt, die seine Welt ausmachen? Was ist es, das Objekte wahrnimmt? Was schenkt Gedanken und Dingen Aufmerksamkeit? Woher rührt das Bewusstsein, oder ist es zuerst vorhanden und macht die bekannte Welt dadurch erkennbar?

201

Der Welt-Gedanke wirkt eine Art von Zauber; jeder mögliche Bewusstseinszustand kurz vor dem ÜBERSELBST ist und bleibt eine Idee im menschlichen Geist.

203

Es heißt, ein Mensch ist in dem Maße erleuchtet, in dem er dies für sich selbst entdeckt. Was er außerhalb dieser Erleuchtung bekommt oder hervorbringt, ist seine eigene mentale Schöpfung. Es mag vollkommen falsch oder vollkommen richtig sein, aber es bleibt dennoch nicht mehr als etwas mental Geschaffenes.

204

Jede Art Erfahrung, ob wach, traumhaft, hypnotisch oder halluzinatorisch, ist für das Ego vollkommen wirklich zu dem Zeitpunkt, zu dem seine Wahrnehmungen auf der jeweiligen Ebene wirksam sind. Warum sprechen wir nun inmitten dieser so verwirrenden Relativität davon, dass die göttliche Erfahrung die letzte und höchste Wirklichkeit ist? Antwort: Weil sie das betrifft, was allen anderen Erfahrungsformen ein Gefühl von Wirklichkeit verleiht. Dabei handelt es sich um nichts anderes als den innersten Kern des reinen GEISTES in uns, die einzigartig geheimnisvolle Quelle aller möglichen Arten unseres Bewusstseins. Dies ist es, wenn wir es finden können, was die Philosophie die wahre, wirkliche Welt nennt.

205

Die geistigen Bilder, aus denen das Weltall unserer Erfahrung besteht, wiederholen sich in einer einzigen Minute unzählige Male. Nur deswegen erwecken sie den Eindruck von Kontinuität, Dauerhaftigkeit und Festigkeit auf dieselbe Weise wie ein Film. Wenn wir diese Bilder auslöschen, aber vollkommen bewusst bleiben könnten, würden wir zum ersten Mal ihre Quelle, die Wirklichkeit hinter ihren Erscheinungen, erkennen. Das heißt, wir würden GEIST an sich erkennen. Yoga bewirkt eine so radikale Auslöschung. Hierin also liegt die wichtige Bedeutung der Verbindung zwischen Mentalismus und Mystik.

AUS DER REIHE DER NOTEBOOKS

PAUL BRUNTON

DAS SELBST UND
DIE UNENDLICHKEIT
ISBN 3-89427-013-6

VOM ICH ZUM
ÜBERSELBST
ISBN 3-89427-022-5

DAS ICH UND
DIE WIEDERGEBURT
ISBN 3-89427-038-1

MEDITATION
Praktische Wege
zum Überselbst
ISBN 3-89427-049-7

PHILOSOPHIE
ALS EINWEIHUNGSWEG
ISBN 3-89427-083-7